犁与剑 国防经济系列学术专著

统筹发展和安全的
防务资源配置论

TONGCHOU FAZHAN HE ANQUAN DE

FANGWU ZIYUAN PEIZHILUN

孟斌斌 ◎ 著

金盾出版社
JINDUN PUBLISHING HOUSE

内 容 提 要

本书以一体化国家战略体系和能力建设中的资源配置为核心，构建了生产性努力和分配性努力两类生产函数，结合可置信承诺博弈、政策弹性等理论深入分析了防务资源在大国兴衰中的作用，并结合我国发展实际，对防务资源的优化配置和规模结构进行了系统研究，提出了统筹发展与安全、兼顾福利效应和增长效应的防务资源配置策略思路。

图书在版编目（CIP）数据

统筹发展和安全的防务资源配置论 / 孟斌斌著 .
北京 : 金盾出版社 , 2025. 1. --（犁与剑国防经济系列
学术专著）. -- ISBN 978-7-5186-1844-6

Ⅰ . E25

中国国家版本馆 CIP 数据核字第 202498R5P8 号

统筹发展和安全的防务资源配置论

（犁与剑国防经济系列学术专著）

孟斌斌　著

出版发行：金盾出版社		开　本：710mm×1000mm　1/16		
地　　址：北京市丰台区晓月中路 29 号		印　张：19.75		
邮政编码：100165		字　数：350 千字		
电　　话：（010）68176636　68214039		版　次：2025 年 1 月第 1 版		
传　　真：（010）68276683		印　次：2025 年 1 月第 1 次印刷		
印刷装订：北京凌奇印刷有限责任公司		印　数：1 ~ 1500 册		
经　　销：新华书店		定　价：98.00 元		

总　序

国防经济研究源远流长。战争，不仅是敌对双方在战场上进行的军事对抗，同时，也是在经济、政治、文化、外交等各方面的全面较量。国防、战争与经济俨然呈现为一个复杂巨系统，共生演化，交织涌现。国防经济学作为军事科学和经济科学的交叉学科，是研究战争和国防建设资源配置效益的知识体系。现代以来，从国外《战争的政治经济学》《战时经济学》《总体战争论》《核时代的国防经济学》，再到我国《论持久战》《抗日时期的经济问题和财政问题》《论十大关系》，众多经典论著共同筑成了人类国防经济知识星空的璀璨星系。在战争和防务活动实践的牵引下，世界大国皆把国防经济学作为一门严肃的学科进行研究。

新中国国防经济学科建设发轫于战略科学帅才的前瞻擘画。1985 年召开的第一次国防经济学讨论会正式拉开了新中国国防经济学科建设发展的序幕。著名战略科学家钱学森在会上提议，针对我国缺少研究国防经济学、搞国防经济、搞国防科技工业的管理人才的实际，有必要建立一门把马克思主义的基本原理同中国实际相结合的国防经济学，同时还提议在国防科学技术大学等高校成立国防经济学专业。在这一战略设计下，我国国防经济学一度得到较快发展，包括国防大学、国防科技大学、原军事经济学院以及中央财经大学在内的机构或高校，在应用经济学领域建设国防经济重点学科，在基础理论、政策制度、重大现实问题研究以及研究生培养等方面都取得了丰硕成绩。

新时代国防经济蓬勃发展。在习近平新时代中国特色社会主义思想和习近平强军思想的英明指导下，国防经济发展呈现出全新态势，为贯彻总体国家安全观、建设世界一流军队提供了重要支撑，也对国防经济基础理论建设提出了新要求。一是紧盯新变局。世界大变局加速演进，中美战略博弈相持，新一轮科技革命和军事革命日新月异，战争制胜观念、制胜要素、制胜方式都在发生重大变化，国防经济研究务必紧盯科技之变、战争之变、对手之变，把智能化时代国防建设和战争经济的特点规律作为核心议题。二是拥抱新范式。主动适应"理技融合"客观实在需求，积极拥抱概念开发、场景驱动、组合演进、群智涌现、复杂性科学等全新科研理念，把科学原理、技术发展、军事理论等融合创新，实现范式转变。三是应用新工具。积极推开知识图谱、机器学习、因果推断、计量分析、仿真模拟、试验验证等数据密集型先进科研工具，用好开源创新平台、挑战赛等分布式、众创式、泛在式协同创新新模式，实现高质量发展。

"青年者，国家之魂。"《犁与剑国防经济系列学术专著》以一批青年学者博士学位论文为基础，经过多轮次迭代打磨提炼升华，终于得以出版。每一本著作都是新一代青年国防经济学者顺应时代之变、范式之变、工具之变的有益探索，是新一代青年国防经济学者"指点江山，激扬文字"的奋进之力、活力之源的淋漓展现，也是新一代青年国防经济学者面向未来、回答时代之问的内心最强音。我们相信，随着这批青年学者在本领域研究的继续深入，随着更多青年学者加盟到本领域接续努力奋斗，国防经济学学科与学术必将再次繁荣，国防经济学也必将会在强国强军推进民族复兴伟业中发挥更大的作用。

卢周来

2024 年 3 月于北京

前　言

防务资源在大国兴衰中扮演着至关重要的角色，是古往今来所有大国面临的重要议题。一直以来防务资源与战争有着密切的联系，以防务资源为投入的战争往往决定着一个国家的兴衰，推动着国际体系的演变。然而，战争会带来无尽的灾难。随着人类文明的不断演进，和平发展已经成为主题。我国一直以来坚持走和平发展的道路，积极倡导并维护着人类社会的和平发展。科学合理的防务资源是我国实现"两个一百年"奋斗目标和中国梦必须面对的现实课题，是推动和平发展、破除"中国威胁论"必须回答的战略课题，是建设"两个相适应"巩固国防和强大军队必须解决的重大课题。

本书采用冲突经济学、组织行为学、计量经济学的分析方法，借鉴多学科的理论成果，围绕"国际社会对我国发展的误解及中国和平发展战略""保障我国和平发展对防务资源提出什么样的需求""防务资源对和平发展有什么样的助推作用"的总体思路来展开。

国际格局的演进充斥着大国的竞争，我国在经历了列强欺凌的"挨打"阶段和贫穷落后的"挨饿"阶段后，终于迎来了民族复兴的曙光。在不断发展壮大的过程中，我国始终不渝地走和平发展的道路；但在国际上对我国的发展不乏"中国威胁论"的鼓吹。西方学术界主要从现实主义、自由主义、建构主义三个主要理论视角来看待我国的发展壮大。西方媒体舆论则充斥着"中国威胁论""中国崩溃论""中国责任论"等"棒杀"与"捧杀"的论调。本书以外交数据和防务资源数据为基础，采用政策弹性的方法，对"中国威胁论"进行了驳斥，进一步支撑了我国走和平发展道路的事实。

我国的和平发展对国家力量建设提出更高的要求，国家力量建设的唯一财力支撑是防务资源。本书从历史上大国兴衰更替中的防务资源变化规律入手，探讨了国家力量建设、防务资源和大国兴衰的历史变迁。然后回到现实，具体讨论了我国和平发展过程中不断拓展的国家利益对于国家力量的需求及现阶段我国国家力量水平与和平发展需求之间存在的差距。国家力量最基本的构成要素是人与物，随着科学技术及新变革的深入发展，提高国家力量水平所需的费用越来越高昂。国防是公共物品，所以高昂的国家力量建设投入只能来自于国家的财政开支，也就是说，防务资源是国家力量建设唯一的财力支撑。

本书采用博弈论的方法构建了经济学理论模型，分析了防务资源在大国兴衰中扮演的核心角色。国家的发展既要有生产性努力，也要有分配性努力。信息时代全球一体化程度不断提高，国与国之间利益相关性逐步提升，经济政治利益分配的秩序越来越左右着一个国家的兴衰。防务资源作为可置信的分配性承诺，在塑造国际社会利益分配秩序的过程中起着关键性的作用。按照该逻辑，构建了防务资源、斗争性努力和大国发展的框架对近代以来我国的防务资源进行了案例研究。

我国和平发展对防务资源的总体规模和结构提出了要求。当前我国防务资源的绝对值、防务资源负担及人均防务资源的数值在全球各大国中并不处于占优地位。我国的防务资源与我国不断上升的国际地位和不断拓展的国家利益不相称。保障和平发展的防务资源总体规模要体现我国防务资源的演进规律、要与不断拓展的国家利益要求相一致、要符合国家力量建设的基本规律。装备发展是我军升级转型的核心。本书以"奥古斯丁定律"为基础,对英美国家武器装备机械化信息化过程中主战武器装备系统成本增长的规律进行了总结。军队的人力资本提升在不同的时期具有不同的规律,脱胎于计划经济年代的防务资源体系特别是人员费用决策必须适应整个经济社会体制的发展。要基于市场经济规律和军队战斗队本质属性来制定和配置防务资源,才能够发挥激励作用,激发人员的努力程度,提高人力资本。训练是战斗力生成的基本途径。在和平年代,训练是落实全新作战理念、熟悉新式武器装备、摸清新型战争环境的基本途径。我军现阶段还处在信息化训练的初级阶段,要完成信息化战争的训练还有很长的路要走,必须随着武器装备的更新换代、人力资本的提升在新型作战理念指导下加强训练。防务资源必须与军队信息化训练的规律相适应,并积极牵引训练的进行。保障我国和平发展的防务资源要进一步优化结构。从军兵种来看,重点向海空军倾斜,从项目来看,装备费、人员费、训练费要并驾齐驱,稳步上升。

防务资源的增长效应和福利效应对和平发展具有重要的助推作用。首先,防务资源创造总需求。作为政府开支的重要部分,防务资源可以提高社会生产能力的利用率,这种作用尤其在需求短缺的情况下发挥得更为明显。在需求疲软的宏观经济环境下,防务资源可以提高对现有资本存量的利用率,提高企业的利润率,促进经济的增长。其次,防务资源具有"衍生"影响。从制度演化的角度来看,部门是"强迫性"现代化的社会部门,军队中先进的制度要素逐步地由该领域传播至社会的各个领域,拉动整个社会的现代化进程。从经济溢出的角度来看,由部门力量完成的基础设施、先进技术等都会明显地拉动民用经济的发展。当国家力量为民用工程服务、参与抢险救灾等非军事行动时，外部性发挥得更为明显。武器装备研发设计生产的整个国防工业基础从产业内部关联、技术两用等方面促进着整个国家工业的发展。本书采用结构计量（structure form）的范式对我国防务资源对经济增长的影响进行了分析，发现部门的要素边际生产率正在逐年提升，对民用部门经济的拉动作用正在改善。采用简化计量（reduced form）的范式对防务资源的福利效应进行了研究，发现通过国防产业布局、户籍流动、溢出效应、基础设施、社会分层等机制，防务资源对贫富差距具有改善作用。

兼顾发展和安全确定合理防务资源。防务资源要弥补"忍耐期"缺口，达到国际平均水平，适应新变革的要求，使得防务资源与我国国际地位相称。要优化防务资源结构，调整装备费、人员费、训练费比例，向新型作战力量倾斜，向基层一线倾斜。要建立防务资源的增长机制，构建满足人力资本激励要求的人员费用增长机制，适应装备更新换代成本增长规律的装备费用增长机制，适应训练活动规律的训练费用增长机制。防务资源要适应国家快速发展要求，与整个社会经济体制的改革相适应，与财政体系发展阶段相适应，与国防工业发展阶段相适应。要发挥防务资源"增殖"效应，进一步深化军民协同，进一步加强溢出效应。

本书的主要创新点如下：

从政策弹性的角度对"中国威胁论"进行了驳斥。中国和平发展面临着外界的种种质疑，其中"中国威胁论"是最为普遍的一种声音。从防务资源和外交行为两个维度入手，研究了全球主要大国的政策弹性，从数据上有力地驳斥了"中国威胁论"。

从可置信承诺的角度研究了防务资源在大国和平发展中的作用机理。防务资源不仅仅对于武器装备的发展具有直接的作用，还间接地传递着一个国家战斗性意愿的信号。这种可置信的战斗性承诺对于塑造全球秩序中的机制具有着重要的作用，从而最终影响一个国家的兴衰。

从基于要素禀赋的比较优势发展理论出发，研究了我国和平发展中的国家利益拓展重点方向及其对国家力量和防务资源提出的需求。根据要素禀赋比较优势的发展理论，未来拥有丰富资源、具有庞大未饱和市场和廉价劳动力的非洲地区是我国资源进口、对外投资、商品出口的重要方向。要保障我国在这些国家和地区的利益不受侵犯，就必须发展航路保障和远程投送方面的能力，这些能力的建设对于防务资源提出了全新的需求。

本书对武器装备的成本增长规律进行了研究，发现武器装备成本存在着系统性的长期增长趋势，其中海空军主战武器装备平台的成本增长速率较高。这一规律对和平发展中我军机械化信息化建设过程中武器装备更新换代的费用开支提供了较科学的参照借鉴。

本书对我国防务资源进行了经济效应分析，发现我国防务资源具有增长效应和福利效应。防务资源有助于经济增长，从要素生产率的差异和规模性分析了其经济机理。防务资源有助于改善收入差距，从三线建设、外部性、人口流动、社会分层等方面解释了这种现象后面的经济机理。

目　　录

第 一 章

绪　　论

防务资源在大国的兴衰中起着举足轻重的作用，是古往今来所有大国面临的重要议题。随着人类文明的不断演进，我们有必要积极探索和平发展之路。我国正在积极倡导和践行着和平发展道路。学界有必要对我国统筹发展与安全的防务资源进行研究，从而更好地对现实社会的发展进行理性构建与引导。

第一节　研究背景

兼顾发展与安全确定我国防务资源是实现"两个一百年"奋斗目标和中国梦必须面对的现实课题，推动和平发展、破除"中国威胁论"必须回答的战略课题，建设"两个相适应"巩固国防和强大军队必须解决的重大课题。

一、实现中华民族伟大复兴中国梦必须面对的现实课题

"今天，历史的接力棒传到了我们手里。历史和人民既赋予我们重任，也检验我们的行动。"[1]

以习近平同志为核心的党中央接过历史的接力棒，带领全国人

民继续前进，在实现"两个一百年"目标中追逐中国梦。在新的历史征程上，要达到"两个一百年"目标，实现中国梦，就必须为我国争取良好的外部环境，创造并且把握属于我们发展的战略机遇期。

实现"两个一百年"奋斗目标和中国梦必须积极探索统筹发展与安全的防务资源规律。从时代发展战略全局来看，实现中华民族伟大复兴是中华民族近代以来最伟大的梦想，这个梦想是中国梦，也是强军梦。充裕合理的防务资源是实现强军梦的基础，防务资源又是以整个国家的经济发展水平为基础的，是与中国梦紧密联系在一起的。要实现中华民族伟大复兴，必须坚持富国与强军相统一，统筹推进强国强军的进程，肩负起民族复兴重任的历史担当。中国的发展是和平的发展，中国梦是和平之梦。"两个一百年"小目标为未来中国的发展指明了前进方向[2]。中国梦引领强军梦，强军梦支撑中国梦，"两个一百年"目标的实现迫切要求我们深入研究和平发展中防务资源的规律。

二、破除"中国威胁论"必须回答的战略课题

历史的车轮正在逐渐地把中国推至世界的舞台中心。和平发展还是国强必霸成为了我国在逐步走向国际舞台中心过程中的重要聚焦点。我党把握当今时代潮流，深刻汲取世界大国兴衰的历史经验教训，明确提出和平发展的战略构想。我国的发展必须避免国强必霸的列强逻辑，不依靠侵略和扩张的手段来崛起，而是积极探索通过和平的方式实现国家的复兴。走和平发展道路连续两次写进了中国共产党代表大会的报告，并且通过党章的形式，已经升华为共产党人行为决策的指导方针。我国的防务资源必须能够捍卫我国作出的和平发展承诺，为我国的和平发展保驾护航；同时必须面对国际

社会针对我国发展提出的种种质疑，尤其要破除"国强必霸"的"中国威胁论"。积极探索统筹发展与安全的防务资源规律，科学地对防务资源进行决策，才能够推动我国的和平发展，破除鼓吹"中国威胁"的谬论。

三、建设巩固国防和强大国防必须解决的重大课题

党的十八大报告指出，"建设与我国国际地位相称、与国家安全和发展利益相适应的巩固国防和强大军队，是我国现代化建设的战略任务"[3]。中华民族在人类发展的历史长河中一直扮演着重要的角色。虽然近代以来我国经历了屈辱的历史，但是经过几代中国人的努力，当代我国的国际地位得到了极大的提升，我国的国家利益得到不断的拓展，国家安全已经从一般意义上的领土安全逐步地拓展为国家发展利益的安全。中国已经从一个闭关锁国的自给自足的小农经济蜕变成为一个全球经济的核心枢纽。在现今的全球经济体系中，我国的海外贸易逐年增长，对外直接投资逐年攀升，中国政府、企业、个人的海外利益安全已经成为国家的核心利益。我国的国家力量必须适应国际地位提升和国家利益拓展的要求，才能够保障我国的和平发展道路得以实现。探索统筹发展与安全的防务资源成为建设"两个相适应"巩固国防和强大军队必须解决的重大课题。

世界格局之巨变，中国发展之巨变迫切需要我们以高度的政治智慧和清醒的战略决断来应对和平地实现"中国梦"过程中所面临的各种挑战。国防建设是国家发展的核心，防务资源是我国和平发展必须面对的核心问题。我国和平发展战略具有什么样的历史必然性？其战略定位是什么？外界对于我国和平发展有着什么样的看法？"中国威胁论"成立吗？和平发展、国家力量与防务资源之间

存在着什么样的关系？防务资源在大国的兴衰之中扮演着什么样的角色？我国和平发展对于国家力量水平提出什么样的需求？现阶段我国国家力量水平能够满足和平发展的需求吗？在建设满足我国和平发展的国家力量中，武器装备发展、人力资本提升、训练活动等方面对于防务资源提出的需求具有什么样的规律？如何更好地发挥防务资源的增长效应和福利效应以促进和助推我国的和平发展？这些都是我们需要研究和解决的问题。

第二节　国内外研究现状

目前，以统筹发展与安全的防务资源为直接研究对象的学术成果还比较少。下面本节从中国和平发展、防务资源、中国统筹发展与安全的防务资源几个大的方面对现有文献进行梳理。首先总结对和平发展概念进行探讨的文献，然后从国际视角和国内视角对和平发展文献进行了梳理。对防务资源进行了比较详尽的研究，在简要概述了历史学、和平科学对防务资源的研究之后，重点综述了经济学对于防务资源问题的研究。对研究中国和平发展中防务资源的公开文献进行梳理，重点介绍了国内相关基金项目的基本情况。

一、对中国和平发展的研究

现有研究对"和平发展"的核心概念进行了探讨，着重强调"和平发展"来源于"和平崛起"，二者没有本质区别。并从国际和国内两个大的视角对和平发展相关问题进行研究。国际视角主要包括无政府文化与国际暴力、国际文化环境、文明体系等；国内视角主要包括国内发展战略及政治发展、中国现代化等。

中国在国际外交政策的语言中所强调"和平发展"的提法，来源于对"和平崛起"提法的完善。"和平发展"的提法是"和平崛起"的延续，学术上不对二者严格区分。"和平崛起"的提出为中国的发展提供了战略指导，由于"中国威胁论"等因素的考虑，该提法逐渐被"和平发展"所取代，在党的十八大报告中进一步采用了"保障国家和平发展"的提法。学术上并未过多对二者进行区分，本书也不对二者进行严格的区分。

对于"和平发展"的核心概念，学术界从学术分歧、政策意义及策略两个方面进行分析。在学术分歧上，从定义、基本条件、"崛起"与"发展"的区别三方面进行了阐述。在政策意义上，"和平崛起"的提出具有正面的政策意义，它调整了中国自 1990 年开始的"韬光养晦"的外交策略。1989 年以后，邓小平提出"韬光养晦"的策略，使中国有效地摆脱了国际孤立。但随着国际外部环境的变化与中国自身的发展，我国的策略需要随着客观环境的变化而不断演进才能更好地发挥效力。其实和"韬光养晦"同时提出的还有"有所作为"。依据今天中国面临的环境，将"有所作为"的目标具体化，就是"和平崛起"。中国要实现和平崛起就得加强国防。当国防力量强大到足以遏制别人不敢用战争来遏制中国崛起时，和平崛起就有安全保障[4]。

国际视角的研究把和平发展置于国际体系之中。从"无政府文化与国际暴力"的角度来看，无政府性不必然导致暴力的发生，强行崛起与和平发展都是国家发展中可能的路径。中国的发展是一条和平发展的道路，改革开放的历程也表明中国实际走过的是一条和平发展的道路。世界主导战略文化正发生深刻变化，国际社会对中国的和平发展道路持高度赞扬态度，在经济发展和参与国际制度等重要方面，中国和国际社会经历了一种良性博弈，这就为中国的和平发展提供了广阔的空间[5]。从国际文化环境的角度来看，和平愿望的实现除了己方的诚意外，还需要一个能够接纳诚意和与这种诚意产生良性互动的外部环境。一个国家的和平愿望和努力同丛林规则支配下的国际环境会产生两种互动结果：一是丛林规则粉碎和平愿望，使国家被迫面对弱肉强食的现实，成为丛林中的一员；二是和平的愿望把丛林规则驱逐出世界舞台。一个国家的崛起归根结底是精神状态的崛起，精神崛起是一个民族崛起真正的原动力，也是支撑崛起后盛况的基础。没有精神状态的任何崛起都是虚假的崛起。先有汉唐精神，才有汉唐盛世；汉唐精神首先衰退，然后才有汉唐盛世的终结。中国的崛起应伴随与之相符的精神状态[6]。从文明体系的角度来看，中国应建立完整而有系统的中华文化价值体系，以补充现有西方价值体系的不足，让世界因中国的崛起而变得更为和平与繁荣。但主宰性的大国往往会用预防性战争、约束、遏制、交往等方式来因应崛起大国的挑战。中国在现阶段必须遵守现有的国际建制与规则，必须要妥善处理与它周边的关系，让西方了解中国的崛起是东方文明大国的崛起，是对西方文明大国的警醒，是一个能够共同携手为人类创造福祉与和平的崛起[7]。

国内视角主要从我国的发展战略及现代化进程的角度探讨和平发展。从国内发展战略及政治发展的角度来看，"和平崛起"意味着发展战略的转型。在发展战略的选择上，必须从政治的角度、从国家安全和权力的角度考虑问题，在政策优先性的排序上，统筹协调国家安全、经济发展与社会公正，将国家安全与崛起置于更加优先的地位。和平崛起不仅意味着经济发展战略的转型，而且也与政治发展战略密切相关。最重要的是正确处理民族主义和政治改革这两个问题[8]。从中国现代化的角度来看，未来5~10年，中国国家战略仍是发展国内经济，实现社会公平、正义与繁荣、和谐。中国外交将根据内外形势变化做必要调整，更全面地设计和经营对外关系，展现积极有为的大国形象，在地区和全球事务中发挥更积极的引导作用和影响力；与国际社会共同寻求建立一种能适应新现实、稳定而有效的国际体系架构。中美之间应建立避免误判和对抗的沟通和管控机制，构建一种和平共处的大国关系[9]。

二、对防务资源的研究

防务资源是国家力量的投入，冲突、战争等人类社会发展过程中出现的斗争性活动与防务资源息息相关。在人类社会发展中，基于防务资源的冲突、战争往往正是大国兴衰、王朝更替的直接推动力量。防务资源在整个经济社会发展的历史中扮演着关键性的作用，是人类社会斗争性努力的基本衡量标准，是人类经济社会发展中冲突、战争等重要现象的客观记录。自从 19 世纪以来，人类社会文明发展进程越来越快，这使得政府在人们的日常生活中的作用日益突出。防务资源作为政府支出的重要部分，通过税收等资金筹措的机制与人们的生活息息相关。学术界对于防务资源议题的研究主要分布在历史学、和平科学、经济学这三个主要的学科之中。这三个学科具有各自的特征，相互之间有着较为明显的区分度。

1. 历史学方面对防务资源的研究

从战争起源的角度研究防务资源与社会发展之间的关系是历史学尤其是外交历史学热衷的话题。历史学家，尤其是外交和历史学家一直热衷于研究两次世界大战的起源，并从中探索防务资源与社会发展二者间的关系。尽管许多关于战争和社会的历史性研究在宏观的层面取得了一些具有启发意义的观点，但是这些研究通常没有较为详尽的定量数据分析来支撑其宏观上的论点。例如，保罗·肯尼迪在其著作《大国的兴衰：从公元 1500 年到 2000 年的经济变革和冲突》中认为，霸权国家的防务资源往往比较大，并且将会越来越高，并将会对经济造成很大的负担，最终导致经济的崩溃[10]。这种观点被许多经济学家和历史学家所批判，因为它缺乏恰当的具有客观来源的定量分析以支持其关于防务资源和经济增长之间相互关系的观点[11-13]。

从外交决策及同盟行为的角度研究防务资源的成果引起学界关注。随着史学家泰勒更为系统的研究和许多更新的当代研究成果的出现，史学家们更倾向于关注一个国家的外交决策及结盟行为对防务资源及冲突的影响，并研究在冲突发生的过程中相关各方的责任问题。而对通过史料的分析，寻找可靠的数据，用详实的事实支撑其主要观点的关注还远远不够。

2. 和平科学方面对防务资源的研究

和平科学与国防经济学的研究对象有很多重合，但更加侧重于研究导致重大冲突后面的本质因素，试图找出冲突发生的原因。始于1963年的战争研究项目为学术界提供了系统的关于战争及冲突的可比较的详尽数据，对于冲突的研究产生了重大的影响，本书也借鉴了该数据库及其研究方法。全世界的主权国家的总量从拿破仑战争时代的30多个增长至现在的200多个，全球体系国家数量的演变为冲突及防务资源理论界的研究提供了至关重要的素材。[14]和平科学的典型特征就是专注于发现预测重大战争和冲突的变量，这是一种和历史学家的战争起源研究方法很类似的方法。然而，关于单体（单个国家）、多体（多个国家）或者联盟的防务资源问题研究比较少[15-18]。一些持周期理论的学者对从1648年开始的现代国家和系统的形成进行了系统的研究[19]。

3. 经济学方面对防务资源的研究

经济学视角对于防务资源的研究主要指采用现代经济学的方法

和工具对防务资源相关问题的研究。该领域的研究成果主要集中在以下几方面。

（1）防务资源决定的研究

在冷战期间美苏两极的国际格局模式下，世界防务资源和建设处于扩张的状态。防务资源决定的研究在该时期掀起了高潮。这些研究采用现代经济学的工具和方法，分析不断扩张的防务资源中的各种问题。与其他的学科不同，国防经济侧重关注防务资源相关的以下的三个方面：行为者，既包括私人行为者，如一般的企业、个人，也包括公共行为者，如政府、国防部；防务资源预算和实际分配阶段，不同的机构互动产生的问题；对防务资源作为破坏的工具和提供安全保障的工具本质的探讨。

更进一步有以下研究。基于新古典经济学理论的福利最大化模型，按照理性代理人最大化其社会福利函数的思路，将经济和安全作为一国福利函数的组成部分来建立模型，政府需要权衡增加防务资源获得的安全效用和防务资源的机会成本以实现社会福利的最大化。由福利函数再加上国家预算约束和安全函数约束，就可以推导出防务资源需求函数，它是国民收入、消费品价格、战略参数和其他国家防务资源的函数[20]。在此基础上，根据各个国家的实际情况，对福利函数、预算约束和安全函数进行改进，就演化出了不同的新古典福利最大化防务资源模型。军备竞赛模型把防务资源的增长建立在一个"作用 - 反应"机制之上。一个国家的防务资源增长由该国家防务资源相对其对手或潜在对手防务资源增长的弹性来决定[21]。防务资源局部均衡模型认为开支由内部和外部两大类因素确定。外部因素包括盟国的溢出、敌对国或潜在敌对国的威胁、与其他国家发生的战争和冲突，以及国际环境变化等，而内部因素一般包括本国的收入、政策的变化及其他相关因素[22]。联盟模型，分析联盟及其对成员国的防务资源的影响，经济规模越大的国家贡献越大，小国会存在"搭便车"问题，联盟内部防务资源的分摊是不均等的，大国对防务做的贡献相对更大[23]。基于政治学及公共选择理论发展而来的防务资源的官僚政治模型，认为民主政府的行为受到全体选民的约束，其防务资源预算可以用中位投票人理论来解释。在此基础上，发展出了防务资源的"滚雪球"理论，揭示了决策者对防务资源预算最大化的局部调整过程，决策者基于上一年度的防务资源来决定本年度的防务资源，每年的防务资源预算都超过上一年度，逐步地"滚雪球"[24]。制度间的交互作用也被纳入了防务资源的研究，基于该视角建立了组织反应模型，组织的决策是按照"经验（过去的观察）、简化（忽略复杂的环境）、以满意替代最优以及增量方法"这四项基本规则来进行的，防务资源的变动是组织对外部环境因素的必要反应[25]。

（2）防务资源与经济增长

经济和防务资源相互之间的影响在冷战时期华约北约两大阵营军备竞赛的背景下引起了经济学界的高度重视。防务资源与经济增长的研究主要采用的是简约形式，主要是基于理论模型的计量分析。主要有：从供求两方面考察防务资源对经济增长的影响的凯恩斯供给需求模型；外部性模型；内生增长模型；公共产品模型。伯努瓦采用凯恩斯供给需求模型研究了二者的关系[26]。比斯瓦斯和拉姆首先采用外部性模型中的 Feder－Ram 模型，分析防务资源对经济增长的影响[27]。巴罗假定政府支出包括用于消费服务和用于人力资本及安全有关的公共投资，并间接证明了中央政府在教育和国防上的投资对经济增长有积极影响，该模型属于内生增长模型[28]。德格采用了公共品经验模型分析防务资源与经济增长的非线性关系[29]。这类研究主要产生了三种观点。

① 防务资源对经济增长有积极的促进作用。伯努瓦和塞兹金的相关研究认为防务资源对经济增长有积极的刺激作用[30-32]。缪勒、麦克尼尔采用不同样本国家的横截面数据，认为防务资源对经济增长有显著的促进作用[33-34]。德格认为防务资源在人均收入低下的不发达国家可以促进经济增长，但在人均收入中等的国家则不利于经济增长，而在人均收入较高的国家又变得能促进经济增长[35]。弗雷德克里森和卢尼认为，对资源富裕国来说，防务资源对经济增长有正向效应，而对资源受限国来说，则有负面效应[36]。朗道、斯特鲁普和赫克尔曼、夸雷斯马认为，一国的防务资源应有"度"的问题，低防务负担的防务资源对经济增长有正向效应，但随着防务负担的增加，开始转向负面效应[37-38]。总体来讲，防务资源为经济发展提供了安定的环境，有利于吸引外国投资；防务资源可以创造总需求，拉动经济增长；防务资源通过基础设施、技术进步及人力资本形成等方面的外部性促进经济增长。

② 防务资源对经济增长有负面的消极作用。拉斯勒和汤普森、雪兹、史密斯、林、沃德和戴维斯等的研究发现防务资源对经济增长存在负面效应[39-40]。持这一消极观点的学者认为，防务资源对民用部门投资具有挤出效应，而投资是经济增长的一项重要因素；防务资源的增加也可能减少政府在科教文卫方面的支出，从而影响人力资本的形成，进而阻碍经济发展。

③ 防务资源与经济增长之间不存在联系。亚历山大对9个发达国家1964—1986年资料研究发现，防务资源与经济增长之间不存在效应[41]。乔杜里对55个发展中国家的时间序列资料进行了检验，认为多数国家防务负担（即防务资源与GDP的比例）与经济增长之间没有因果上的联系[42]。黄和明茨对美国的研究认为，防务资源对美国经济既不存在显著的总效应，也不存在外部效应或要素生产

率效应[43-44]。尼古拉斗通过对希腊经济的研究认为，防务资源对经济增长既没有正向效应，也没有负向效应。另一方面，对于防务资源与经济增长这两者，何为因，何为果，还是互为因果，学术界也没有定论[45]。乔尔丁以56个欠发达国家1962—1966年的数据为样本，利用格兰杰因果检验方法对防务资源与经济增长的关系进行了分析，得出的结论是，经济增长对防务资源有因果决定关系，但防务资源对经济增长却没有因果决定关系[46]。拉奇维塔和弗雷德里克森对61个欠发达国家的因果关系进行分析后却发现，所研究样本中的大多数国家防务资源与经济增长之间存在着双向因果关系[47]。库仑分析防务资源与经济增长关系的一些具有代表性的经验研究及其主要结论进行了一个很好的总结[48]。

（3）国家行为与防务资源

理论界的贡献对防务资源的长期动态、国家形成和战争研究提供了许多帮助。蒂莉在其《国家与权力》一书中认为关于战争与权力关系的研究有四种方法：中央集权论；地缘政治理论；世界体系理论；生产理论。中央集权论者认为战争、国际关系和国家形成是特定国家之间互动的结果。地缘政治理论则侧重于认为国家形成是当前国家系统演变的结果。世界体系理论则主要认为不同的国家形成模式是受全球资源分布所影响的。在生产方式的框架中，生产组织的方式决定国家形成的结果[49]。这些方法用一个单纯的模式去解释国家形成、国际权力关系和整体的经济增长是不充分的。蒂莉认为高压政治（统治者的垄断暴力和行使高压政治的能力）和资本（战争的融资手段）是近代早期欧洲统治世界的关键因素。战争、国家建立和霸权是同一过程的不同表现。

系统层面的国家行为理论必须与防务资源的具体分析联系在一起才能够更好地理解防务资源的规律。莫德尔斯基和萦姆认为"康德拉捷夫长波"和"长周期"对于全球领导模式的发展具有很强大的解释力。一个国家的海军力量是在该周期中凸显出优势的关键因素[50]。海军力量往往体现着一个国家争夺世界政治领导地位、贸易主导地位的能力[51]。在大多数关于霸权模式的研究中，没有关注全球系统经济和主导权竞争的过程中防务资源的规律。不平等的经济增长水平导致各个国家为经济和权力而竞争。在位强国为了维持它的地位，不得不把更多的资源投入到军备中；而其他的追随者国家则可以把资源投入生产性领域，从其他领域的经济活动的大量投资中获利。因此，这些追随者国家在霸权国家建立的国际系统里扮演着搭便车的角色[52]。这个发展模式中的一个给定的假设是防务资源对经济发展有害，而正如上面所述，这是一个经常被实证研究挑战的观点。

总体来看，基于国家行为角度的防务资源研究大多认为，经济发展和防务资源二者之间的相关性很高，防务资源往往是经济发展周期波动的核心推动力。基于这种国家发展模式，一个国家的经济效益与以防务资源为衡量的经济资源的"浪费"联系紧密。

然而，近期的研究表明经济发展对解释防务资源更为显著，而不是相反。第二次世界大战后，美国经济的发展并没有印证肯尼迪"霸权衰落型发展"的预测[53]。前面提及的发展模式可以解释为所谓的战争基金假说。一些霸权理论家回顾以上提议，认为经济繁荣可能是战争和扩张的一个必要先决条件。因此，正如布瑞恩和兰德尔曾提出的那样，经济发展将引起政府支出的增长，这反过来又会产生更高的防务资源，因此防务资源会由经济增长引起[54-55]。防务资源阻碍经济绩效的前提是，活动必须像战时那样优先于其他所有经济领域。而在和平时期，这种情况很难发生。

基于一个国家的长期政权特征来研究防务资源行为的研究取得

了较多成果。主要可以归纳为三种类型：韦伯·维达夫斯基预算模型（the Webber – Wildawsky model of budgeting）；理查德·邦尼财政系统模型（the Richard Bonney model of fiscal systems）；尼尔·弗格森国债和政体间相互关系模型（the Niall Ferguson model of interaction between public debts and forms of government）。韦伯和维达夫斯基主张每种政治文化决定其特有的预算目标；也就是，市场机制的生产力，各个部门的再分配（特定群体对已建立的权威的反对），还有等级制度中更复杂的程序[56]。因此，根据他们的观点，由特定政体决定的预算可以分为四类：专制主义、国家资本主义、美国个人主义和社会民主主义。预算体系又反过来影响着各自政体的收入和消费需求。

然而，该模型本质上是静态的。无法解释为什么国家的行为会随着时间的变化而变化。邦尼在关于现代国家的研究中对该问题进行了讨论[57]。他强调国家的收入和税收系统是一个国家在国家力量建设上成功的财政保障，而财政收入和税收体系会随着时间的发展而不断的发展，这就使得国家力量建设的防务资源的财政保障可能发生变化。例如，我国的分税制的改革，使得国家财政在不同时期对于防务资源的支撑能力大小是不同的。再如，在现代社会的早期，许多欧洲国家的政府成了纠纷的仲裁者和社会中某些基本权利的捍卫者。在中世纪，欧洲的财政系统相对较落后并带有专制性，而且主要是带有掠夺性的统治者[58]。该时期的财政体系是所谓的朝贡体系国家。后来在发展过程又分别出现了三种形式。领地国家，具有领地，提供一些公共物品；税收国家，更多地依赖贷款和收取税款；财政国家，具有更复杂的财政和政治结构。不同的财税汲取能力能够支撑的防务资源是不同的。一个超级大国（如19世纪的英国）必须是一个"财政国家"才能够领导世界，因为所有的防务负担都会随着一个帝国的扩张而增大[59-60]。

以上两个研究视角都对国家为何以及怎样为战争准备财政支持提供了很好的解释。对此过程最为完整的解释是由尼尔·弗格森在查尔斯·蒂莉框架的基础上提出来的[61]。他认为战争塑造了所有现代经济生活息息相关的体系：征税的官僚机构、中央银行、债券市场、股票交易所等。公共债券工具的发明是与政府的民主演化和优势相联系的。这就是所谓的荷兰模式和英国模式。这些类型的政权同时也有着最有效的经济，这反过来又加强了这种财政体制模式的成功。事实上，防务资源可能是历史上大多数财政创新的主要原因。弗格森模型证明了这个观点的重要性，因为一个国家只有采用了正确的制度、技术，有一定发展雄心，才能够在国与国的竞争中生存下来。

总体而言，结合各个研究框架的要素可知，在国家的发展演化过程中，政权在不同的发展阶段，在国际格局中处于不同的地位，对于防务资源有着不同的优先权和负担意愿。一个在世界舞台中处于占优地位的国家，需要更高的防务资源、一支有实力的海军、有利于提高信贷可获得性的财政和政治结构以及经常性地参与国际事务的国家意志。

三、对统筹发展与安全的防务资源研究

关于统筹发展与安全防务资源的研究目前还比较少。少数的几篇文献多从必要性等方面进行研究，从学术理论高度进行的探讨较少。我国的和平发展不是和平理想主义，不断发展的国家利益需要强大的实力来保障。陈晴对和平发展中国防的重要作用进行了分析，认为和平崛起不可放松武装，要强化国防，要有忧患意识，要有危机意识[62]。姚洪越认为和平崛起战略是中国崛起方略的正确选

择，为了实现中国的和平崛起，中国需要进一步加强国防建设，保持一支更加强大的现代化国防力量，确保中国的合法利益不受侵犯[63]。中国应该加强国家的政治、经济和文化建设，为国防建设提供良好的社会条件，应建立更加强大的国防力量，应采取正确的外交策略，为国防建设提供一个较好的环境。刘勇认为所谓和平崛起，就是高举和平、发展、合作的旗帜，坚持奉行独立自主的和平外交政策，充分利用重要战略机遇期，紧紧抓住发展这个我党执政兴国的第一要务实现全面建设小康社会的宏伟目标。应重视并加强国防和军队建设，以雄厚的国防实力威慑挑衅、遏制战争，最终赢得和平，同样是和平崛起的一个重要方面[64]。秦红燕从我国国防科技工业的角度研究了和平崛起对于国防工业的需求。认为国防工业能力建设应以国家安全和发展利益拓展需求为牵引，科学谋划，合理推进；要放眼世界，建立领先于当代的国防科技工业基础，确保技术上的先进与领先；大力提高自主创新能力，实现高新技术武器装备研制能力、军民结合高新技术产业发展等方面的跨越，推进国防科技工业持续、快速、高效发展；抓住国家发展战略性新兴产业的大好契机，提高信息化武器装备、高新技术武器装备的供给能力；充分发挥国防科技工业的引领作用，推进国家科技体系创新发展[65]。

军内学者近年来主持的一系列重大课题对于防务资源、统筹发展与安全等相关问题进行了研究。国防科技大学曾立教授主持的社科基金重大课题项目《中国特色军民协同式国防建设资源配置与管理研究》，从"走军民协同式发展路子"的角度研究了我国发展中的国防资源配置问题。军事科学院王法安主持的社科基金重大课题项目《中国和平发展中的强军战略》，围绕贯彻科学发展观，落实中央军委提出的"在全面建设小康社会进程中实现富国和强军相统一"的战略思想，从宏观上论述中国坚持和平发展"为什么必须强军""强什么军"和"怎样强军"三个基本问题,为党和国家最高领导层谋划 21 世纪国防发展战略提供决策咨询服务,为军委、总部从更高起点上推进军队改革和现代化建设提供决策咨询服务,为国内军内学术界研究中国和平崛起中的国家安全和国防发展战略提供理论参考,为回应"中国威胁"论提供正面的理论和政策宣传[66]。经济学院近期在总部的需求牵引下,集中全院骨干力量展开了关于新时期防务资源的系列课题,显示出新时期防务资源研究的迫切需要[67]。

可见统筹发展与安全的防务资源是一个重要但没有被学术界系统研究的领域。现阶段与之相关的研究多集中在国防建设对和平发展意义的探讨上,面对新时代新格局,对该主题的研究必须在时间的长度、空间的广度、理论的深度上进一步加强。从历史的视角,在大国崛起框架中研究安全与发展兼顾的国防建设及防务资源的文献较少,对防务资源在大国兴衰中作用的学理性分析文献还不多。结合大国崛起对国防建设和防务资源进行客观研究,回顾历史,展望未来,深入探讨我国统筹发展与安全的防务资源可能面临的问题与挑战,将对理论和实践有较大帮助。

第三节 研究意义与方法

一、研究意义

1. 理论意义

系统地对统筹发展与安全的防务资源进行研究,有助于拓宽国防经济理论的研究范围,是国防经济研究对象与时代背景紧密结合的体现，彰显了国防经济作为应用经济学学科对于现实指导的强大生命力。

对于防务资源、可置信承诺与大国兴衰的研究，基于可置信承诺的逻辑，提出了分析统筹发展与安全防务资源的全新视角，把传统防务资源理论研究拓展到了大国兴衰的长历史角度。

对防务资源福利效应的研究进一步完善了国际国防经济学术界对于防务资源福利效应的研究成果，同时也加强了国内国防经济学界对该主题的关注，为加快国内国防经济学科与世界国防经济学科前沿接轨增砖添瓦。

2. 实践意义

针对西方国家对中国和平发展的各种误解，本书进行了客观细致的统计分析，着重从政策弹性的角度反驳了"中国威胁论"，为外交部门和公共舆论界应对该类问题的治理和回应，提供了较为科学的理论支撑。

研究世界大国兴衰过程中防务资源发挥的作用，对于我国兼顾发展与安全的防务资源具有指导意义。从长历史的角度分析了大国兴衰中防务资源的演化，为我国建设世界一流军队和实现"两个一百年"奋斗目标中的防务资源决策提供了参考。

研究了和平发展对我国防务资源总体规模的需求，从绝对规模、相对规模、防务负担等角度进行了客观的比较，对我国统筹发展与安全的防务资源总体增长态势具有一定借鉴意义。

研究了保障和平发展的防务资源结构。从人力资本提升、武器装备发展、训练三个方面重点研究了防务资源遵循的规律，对于我国防务资源的合理结构安排具有较大的指导意义。

和平发展，既要和平又要发展，防务资源的决策必须考虑对于经济的影响。本书研究了防务资源的增值效应和福利效应，对于统筹国防建设和经济建设，深化军民协同战略具有一定指导意义。

二、研究方法

本书以经济学方法为基础，综合运用多学科理论，对我国统筹发展与安全的防务资源进行研究。

研究运用了冲突经济学分析方法。冲突经济学是国防经济学者对于主流经济学的一大贡献。冲突经济学者把人类社会的资源分为两大类：一类是投入生产性努力的资源，投入"做蛋糕"的资源；另一类是分配性努力的资源，投入"切蛋糕"的资源。随着全球化的深入发展，"切蛋糕"对于一个国家的兴衰具有着重要作用。而防务资源恰恰是"切蛋糕"相关资源的核心组成部分。本着这样的逻辑，研究了防务资源对大国兴衰的作用机理。

研究运用了计量经济学方法。计量经济学是数学、概率统计、经济学的综合，该方法能够定量地刻画现实世界的经济规律。经济计量研究以其大样本大数据的优势为我们了解防务资源的相关规律提供了有效的总揽性的图景。尽管受到数据的限制，这类研究提供了大量详实的数据支撑，得出较具有共性的结论。

研究运用了组织行为学分析方法。运用组织的范畴、团体劳动的范畴来分析问题。从人的行为、个体行为与群体观念认知的一致性等角度对人力资本提升所应遵循的防务资源规律进行了研究。

研究还运用了访谈调查和案例研究法。访谈调查和案例研究能够更为详细地对个体进行微观分析，发现防务资源的规律。通过调研重点掌握我国防务资源的相关政策规定和实践动态，向国内防务资源相关课题组的成员进行学习，交流沟通，避免重复研究，碰撞创新火花，为防务资源建言献策。重点对相关决策人员进行访谈，了解我国防务资源的历史演进情况，以及进一步的趋势和前景。

第四节 研究思路与主要创新点

一、研究思路

全书围绕"国际社会对我国发展的误解及中国和平发展战略的确立""保障我国和平发展对防务资源提出什么样的需求""防务资源对和平发展有什么样的助推作用"来展开。"国际社会对我国发展的误解及中国和平发展战略的确立"在第二章进行阐述。"保障我国和平发展对防务资源提出什么样的需求"又分为两个小部分来阐述。首先通过第三章和第四章分析了和平发展中防务资源的基本决策准则,然后基于此第五章和第六章分析了防务资源的规模和结构。"防务资源对和平发展有什么样的助推作用"在第七章中从增长效应和福利效应的角度进行分析。

总命题具体又可分解为以下几个逻辑上层层推进的分命题。

第一章,绪论。对文章的研究背景进行了介绍,基于国内外研究现状提出了本书的研究思路和主要的创新点。

第二章,国际格局演化与中国和平发展战略的确立。研究了"我国和平发展战略是如何确立的""外界对于我国和平发展战略有着什么样的解读""'中国威胁论'是否成立"。主要分析和平发展的偏好和国际社会的感知。

第三章,和平发展、国家力量建设与防务资源。研究了"中国和平发展对于国家力量水平提出什么样的需求""现阶段我国国家力量水平是否满足和平发展的需求"。主要从历史和现实的角度分析和平发展、国家力量和防务资源的基本逻辑。

第四章，防务资源、可置信承诺与大国兴衰。研究了"防务资源在大国的兴衰之中扮演着什么样的作用"。主要从可置信承诺的角度分析防务资源在大国兴衰中的作用。可置信的国防、可承受的国防和够用的国防是和平发展中防务资源决策的基本准则。

第五章、第六章，研究了保障和平发展的防务资源规模和结构。在建设满足我国和平发展的国家力量过程中，武器装备发展、人力资本提升、训练活动对于防务资源的需求具有一定的规律可以遵循。防务资源的军兵种结构和项目结构需要进一步进行优化。

第七章，研究了防务资源的增长效应和福利效应，并着重分析了如何更有效地发挥防务资源的经济效应以促进我国的和平发展。

第八章，提出了兼顾发展与安全合理确定防务资源的对策建议。

基本思路与结构如图 1.1 所示。

二、主要创新点

第一，首次从政策弹性的角度，基于客观统计数据，对"中国威胁论"进行了驳斥。中国和平发展面临着外界的种种质疑，其中"中国威胁论"是最为普遍的一种声音。从防务资源和外交行为两个维度入手，采用普通最小二乘法（OLS）和二分变量 Logit 模型（Binary Logit Model）的方法进行了统计分析，研究了全球主要大国的政策弹性，有力地驳斥了"中国威胁论"。

第二，首次从可置信承诺的角度，研究了防务资源在大国和平发展中的作用机理，完善了国防经济中的防务资源理论。防务资源不仅仅对于武器装备的发展具有直接的作用，还间接地传递着一个国家斗争性意愿的信号。这种可置信的斗争性承诺对于塑造全球秩序中的机制具有着重要的作用，从而最终影响一个国家的兴衰。

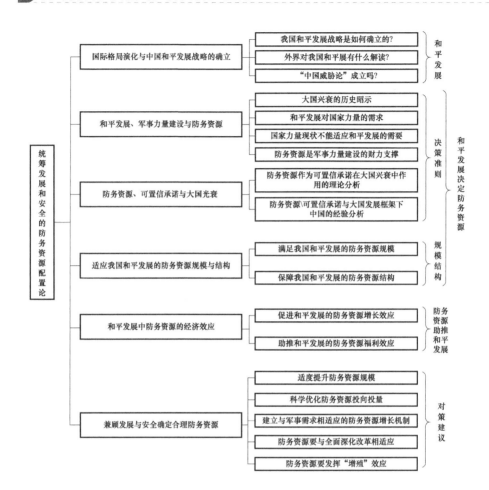

图1.1　基本思路与结构

第三，从基于要素禀赋比较优势的发展理论出发，研究了我国和平发展中国家利益拓展的重点方向及其对于国家力量和防务资源提出的需求。根据基于要素禀赋比较优势的经济发展理论，未来拥有丰富资源、具有庞大未饱和市场和廉价劳动力的非洲地区是我国资源进口、对外投资、商品出口的重要方向。要保障国家利益不受侵犯，就必须发展航路保障和远程投送方面的能力，这些能力的建设对于防务资源提出了全新的需求。

第四，在国内首次对武器装备的成本增长规律进行了分析。发现武器装备成本存在着系统性的长期增长趋势，其中海空军主战武器装备平台的成本增长速率较高。国内文献中还没有针对武器装备成本增长规律的研究，本研究对我国和平发展中武器装备机械化信息化建设的防务资源需求具有重要参考价值。

　　第五，首次对我国防务资源的福利效应进行了分析。我国的防务资源具有增长效应和福利效应。关于福利效应的研究是国际上国防经济近年来研究的热点。本研究填补了国内国防经济关于该主题研究的空白，促进了国内国防经济与国际国防经济前沿的接轨。防务资源有助于经济增长，从要素生产率的差异和规模性分析了其经济机理。防务资源有助于缓解收入差距，从三线建设、外部性、人口流动、社会分层等方面解释了这种现象后面的经济机理。

| 第 二 章 |

国际格局演化与中国和平
发展战略的确立

　　本章首先从国家理论出发讨论了大国竞争及国际格局的演化。对我国从挨打、挨饿到崛起的国际地位进行归纳之后，重点讨论了我国和平发展的历史必然性和战略定位。在此基础上对国际社会对我国不断发展壮大所持的不同态度进行了讨论。然后遵循"不破不立"的思路，对"中国威胁论"给予批判，从防务资源的角度对我国一直奉行的和平发展道路进行了经验论证。基于防务资源和外交行为的数据有力地驳斥了"中国威胁论"，从而更加科学地认识我国统筹发展与安全的防务资源。

第一节　大国竞争与当今国际格局的形成发展

　　防务资源本质上是一种国家行为，是由国家的行为动机和激励结构决定的。以国家理论为核心，对军队、国家等相关概念进行理论梳理，在此基础上展开防务资源的讨论，有助于把握防务资源的本质规律。

一、国家与大国

不同的理论学派对于国家有着不同的定义。马克思主义理论认为，国家是维护一个阶级对另一个阶级的统治的机器，是一个阶级用以压迫另一个阶级的有组织的暴力。韦伯认为，"国家是一种制度性的权力运作机构，它在实施其规则时垄断着合法的人身强制"[68]。霍布斯认为国家是一个"大写的人"，"国家就是一大群人相互订立信约，每个人都对它的行为授权，以便使国家能按人们认为有利于大家的和平与共同防卫的方式，运用全体力量和手段的一个人格，承担这个人格的人（即国家）被称为主权者，其余的每一个人都是他的臣民。"[69]诺斯把国家定义为，"在暴力方面具有比较优势的组织，其管理的地理范围是由其征税权所能达至的疆域决定的。"国家的目的决定了国家行为的悖论，即"诺斯悖论"：国家一方面追求统治者租金最大化，另一方面又要尽可能降低交易费用以便使得社会总产出最大化，以提高国家税收[70]。

把不同的国家理论进行归纳可知，传统的国家理论有契约论、剥削论、暴力潜能分配论三种类型。契约论的观点认为，国家是这个国家的所有公民达成的契约结果，其目的是为公民服务。剥削论的观点认为，国家代表着某一集团和阶级，是其代理者，其目的是通过剥削其他阶级来为其代表的阶级获得收入。暴力潜能分配论的观点综合了前述二者，认为国家同时具有二者的属性，既有契约性，又有剥削性。契约性国家中的"暴力潜能"能够在公民间得到平等的配置；剥削性国家中"暴力潜能"在公民间的配置是不平等的。三个理论之间的关系如图2.1所示。

国分大小，国有强弱。根据在国际社会中对于权力资源掌握的不同，国家可以分为不同的类型。

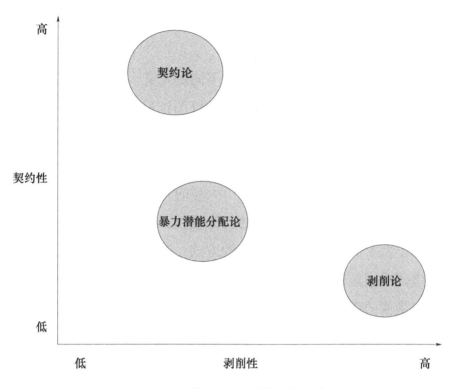

图 2.1　三种不同类型的国家理论

　　超级大国，指在国际格局中拥有主导性地位，在全球范围内拥有无可匹敌的影响力的国家。美国和历史中的大英帝国、苏联属于这种类型的大国[71]。

　　普通大国指拥有强大的政治、文化、经济影响力的国家，如中国、法国、德国[72]、日本、俄罗斯、英国等。

　　地区大国，指能够在其所在的地区施加影响的国家，如巴西、印度、意大利、加拿大等。

　　中等大国，指能够在所在的地区施加一定程度的影响，但是程度次于地区大国的国家，如巴基斯坦、阿根廷等。

　　可见国家类型的划分实质上是与其影响力相关的，由国家能力决定的。国际格局往往是大国之间博弈的结果。

二、当今国际格局的形成

大国的兴衰贯穿于整个人类文明史，主宰着国际格局的演变。世界大国兴衰的历史轨迹是我国和平发展的重要背景。古代西方大国中雅典作为实力快速增长的新兴大国，而斯巴达作为在位大国，感知到了雅典即将的赶超，强烈的恐惧感，最终催生了当时最大的两个城邦国家间的战争。古希腊历史学家在《伯罗奔尼撒战争史》中描述了这种新兴大国与既有强国间的战争[73]。在近代史上，类似的新兴大国赶超既有强国的情形一共有十五次，而其中的十一次发生了战争。著名学者乔治在其著作《世界政治的长周期》更是详细地描述了从 1495 年到现在人类社会的五个长周期，其中每个周期的优势国家分别为葡萄牙、荷兰、英国、英国、美国，详见表 2.1[74]。

表 2.1 世界政治的长周期

单位：年

周期	全球战争	霸权（优势）	衰落
1495—1580	1494—1516	葡萄牙，1516—1540	1540—1580
1580—1688	1580—1609	荷兰，1609—1640	1640—1688
1688—1692	1688—1613	英国，1614—1640	1640—1692
1692—1914	1692—1815	英国，1815—1850	1850—1914
1914—	1914—1945	美国，1945—1963	1963—

资料来源：乔治·莫德尔斯基，《世界政治的长周期》，1986.

人类近代史中全球力量的演变表明，世界格局、全球秩序会随着大国的兴衰而产生全方位的变化。表 2.2 归纳了近现代以来全球秩序变化的基本情况。

国际战略格局既反映了国家或国家集团之间力量对比的情况，又反映了国家或国家集团不同的利益选择。世界大国或国家集团之间的关系是决定国际战略格局的基本因素。不同的国际战略格局必然对各国防务资源产生不同影响。

表 2.2 全球格局随大国兴衰的改变

时间/年	战争	体系	死亡人数/人
1618—1648	近代欧洲三十年战争	威斯特伐利亚体系	400 万~600 万
1803—1815	拿破仑战争	维也纳体系	约 650 万
1914—1918	第一次世界大战	凡尔赛体系	约 3500 万
1939—1945	第二次世界大战	雅尔塔体系	约 9000 万

资料来源：Parker G. . The Cambridge history of warfare ［M］. Cambridge：Cambridge University Press，2005.

20 世纪 40 年代末，在雅尔塔协议的基础上，国际社会形成了以美、苏两国为盟主的两极战略格局。华约和北约这两个互为敌手、长期对抗的集团，为了保持各自的国家力量优势，分别在内部进行了多种形式的国际合作。而两大集团之间则势不两立，互不合作。世界上其他国家之间的国际合作，也不同程度地带有这种两极格局的烙印。随着东欧剧变，苏联解体，国际战略格局发生了重大变化，世界正向多极化方向发展。

世界大国兴衰的轨迹正在把中国推上了历史的舞台。在这个人类文明高度发达的 21 世纪，中国如何与其他世界大国一起，智慧地破解新兴国家与既有强国之间发生战争的"修昔底德陷阱"，是人类社会共同面对的重大问题。

三、无政府国际体系中的大国竞争

我们所处的世界由相互竞争的主权国家所构成，在这个世界中并没有一个可以统领所有国家的类似的中央政府，基本处于无政府的状态。国家作为个体无法获取其他竞争性国家的信息，无法确保自身的安全，无法确定其他国家是否会针对本国采取行动。在其他国家的威胁阴影下，每个国家都寻求安全，然而，安全仅仅是一个相对的概念，无法得到绝对的永久的安全。正如格里科和伊肯伯里在《国家权力与世界市场》中指出的"国家永远无法完全确定其他国家的意图。承诺永远不是绝对的、万无一失的。国家永远不会把战争排除在考虑之外，即便在当前非常友好、亲密合作的国家之间也是如此。"[75]国家要发展就必须强大自己，增加在国际社会中的相对实力。在发展过程中，要统筹绝对能力和相对能力；协调对内能力和对外能力。国家的对外能力，很大程度上是国家力量，是维护本国的生存安全、维护不断拓展的国家利益，并进一步塑造或主导国家格局的能力。国家的对内能力主要指维护政治稳定，保持经济繁荣，主导社会公平正义，为人的全面发展创造条件，改善人民福祉。

大国的影响力是通过国家能力而发挥的，国家能力是国家发展的结果。要提高国家能力必须从战略的角度来思索一个国家的发展。战略具有全局性、长远性和对抗性的特点。战略是一种分配和使用手段以达到政治目标的艺术[76]，由追求的目标、行动的方案途径和实现目标的手段工具组成。国家发展战略指根据国家发展所面临的根本挑战和任务，合理分配与充分利用国家资源，选择合适的国家发展模式，以便有效地发展出国家的关键战略能力，从而达到国家战略目标的艺术和科学。从经济学的角度来讲，战略即选择，即权衡取舍。资源是稀缺的，在有限的资源约束下，如何分配使得结果最优，就是发展战略所考虑的核心问题。只有最佳的资源分配，才能得到最优的结果。一个国家的战略目标在不同的外界条件下是动态演进的。新中国成立后，我国经济社会发展的战略重点在不同的阶段也是动态演进的，建国初期国家安全是首要任务，改革开放以来经济效率是重点，随着经济的发展，现阶段社会公正逐步地成为经济社会发展的关注点。镶嵌于整个经济社会体系之中的防务资源势必内生于整个经济社会发展的战略重点。

四、大国体系中的能力及防务资源

能力是国家能力的重要组成部分。在人类文明进程中，战争对于国家的形成、朝代的更替是至关重要的。战争在人类历史发生的变化中起着重要的作用，战争能够对国家和社会产生全面而且深远的影响。在由民族国家组成的地球村中，国家力量的承担者是国家，战争创造国家，国家也创造战争，战争对于一个国家的形成具有重要作用，几乎每个国家都是在战争的熔炉之中产生的。

从近代以来西方的崛起历程中，我们可以清楚地看到"战争"发挥的作用。帕克在《剑桥战争史》中强调，"在过去的 2500 年中的绝大部分时期不是更为丰富的资源，或者更为崇高的道德观念，也不是无可匹敌的天才，更不是直到 19 世纪才出现的发达的经济结构，而是陆海军的绝对优势为西方的扩张奠定了根基。"[77] 亨廷顿在《文明的冲突与世界秩序的重建》中也强调，"西方赢得世界不是通过其思想、价值或宗教的优越，而是通过运用有组织的暴力方面的优势。西方人常常忘记这一事实，非西方人却从未忘记。"[78]

军队是国家机器的重要组成部分，是国家建立的正规武装组织，以便准备和实施战争。按照马克思列宁主义的观点，国家的武装力量对内用以维护统治阶级的利益，对外有震慑他国、保卫领土、对外扩张的作用，由国家统治阶级建立、维持和控制[79]。马克思主义认为，军队与战争一样，是在阶级社会和国家形成与发展的过程中产生的。恩格斯指出，原始社会的武装力量是指全体居民为夺得和保护赖以生存的自然条件而集合在一起的"自动的"武装组织；社会分裂为敌对阶级之后，"军队是国家为了进攻或防御而维持的有组织的武装集团。"[80] 马克思和恩格斯揭示了军队的社会本质，军队是阶级统治的工具，具有鲜明的阶级性，在剥削阶级统治的国家中，军队是"寡头统治集团的政策工具"，是"以实行寡头政治的对外政策和反动的对内政策为目的"[81]。而在无产阶级取得胜利的国家中，军队则是无产阶级专政的工具。"无产阶级专政的首要条件就是无产阶级的军队。"[82]

防务资源是国家对于建设能力的投入。防务资源的大小决定着国家投入能力建设中资源的多寡。防务资源作为流量虽然不能够作为能力大小的衡量指标，但是防务资源的存量则很大程度上反映了一国能力的高低。对于防务资源的研究要基于国家范畴，从国家的本质、军队的属性、斗争的动因及国家能力的逻辑来考查防务资源有助于把握本质规律。

第二节　中国在国际格局中地位的演变

中国是一个拥有五千年源远流长历史的文明古国，屹立于全球的东方，具有着灿烂辉煌的文明。历史上的大部分时期，中国一直是世界上举足轻重的大国之一。国家的兴衰是人类史上不可避免的历史事件，唯有文化随着人们体内流淌的血液而代代相传，中华文明正是世界上仅存的四大文明的一支。忘记历史的民族没有未来，我国统筹发展与安全的防务资源研究首先要正视我国近代以来从挨打、挨饿到崛起的历史。

一、近代中国饱受列强欺凌的"挨打"地位

近代以来，我国经历了惨痛的被侵略史。我国人民生命财产、

工业基础、社会生产力在战争中遭受了惨重的损失，中断了我国的现代化进程。在近代我国备受欺凌的多次战争中，尤以日本对我国的侵略造成的损失最为巨大。

日本的侵华战争可以分为两个阶段，第一阶段是从 1931 年九一八事变到 1937 年七七事变。日本强占了我国东北一百多万平方千米的土地，使我国的半壁江山毁于一旦。第二阶段是 1937 年七七事变到 1945 年日本投降。神州大地有近千座城市被占领，一半多领土被践踏，造成了无尽的毁灭[83]。表 2.3 对侵华战争造成的损失进行了简要归纳。

表 2.3　侵华战争对我国造成的影响

被占领城市	930 余座
直接遭受战祸的人口数	2.6 亿人
无家可归难民数	4200 万人
中国军民伤亡人数	2100 万人以上
物价指数上涨	1940 倍

资料来源：时荣国. 试论抗日战争对中国社会现代化进程的影响 [J]. 北京党史，1998 (1)：27 – 30.

在"挨打"的过程中，整个中国现代化进程的基础都被严重毁坏。农业方面，农民无家可归，田地荒废，农作物产量下降；工业方面，作为国家实现现代化的基础和支柱被扼杀在萌芽阶段；财政金融方面，作为国家财政收入的关税和城市工商业税收全部随着领土的沦陷而损失。再加上战争拉动的防务资源的上升，整个中国处于严重的通货膨胀状态，人民生活无法保障，更别提发展生产的积极性。文化教育事业在日本"文化阉割"的战略下也完全受到抑制。国民经济和社会发展的基础和后备力量全部覆灭，整个中国经济社会的先进生产力无法产生，整个社会生产力水平在战争的破坏中不断地下降，经济整体处于倒退状态。

"落后就要挨打"的道理人尽皆知，然而"知易行难"。一个体制具有着强大的惯性，往往只有在彻底的毁灭之后才能凤凰涅槃。在这个被动挨打的毁灭过程中，受苦受难的是人民大众。忘却历史的民族没有未来，我国的和平发展必须正视我国"挨打"的近代史，客观地、敬畏地面对人类社会发展的基本规律，理性地引导并构建我国和平发展的道路，在最大程度上避免重蹈覆辙。

二、新中国成立后扬眉吐气却贫穷落后的"挨饿"局面

近代以来，我国经历了衰落与逐步的复苏。在国家衰落之后，无数先辈为民族复兴抛头颅、洒热血。新中国在无数的流血牺牲中终于成立了。随着原子弹、氢弹、导弹、卫星等现代化装备的诞生，"挨打"的日子一去不复返。然而，在新中国成立的初期，由于旧中国底子太薄，又经历了巨大的动荡和破坏，社会生产力低下，全国人民经历了"挨饿"的阶段。

改革开放之前的时期，我国的经济发展速度低下，人民生活水平没有得到改善，很大比例的人民处于"挨饿"的状态。在社会主义初级阶段的这20年中，我国现代化的进程在曲折中前进，社会主义建设取得了很多成就。但是，由于一系列客观原因导致的生产力低下，使得我国广大的人民存在着挨饿的现象。

基于恩格尔系数的统计结果能够很好地表明该时期我国大部分人民所处的生活发展阶段。恩格尔系数是衡量生活发展阶段的标准。联合国粮农组织有着一套用恩格尔系数来判断是否挨饿的标准。恩格尔系数的经济学含义是食品支出占消费支出的比重。通过恩格尔系数可以判定生活发展所处的阶段。

如表2.4所示，基于消费结构的统计数据可知，1968年中国城镇的恩格尔系数为56.4%，农村的恩格尔系数为66.6%，中国城镇居民刚刚越过温饱线，农村居民仍然处于贫困线之下，很多人处于挨饿状态[84]。

表2.4　恩格尔系数生活发展阶段标准

恩格尔系数值	生活发展阶段
60%以上	贫困
50%~60%	温饱
40%~50%	小康
40%以下	富裕

资料来源：联合国粮农组织。

人民的福祉是任何一个国家发展的最根本目的。"贫穷不是社会主义"，人民连肚子也填不饱的日子虽然一去不返，但是我们在和平发展的探索道路上必须时刻清醒地认识到"民生"这个核心问题，尤其在防务资源的理论探讨中要尽可能地切实统筹国防建设与经济建设，真真实实的把"大炮"与"黄油"的关系处理好，走军民协同式的和平发展之路。

三、改革开放以来民族复兴曙光降临的崛起态势

如今，我国的综合国力得到极大提升，经济、政治、社会、文化、对外交往全面发展，民族复兴的曙光得以降临。表2.5的一组数据，充分说明了我国在国际秩序中的重要位置，全球重大事务的解决离不开中国的参与。我们是如此地靠近着世界舞台的核心，我们是如此地接近着民族复兴的目标。

表 2.5　世界舞台中的中国

项目	排名及贡献	地位与作用
全球经济总量排名（汇率计算）	第二	世界第二大经济体
全球经济总量排名（购买力平价计算）	第一	世界第一大经济体
世界工业生产排名	第一	第一大工业国
全球国家出口量排名	第一	第一大出口国
全球国家外汇储备排名	第一	第一大外汇储备国
与中国的贸易量为最大的国家数目	128	世界上 128 个国家的最大贸易伙伴
对全球经济增长的贡献率	26.66%	全球经济复苏和增长的发动机
对亚洲经济增长的贡献率	>50%	亚洲经济增长的引擎

资料来源：世界银行数据库 2013。

从我国挨打、挨饿到崛起的近代历史来看，一个国家的发展是综合实力的提升。必须处理好"大炮"和"黄油"的关系，统筹协调国防建设与经济建设，才能够真正实现富国强军，才能够倡导并践行和平发展道路，共同促进全人类的和平发展。

第三节　中国和平发展的历史必然性与战略定位

一、我国和平发展的历史必然性

经济发展、民生水平的提高迫切要求着我国拥有和平稳定的国际环境。虽然从总量上来看，我国的很多指标处于世界前列，但是必须清醒地认识到我国仍然属于发展中国家。改革开放以来，经济的飞速发展使得"一部分人先富起来"，然而"带动和帮助其他人，实现共同富裕"却远远未能实现。人均收入水平处于落后地位，发展的不平衡问题特别突出，十分之一的人民处于贫困线之下。改善民生是我党治国理政的第一要务，必须身体力行，主动地坚持践行和平发展，和平友好地融入国际社会，与其他国家互利共赢，共同发展，才能最终让中国人过上幸福的生活。

中华传统文化决定着我国的复兴之路将会是一条和平发展的道路。仁者爱人、以和为贵、睦邻友好等优秀理念体现着我国核心文化传承中的人本精神、和谐理念、和平志向。我国古代历史中体现爱好和平的事件犹如漫天璀璨的繁星。古代的郑和下西洋给落后的国家带去了先进的技术与文明；丝绸之路则更体现了和平与发展的理念。己所不欲勿施于人，和平发展是一个拥有5000多年兴衰史的文明古国历经沧海桑田后的必然选择，是一个5000多年传统文化脉络的自然延续。

国家间的依存度空前增强，迫切要求国与国之间和平的发展。全球一体化日益加深，大国间"一荣俱荣，一损俱损"。信息时代全球一体化的经济正在深刻地改变着国与国之间的联系，地球村之中，你中有我、我中有你，国家间的依存度空前增强。一是，经济一体化的微观表现。随着全球化的提升，我国的发展越来越依赖国外的资源和市场。这种"两头在外"的生产模型决定着我国的利益权益将会有很大一部分取决于海外。我国资源（原油、铁矿石等）有超过一半的比例需要进口。我国对外贸易流量值、对外直接投资存量值、国外总资产值等指标逐年攀升，这表明国家的海外利益已经成为国家核心利益的重要组成部分。二是，经济一体化的宏观表现。两次百年一遇的经济危机的影响范围对比说明人类社会的全球一体化已经达到了前所未有的广度和深度。20世纪30年代，美国发生的经济大萧条，仅影响到了欧洲，对于我国及亚洲、非洲国家的影响甚微；而2008年的国际金融危机则瞬间席卷全球。一个国家的行为，会对远隔重洋的另一个国家产生重大的影响。我国2013 年上半年的经济增长放缓，引起全球经济增长的疲软；美国政府的量化宽松货币政策，能够引起远隔重洋新兴金融市场的大幅度震荡；希腊一个小国的政府赤字危机，引来整个欧元区主权债务危机。

网络安全、气候变化、环境污染、恐怖主义、金融危机、瘟疫传染等基于全球一体化的问题对人类提出全新的挑战，整个人类社会成了一个休戚与共的命运共同体，要求大国间协力合作，和平发展。正如基辛格在《论中国》中所言，在新世纪，大国间武力对抗的局面不会重演，经济、社会等综合国力的对抗决定着国家的兴衰[85]。你中有我，我中有你，如果发生冲突，不仅双方都会受损，还将殃及整个世界，一荣俱荣、一损俱损。唯有各个国家和平发展，大力协作，加强全球治理。

中国走和平发展道路反映了历史的规律和时代的潮流。世界潮流，浩浩荡荡，顺之者昌，逆之者亡。时代潮流总是与时代主题相联系的。在和平与发展已经成为时代主题的情况下，与"和平""发展"相联系的"合作"也成了世界发展的新景观，现在又出现了世界各国"共赢"的新趋势。世界各国相互联系日益紧密、相互依存日益加深，遍布全球的众多发展中国家、几十亿人口正在努力走向现代化，和平、发展、合作、共赢的时代潮流更加强劲。"和平、发展、合作、共赢"这八个字，是习近平同志一系列关于国际关系问题讲话的关键词，体现了党的十八大以来党中央对天下大势的科学判断，提出了党中央处理中国与世界关系的重大原则。这八个字，不仅反映了我们党对时代潮流的深刻认知，而且阐明了我们坚持走和平发展道路是合乎时代潮流的明智之举，是尊重历史规律的正确选择。

二、我国和平发展的战略定位

和平发展是党、国家、全体人民的意志，是政府的发展理念[86]。和平发展是我国对于世界作出的承诺，是我国对于自身发展方式的战略构想。中国将坚定不移地走和平发展道路，也主张世界各国共同走和平发展道路，以和平方式解决各种国际和地区争端。

在我国的官方文件中，和平发展经历了从"对国际形势发展的基本判断"到"国家战略选择"的过程，是从"和平环境"到"和平发展"的演变过程。从官方文件来看，和平发展最早可追溯到 20 世纪 80 年代邓小平"和平与发展是当今世界的主题"的判断。这一论断是我国政府对当时所处的时代主题的战略判断。该阶段，和平发展描述的是我国所处的国际环境，是对国际形势发展的根本性判断。在党的十六大后，我国逐步开始把"和平发展"作为我国长期坚持的国家战略和外交战略，是对"和平环境"的升华。2004 年，胡锦涛总书记在第十次驻外使节会议上指出，要"从国际和国内两个大局着眼，科学制定外交工作的方针政策和战略策略""坚持走和平发展的道路"[87]。2006 年，中央外事工作会议将坚持走和平发展道路作为党和国家对外战略立足点，提出一系列指导思想和战略思路。2007 年，党的十七大将"始终不渝走和平发展道路"载入报告[88]。在党的十七大报告中第一次用"中国将始终不渝走和平发展道路"的标题代替了"国际形势和对外工作"的标题。随着国际格局及我国实际国情的变化，2006 年和 2011 年，中国政府两次发表白皮书，阐释和平发展道路[89-90]。在党的十八大报告中，和平发展战略进一步得以完善和升华。党和国家重要文件已经将坚持走和平发展道路上升为国家意志，转化为国家战略规划和大政方针。

和平发展道路归结起来就是：既通过维护世界和平发展自己，又通过自身发展维护世界和平；在强调依靠自身力量和改革创新实现发展的同时，坚持对外开放，学习借鉴别国长处；顺应经济全球化发展潮流，寻求与各国互利共赢和共同发展；同国际社会一道努力，推动建设持久和平、共同繁荣的和谐世界。这条道路最鲜明的特征是科学发展、自主发展、开放发展、和平发展、合作发展、共同发展。

党的十八大以来，以习近平同志为核心的党中央对和平发展的内涵进行了一系列论述。鲜明提出，"要跟上时代前进步伐，就不能身体已进入21世纪，而脑袋还停留在过去，停留在殖民扩张的旧时代里，停留在冷战思维、零和博弈的老框框内。"[91]今天的世界已经发生巨大的变化，不能再用过去那种"思维"和"逻辑"来看待中国的发展和进步。中华民族是爱好和平的民族。中国人民对战争带来的苦难有着刻骨铭心的记忆，对和平有着孜孜不倦的追求，十分珍惜和平安定的生活。中国人民怕的就是动荡，求的就是稳定，盼的就是天下太平。我们党始终高举和平的旗帜，从来没有动摇过。没有和平，中国和世界都不可能顺利发展；没有发展，中国和世界也不可能有持久和平。

中国和平发展正成为国际体系转型和革新的强大思想武器，中国和平发展的实践正为这一进程注入着强大的动力，中国的和平发展势必将超越"国强必霸"的历史偏见，实现国际体系的和平转型。实现和平发展不仅仅要有决策层面的意愿和决心，而且还要有强大的国家力量作为支撑。战争与和平，永远是矛盾的两面。只有拥有了捍卫自身意愿的力量，才能够保证和平发展的意愿顺利实现。

形势在发展，理论在前进。在中国特色社会主义理论体系中，和平发展理念占有重要的地位：它既是中国国内发展战略思想的组成部分，也对中国国际关系理论和外交方针政策具有指导意义[92]。

而且，作为对内外两个大局互动具有指导意义的理论，它还是和谐世界理念的具体体现和补充，在当今国际关系理论中具有引领作用，成为当代国际社会应对多极化、全球化、信息化挑战的重要思想武器之一。和平发展理念具有强烈的中国印记，但它又将引导并推动着全世界的和平发展。

第四节　西方社会对中国和平发展战略的误读

一、西方学术理论界对我国和平发展的误解与质疑

20 世纪 90 年代起，学术界就对"中国崛起"和中国的外交政策倾向进行了热烈的讨论。这些讨论归纳起来有三种主要的观点：修正主义、维持现状和不确定。大多数现实主义者认为随着中国的壮大，其外交政策会转向修正主义，所以对中国成长为区域性大国持厌恶的态度。相反，自由主义者认为保持现状的外交政策能够最好地符合中国的国家利益，所以中国的崛起并不会扰乱既有的国际格局系统。建构主义学派则认为中国的未来还存在着很大的不确定性，现在的重点是如何通过国际规则和思想来塑造并影响中国的外交政策。

表 2.6 总结了三种主要学术流派的主要异同点[93]。

表 2.6　现实主义、自由主义、建构主义观点比较

争论的范式	现实主义	自由主义	建构主义
理论观点	国家追求自身利益，为权力和安全而进行无休止的竞争	关注与经济和政治因素有关的权力，追求发展富裕，促进自由价值	国家行为由思想信念、集体规范和社会认同决定

续表

争论的范式	现实主义	自由主义	建构主义
分析单位	国家	国家	精英集团
研究手段	经济实力，特别是实力	价值取向（国际制度、经济交流、扩展民主）	思想与对话
对冷战后的预测	再次出现公开的大国竞争	随着自由价值、自由市场和国际制度的发展，合作会得到加强	难以确定思想信念的变化，不可知论
主要局限	未能说明国际变化	过于忽视权力的作用	描述过去比预测未来更强

资料来源：Walt S M. International relations：One world，many theories［J］. Foreign policy，1998：29 - 46.

1. 现实主义：中国将会挑战国际秩序

不同流派的现实主义者对于中国崛起达成了一致的共识，认为不断发展壮大的中国是对整个国际体系的（潜在）威胁，认为中国注定是一个修正主义强国。"修正主义国家"指的是一个国家满足于该国在国际政治体系中的现状，包括领土边界、财富的分配、价值体系等其中一项或多项领域，并不断地追求以得到更好的调整和变更。

然而，不同流派的现实主义者对于如何应对中国的不断壮大有着不同的见解。以约翰·米尔斯海默为代表的现实防御主义者认为：作为一个崛起的大国，中国的国家行为将会与19世纪的美国比较类似，在其所在的半球追求区域霸权[94]。在19世纪，美国为了追求自己的区域霸权，采取了著名的"门罗主义"原则。在1823年，美国总统门罗在其国会咨文中正式提出："欧洲任何列强不得把美洲大陆已经独立自由的国家当作将来的殖民对象，美国不干涉欧洲列强的内部事务，也不容许欧洲列强干预美洲的市区。"[95]根据现实防御主义的观点，正如19世纪美国针对欧洲霸权采取的政策，中国将会信奉中国版本的"门罗主义信条"，逐渐减弱守成霸权国美国在亚太地区的影响力。在这样的逻辑下，守成霸权国将会采取一切措施牵制减慢中国的崛起[96]。随着中国的不断壮大，美国遏制的加强，亚太地区的潜在冲突威胁将会增加[97]。防御现实主义的观点与霸权转移理论的观点存在着一致性，他们都认为一个崛起的国家将会在国际体系中采取修正主义的政策，挑战在位霸权国，扰乱现存的国际秩序[98]。按照防御现实主义的观点，在国际体系中国家追求的是安全而非权力，然而他们仍然担心与中国崛起和美国衰落相伴随的国际体系转变[99]。自从冷战以来，世界格局的多极化发展是一种必然的趋势，中国的崛起对于美国的单极思维是一种挑战。防御现实主义者认为在这样的情景下，美国应该采取离岸均衡策略，逐渐地放弃美国在亚太地区的安全承诺，避免与中国在亚太地区产生直接的力量竞争关系，而是通过支持其他的亚洲国家比如日本、韩国、印度等来平衡不断增加的来自中国的威胁。

总之，大多数现实主义学者认为随着国家力量和经济能力的不断增加，中国将采取"修正主义"的政策。自2009年以来，中国的外交政策有了一些变化——在哥本哈根气候变化会议上明确地表达中方的立场，对于朝鲜制裁的拒绝，与日本的外交争端，与菲律宾的领土争端，等等，这些反映了中国外交政策的现实主义特性。从2011年起，美国的外交开始转向亚洲平衡中国的崛起，这进一步印证了现实主义的观点。

2. 自由主义：中国将会维持现状

大多数自由主义学者对于中国的崛起有着比较乐观的态度。不断增强的经济相互依赖性能够减缓中国和美国之间的战略竞争的激烈程度。第二次世界大战以来建立的自由的国际秩序，对于中国的经济发展有着很大的促进作用，这种自由的国际秩序也进一步控制中国的修正主义倾向。

自由主义者认为中国应该作为一个现状的维持者，遵循第二次世界大战以来建立起来经济、安全等方面以多边机制为基础的国际秩序，因为对中国来讲，打破现有国际秩序的成本太高。自由主义者认为美国在多极化的世界中失去全球霸权地位后，仍然能够在西方世界的秩序中维持领导地位[100]。镶嵌于西方秩序中的多边经济和安全机制不能够阻止中国的崛起，但是能够约束中国的行为。因此，多数自由主义者提倡对中国采取接触政策，使得中国更好地一体化、嵌入于国际规则和机制。

中国 20 世纪 90 年代采取的"韬光养晦"和新世纪提出的"和平崛起"发展战略体现了"维持现状"的外交政策[101]。从 2001 年起，随着中国加入世界贸易组织，中国与美国相互之间的经济依存度不断加强[102]。中国通过积极地参与区域多边机制，与周边国家建立信任，消除了周边国家对中国不断增加的经济和实力的担忧。然而，从 2009 年起中国采取的一系列外交政策，使得自由主义者对中国崛起的乐观态度引来争论。中国是否真的决定放弃从现存国际秩序和全球经济发展中得到的好处是这个问题的核心。

3. 建构主义：中国的未来不确定

建构主义者强调规范、文化、思想对于国家行为的作用。中国的崛起以及政策取向具有不确定性。其中著名学者勒格罗提出了一个关键的问题，"在中国的经济和实力崛起之后，中国想要什么"[103]。因为中国的政治学界正在经历着一系列思想的大讨论，关于中国未来将在国际格局中扮演什么角色，目前还不能得出结论。中国的崛起对于世界意味着什么将取决于何种战略思想取胜。美国应该与中国保持文化思想的交流，而不应该直接干涉其内政。

学者约翰斯顿研究认为，中国一直积极地参与冷战以来建立的关于安全和经济的多边协商机制，其外交精英逐渐地被这些合作性质的安全规范和规则影响[104]。在这些制度和机制的影响和塑造下，中国的外交精英对于国内的领导人以及舆论导向具有很大的影响作用，使得中国能够更好地按照现有国际体系中的规则和制度来规范国家的行为，从而对后冷战时代中国的合作性的外交政策取向起了很大的作用。要继续发挥国际事务中的多边机制对于中国的塑造作用，这样中国将继续被合作性的安全和外交多边决策机制规范与引导。

建构主义者的观点也受到了 2009 年以来中国的一些外交政策的挑战。但是这些可以被"建构过程的非线性和外交思想的偶然性"解释。根据各自建构理论的思想，勒格罗认为中国的外交政策变化反映了中国保守主义对于改革精神的暂时性占优；约翰斯顿则认为这体现了合作性多边机制对中国的建构作用被其他的机制阻碍，比如民族主义、实力政治等。

二、西方政要与传媒对我国和平发展的误导与偏见

随着中国的快速发展，国际社会对中国的认知体现出多元化的特点。西方媒体对中国的态度出现了不同的声音。如同盲人摸象，西方社会对于中国往往不能够窥其全貌，而是针对经济政治社会的某一方面来发表评论，这就导致了很多自相矛盾的结论，如中国崩溃论和"中国威胁论"。中国崩溃论认为中国的政治经济即将走向崩溃；而"中国威胁论"则认为中国的快速发展会对其他国家带来威胁。中国崛起是以和平方式实现的，多元文化和谐共存，经济社会也存在一些问题。面对不断发展壮大的中国，其他的国家与之存在不同的关系，这样从不同的角度出发就会做出不同的反应。有的

期待，希望搭顺风车；有的嫉妒，心怀不满；有的感到威胁，力图防范甚至阻遏。甚至同一个国家、同一个利益集团在不同时期对中国的看法和心态都会发生变化。中国责任论则强调中国应该担负起大国的责任，更多地参与到国际事务之中。

我们有自己的道路自信、理论自信和制度自信，同时也应关注西方世界对于中国发展的不同声音，"偏听则暗，兼听则明"，更全面地了解自身的发展。

1. 中国崩溃论

中国的发展伴随着各种不同的声音，其中很重要的一种论调就是中国崩溃论。在过去的几十年中，西方的舆论界总是把中国宣称成一个压迫人民的政权，人民大众生活在水生火热之中。在这样的大舆论背景下，一些所谓的中国问题学者对于中国的发展持悲观的态度，认为中国必将崩溃。这一系列的观点，统称为中国崩溃论。

"中国崩溃论"总是在不同的历史节点上高涨，预测中国崩溃，随后的事实恰恰证明其论断的谬误。在20世纪苏东剧变的时代，随着苏联的解体，西方世界出现了盲目的制度自信，认为资本主义势必要代替社会主义，历史就此终结，也就是著名的"历史终结论"。在该论调的逻辑下，作为社会主义大国的中国也将像苏联一样最终走向崩溃，被资本主义制度代替。在党的重要领导人邓小平同志逝世后，中国崩溃论者又预测中国将出现大动荡。在1997年香港回归之后，预测回归后的香港将从繁荣走向萧条。在2001年世界贸易组织接受中国的申请之后，预测中国的经济将受到极大的冲击，从而走向崩溃。在2008年世界经济危机之后，预测中国的经济也将崩溃。这些论调零碎地体现在一些文章和著作之中，被媒体放大，造成了很大的影响，使外界对中国产生了很多误解。

2000 年，美国经济学教授罗斯基在《中国国内生产总值统计发生了什么?》一文中通过对比省级经济统计数据和国家级经济统计数据，对中国经济发展的统计数据提出质疑[105]。媒体在此基础上进一步炒作，认为"中国的经济即将崩溃，中国的经济发展成果是虚假的"。

随后，关于中国经济虚假增长的论调把中国崩溃论推向了高潮。2002 年，经济学界著名学术期刊《中国经济》的主编斯图韦尔在其《中国梦》的论著中用"沙滩上的高楼"来形容中国经济潜在的危险，认为中国将会出现经济上和政治上的危机[106]。接着《中国为什么造假账?》登上美国时代周刊，宣称中国增长的奇迹是建立在虚假的数字上的[107]。《中国即将崩溃》一书通过对国有银行坏账、对外贸易情况的分析认为 21 世纪中国将走向崩溃[108]。

在 2008 年全球经济危机后，一些金融界和经济界的专家宣称"中国的经济已经站在悬崖上"。经过对过度放贷的经济泡沫、房地产泡沫等方面的分析认为中国的经济增长将面临挑战，甚至有可能进入经济衰退。

过去反复的预测在中国快速的国内生产总值年均增长这个事实面前不攻自破。中国经过 40 多年的改革开放取得的成绩，远远大于其他发展中国家成绩的总和。

尽管以往的中国崩溃论往往不攻自破，但是新一轮的中国崩溃论仍不停息。2014 年，英国广播公司（BBC）针对性地拍摄了以《中国是如何愚弄世界的》为名的纪录片，试图以武汉 30 年期间现代化和财富积累的过程与非凡成就，来说明中国发展的不健康。描述了中国高速发展后面隐藏的问题，如高债务、高房价、官商勾结、民生问题、投资依赖、影子银行等。中国如此快速的发展速度在其他国家是没有的，中国的经济奇迹是中国例外论的体现。自世界经济危机以后，中国经济仍然保持旺盛的增长，其动力主要来自国家大批量的基础建设，这些基础建设依靠的是国有银行驱动的巨额贷款和民间的影子银行。这一系列经济刺激活动，导致中国经济蓬勃发展的假象。实际上中国的发展是不平衡的，是不健康的，这种不平衡的发展将不可持续，将会走向崩溃。

现阶段中国经济增长速度的减低是中国政府转变经济发展方式和调整经济结构的主动性的政策选择性结果。在主动的宏观调控下，抵御风险的能力大大增强。针对存在的资产泡沫和楼市泡沫，在对调控可能带来的负面影响充分评估之后进行控制，能够较好地掌握主动权和回旋的空间。地产业调控对于整个金融系统有影响，但是并非系统性风险，不会带来系统性的危机。应该警惕经济泡沫风险，采取适当的调控政策，避免出现类似日本房地产泡沫破灭导致的"迷失的 20 年"。

现代化进程从来不是线性的过程，我国在改革开放经济飞速发展的同时，也出现了一些社会问题，要客观地面对，科学地决策，跨过"中等收入陷阱"，走向更加繁荣的时代。

2. "中国威胁论"

后冷战时期，以美国为首的西方世界对中国的思维很长时间内一直以"中国威胁论"为主导，这一论调对美国的对话战略产生着深刻的影响。"中国威胁论"经历了以下的演变历程。

冷战结束以后，俄罗斯进入经济停滞的时期，而该时期随着改革开放的深入，中国的经济快速发展，军事实力也逐步提升。这使美日菲等国家开始担心中国的发展会威胁到自己的利益，"中国威胁论"在对于中国的认知领域占据了重要的地位。美国官方主管亚洲外交政策研究项目的领导芒罗渲染美国和中国之间存在潜在的军事冲突，得到极大的关注[109]。哈佛大学亨廷顿《文明的冲突与世界秩序的重建》从文明冲突的角度论证"中国威胁论"，认为西方文明与儒教文明及伊斯兰文明间的冲突是西方世界最大的威胁。哈克特则认为中国是苏联解体后出现的一个新的邪恶帝国。1995—1996 年，台海关系紧张，围绕着台湾问题中美之间出现了军事对峙，"中国威胁论"出现了第二波高潮[110]。第三波高潮发生在1998—1999 年亚洲金融危机期间。在亚洲金融危机期间，中国的经济一枝独秀，对于亚洲国家走出危机贡献了很大的力量，这使得中国的经济影响力和国际信誉迅速扩大。21 世纪以来，"中国威胁论"包含的内容已经日益扩大，除了军事威胁、经济威胁，还有环境污染、网络安全、食品安全等方面。

3. 中国责任论

改革开放 40 多年以来，中国的发展取得了举世瞩目的成就。根据联合国、世界银行、国际货币基金组织三大国际机构数据（美元折算），1994 年，中国 GDP 总量在国际上居第七位，1995 年被巴西超过退居第 8 位，1996 年反超巴西居第七位，2000 年超过意大利居第六位，2002 年超过法国居第五位，2003 年被法国反超退居第六位，2005 年再次超过法国居第五位，2006 年超过英国居第四位，2006 年超过德国居第三位，2010 年超过日本居第二位。详见表 2.7。

表 2.7 中国 GDP 总量在世界排名位次变化

年份	GDP	位次	国家	GDP	位次	国家	GDP	位次
2011	6,263,466	2	美国	15,053,658	1	日本	5,868,016	3
2010	5,936,461	2	美国	14,455,208	1	日本	5,488,464	3
2009	5,016,084	3	日本	5,035,142	2	德国	3,301,489	4
2008	4,524,536	3	日本	4,849,193	2	德国	3,629,366	4
2006	3,494,214	3	日本	4,356,341	2	德国	3,325,402	4
2006	2,636,606	4	德国	2,903,648	3	英国	2,451,355	5
2005	2,265,831	5	英国	2,291,663	4	法国	2,136,662	6

续表

年份	GDP	位次	国家	GDP	位次	国家	GDP	位次
2004	1,933,264	6	法国	2,056,591	5	意大利	1,636,281	6
2003	1,643,269	6	法国	1,693,333	5	意大利	1,515,450	6
2002	1,454,405	5	英国	1,605,856	4	法国	1,453,656	6
2001	1,322,059	6	法国	1,338,696	5	意大利	1,124,021	6
2000	1,196,598	6	法国	1,326,630	5	意大利	1,105,089	6
1999	1,089,113	7	意大利	1,208,696	6	加拿大	661,256	8
1998	1,028,046	7	意大利	1,225,121	6	巴西	843,926	8
1996	963,449	7	意大利	1,199,099	6	巴西	861,308	8
1996	868,061	7	英国	1,223,462	6	巴西	839,806	8
1995	636,638	8	巴西	669,214	6	西班牙	596,815	9
1994	566,034	6	意大利	1,059,423	6	加拿大	564,483	8

注：单位为百万美元。

资料来源为国际货币基金组织 2012 年 10 月、世界经济组织 2012 年 6 月、联合国 2012 年 12 月数据平均值。

近年来，中国的经济发展对于世界经济的引擎作用越来越明显，尤其是 2008 年金融危机以来，中国是全球经济增长的首要贡献者。根据国际货币基金组织的研究，在今后的一段时期内，中国将仍然是世界经济的发动机。图 2.2 总结了世界各主要经济体的增长对全球经济增长的贡献，其中中国、美国、日本、欧元区对全球经济的增长起着重要的作用。中国对全球经济发展的共享从 2000 年开始一直上升到 2006 年，随后保持基本的稳定、稳居第一的位置。

伴随着综合国力的提升，中国在世界格局体系结构中的位置也在发生着变化，这引起了国内外媒体对于中国责任论的关注和讨论。在国际舆论中，随着"中国责任论"的升温，与"中国威胁论"一并成为中国需要面对的关于中国发展的主要国际舆论倾向。奥运会、世博会的成功举办提升了中国的国际声誉，尤其金融危机以来，中国的国际地位相对上升更加明显，两国集团（G2）、中美国（Chimerica）等新概念在媒体中出现，国际舆论环境中关于责任论的呼声越来越成为主导，大国的国际责任问题是中国和平发展不可避免的重要方面。

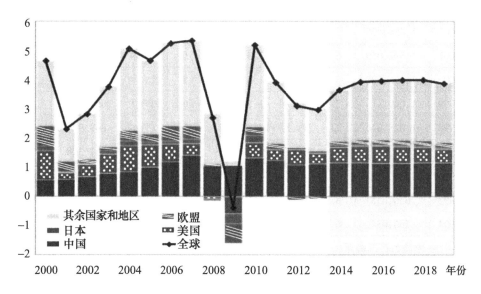

图 2.2　不同国家对全球经济增长的贡献度

注：贡献度按照百分比来衡量，资料来源于国际货币基金组织数据。

中国对于世界的和平和稳定也一直发挥着重要的作用。"修身、齐家、治国、平天下""为天地立心，为生民立命，为往圣继绝学，为万世开太平"等千百年以来士人经世济民的使命与理想是中国人天下情怀的最好表现。中国维护和期待的世界是一个和谐的世界，是一种全新的和平发展观。这种包容各种文明和精神、人类社会和谐共存的和平发展观念及与之相伴的中国的身体力行是中国责任的最好体现。

国际社会对于中国承担国际责任的预期是一直存在的。冷战结束后，克林顿政府国防部部长于 1994 年在国防大学就发出了对于中国的全球责任的期待，他认为亚太地区的地缘政治在 20 世纪 90 年代冷战结束后发生了巨大的变化，该地区的稳定和繁荣与中国密切相关，中国作为不断崛起的大国应该同美国一起努力，维护并促进亚太地区的稳定繁荣。中国和美国两个大国对于这一使命有着共同的特殊责任。中国是世界上的大国之一，并且还在不断地发展壮大，美国希望通过采取接触政策，共同塑造一个国际社会中负责任的大国。对于中国成为"国际社会负责任大国"的期待在美国的《四年防务评估报告》和《国家安全战略报告》中都有确切的体现[111-112]。2001年，美国时任国务卿凯利在美国国会对外关系委员会的证词中提出，"美国应该积极地塑造中国在国际体系中的作用，引导中国承担与其国际地位相称的国际社会责任，并积极地展开这方面的双边和多边交流"。纵观克林顿担任美国总统的八年时间中美的对话战略，可以发现"责任论"较"威胁论"成分多。小布什的第一任期，把中国视为战略对手，采取预防性遏制战略，该时期威胁论压过了责任论[113]。到2005年第二任期开始调整对于中国的定位，中国责任论逐渐地成为政策的主要基础。2005年，总统布什、国务卿赖斯、副国务卿佐利克相继提出了"责任论"的政策定位，如"在与中国的交往中要特别注重坦诚，要采取建设性的方式来达到坦诚交往的目的""要积极把中国构建成为美国在处理全球事务中的伙伴，引导中国以美国全球伙伴的身份承担与中国综合国力相称的国际责任，逐步提升中国在处理全球事务中的影响力。""中国应成为国际社会中负责人的利益相关者"。2006年《国家安全战略报告》正式把美国对于中国的定位表述为"负责任的利益相关者"。2006年发表的普林斯顿项目报告在美国的主要威胁和挑战部分专门强调了东亚地缘政治和东亚秩序的演变及中国崛起对东亚秩序的影响。该报告认为"在新世纪，中国的发展壮大对于整个国际格局的影响非常深远，美国应该摒弃冷战思维，抛弃阻碍和遏制中国发展的策略，积极应对中国的发展，塑造良好的中美关系，构建中国在国际秩序中的合理地位，使得中国能够在可预期的范围内实现其在国际事务中的影响力，并成为全球事务尤其是亚太地区秩序的积极维护者"[114]。

第五节 "中国威胁论"不成立：
基于政策弹性的分析

一、防务资源是"中国威胁论"的核心因素

"中国威胁论"在美国官方文件中第一次出现是 2000 年的第一份《中国军力报告》。此后，每年新的报告出台都会将这个问题再次带到风口浪尖的位置。冷战之后，美国国防部试图把中国塑造成为实力强大的威胁，以便为其不断增长的防务资源寻找依据。包括国防部部长在内的美国防部官员总是试图宣言中国的军事威胁，甚至是"中国威胁论"的主要鼓吹者。

中国的防务资源虽然持续了 20 多年的增长趋势，但是除去通货膨胀因素，过去 10 年的防务资源达到年均增长 9.6%，这与国内生产总值的增长速度相称，与经济发展相协调。随着中国变得强大，安全问题变得日益严重。并非强大了安全问题就少了。随着中国的飞速发展中美实力差距的缩小，将导致中美结构性矛盾的加剧，中美实力越接近，包括安全在内的问题将越突出。目前适度的防务资源还无法支撑"中国威胁论"，作为一个大国其防务资源占国内生产总值的比例还很低。而针对中国防务资源的合理增长，国际媒体和学术界刻意夸大中国防务资源的规模，宣言中国军事威胁，声称中国正在把大量资源投入国防。罗斯在其著作中宣称"中国的实际防务资源超过了官方公布的 10 倍"[115]。防务资源的快速增长将给

周边国家带来威胁，引起新一轮的军备竞赛，在处理国际争端中将有较大的概率使用武力手段[116]。日本鼓吹"中国威胁论"，试图为其"修宪"找到合理的借口。印度宣言"中国威胁论"，以增加其防务资源扩展的合理性。美国的"亚太再平衡"战略布局中，中国威胁的感知显然是一个极为重要的因素。

二、"政策弹性"衡量"威胁"

总体来讲，"中国威胁论"者强调中国的防务资源不符合其客观规律，大大超过了其外部安全需求，从而得到威胁他国的论断。其立论的落脚点是防务资源的规律与其他国家不同。那么中国防务资源的规律与其他大国的防务资源规律有没有本质上不同呢？这将是"中国威胁论"成立与否的本质问题。

如果"中国威胁论"确实成立，那么中国的防务资源将会与其他国家的防务资源规律有所不同。如何判断中国的防务资源是否属于例外从而为判断"中国威胁论"提供数据上的支撑呢？现有文献对这个议题研究得很少。对于这个问题的研究很难找到系统性的完美方法。中国的行为如果确实能够引起"威胁论"，那么将意味着中国的防务资源行为要支撑其威胁他国的能力，这就需要防务资源完全按照自己独特的模式来进行，与其他大国的防务资源行为关系不大。而这种推定的防务资源模式的独特性能够通过中国防务资源对于其他大国防务资源的敏感度来衡量。每个国家的防务资源都会对其他的大国产生影响，一个国家的敏感度衡量了该国对于其他大国的行为的反应程度大小。本书把这种相互影响定义为"政策弹性"，一个国家行为的变化是其他大国行为变化的函数，这个函数的经济学含义与弹性的含义相同，都衡量了一方行为变化对于另一方行为变化的影响程度。不同的政策弹性值刻画了该国的行为特征。运用计量经济学的工具来比较不同大国的"政策弹性",从而为更好地认识中国威胁论提供数据支撑。

三、数据,方法与假设

1. 数据来源

跨国防务资源数据的来源主要有以下几个国际机构。瑞典斯德哥尔摩国际和平研究所(SIPRI)、伦敦战略研究所、美国中央情报局、美国军控局、联合国、国际货币基金组织、世界银行。

各国的政府部门会发布本国的防务资源数据。另外,针对中国防务资源的数据,有专门的其他国家的机构进行估算与发布。如美国国防部自 2000 年起发布的中国军力报告;美国华盛顿战略与国际研究中心(CSIS)发布的中国军事现代化和武装力量的发展。

对于一些国家的防务资源数据,各个机构之间会存在重叠的现象。美国防务资源来源本质上讲只有两个由美国政府部门公布的数据,其余机构发布的美国防务资源数据都是在此基础上进行引用和修正。美国防务资源数据独立计算的两个部门分别是白宫管理与预算办公室和美国商务部经济分析局。前者从预算的角度公布防务资源数据,后者从国民收入与产品核算的角度来公布防务资源数据。美国国防部的防务资源数据与白宫管理与预算办公室公布的数据几乎一致,后者的还包含了除去美国国防部外的其他部门投入到国防相关活动的经费。北约公布的美国防务资源数据来源于白宫管理与预算办公室。美国军控局英国伦敦战略研究所、斯德哥尔摩和平研究所在其报告中采用的美国防务资源数据都来自北约的数据。世界银行采用的美国防务资源数据又来自斯德哥尔摩数据。总结来讲,美国防务资源数据来源只有两个,并且都是由其本国政府部门所核算并公布的。

这里为了以统一的标准进行国际比较，就不再对专门性的数据进行探讨。在国际比较中统一采用国际部门公布的数据，在特殊的情况下结合本国政府部门的数据进行调整。

国家综合实力指数数据记录了每个国家的六个核心指标的年度数据。这些指标包括：总人口、城市人口、钢铁产量、能源消耗、军事人力、防务资源。以这六个指标为基础，产生了被广泛应用的综合国家实力指数[117]。

外交往来数据记录了不同级别的外交往来。从高到低主要分为三种级别：大使级别、部长级别和代理大使级别。

2. 方法与假设

本节采用的计量模型的基本模式是，中国行为的变化是其他大国滞后期行为变化的函数。通过这个函数来刻画国家对其他国家行为变化的反应程度。正如华尔兹所强调的，每个国家的命运取决于其对于其他国家行为的反应[118]。这一论断虽然简单，但很多国家的行为可以被解释为对于外部环境的反应，对于现实世界中的国家行为有很强的解释力。对 18 世纪欧洲外交历史的研究发现，其他国家对于本国的外交行为很好地解释了本国对于该国的外交行为，而国家属性等因素对于外交行为的解释力很差[119]。

为了衡量国家的政策弹性，我们不关注定量模型中解释变量特定系数的显著与否，而是关注解释变量对于被解释变量的拟合度（goodness – of – fit）。拟合度很好地衡量了解释变量对于被解释变量变动的解释程度。如果"中国威胁论"成立，那么中国的行为将会与其他大国的行为不同，中国行为的变动被其他大国行为变动的解释程度将要不同于其他大国的相应解释程度。如果中国按照自身的威胁愿景而采取行动，那么其被解释程度将会大大低于其他大国。

对于连续数据，采用普通的回归方法。对于外交数据采用离散变量的处理方法，具体采用二分变量 Logit 的方法来进行回归。

3. 数据描述性统计

为了展开国家的比较，尽量从同一来源来获得防务资源数据。斯德哥尔摩国际和平研究所通过实物用搭积木的方法所统计的不同国家的防务资源数据恰好能够满足比较的要求。

斯德哥尔摩国际和平研究所的最新数据更新至 2013 年。前 15 个国家的分布地图，从高到低依次为：美国、中国、俄罗斯、沙特阿拉伯、法国、英国、德国、日本、印度、韩国、意大利、巴西、澳大利亚、土耳其、阿拉伯联合酋长国。在饼图中进一步给出了百分比分布图，可以看出，前 15 个国家的防务资源占了全球防务资源的五分之四；美国一个国家就占了全球防务资源的 36%，相当于其后第 2 名到第 11 名国家防务资源的总和。前 10 个国家占了全球防务资源的 64%。为了研究防务资源行为的政策弹性，考虑到计算的复杂性，只选取前 10 个国家作为研究对象。表 2.8 ~ 表 2.10 分别归纳了前 10 个国家防务资源的绝对值、占国内生产总值比例及占财政开支比例的数据。

表 2.8　全球前 10 个国家的防务资源数据

单位：百万美元，汇率恒定为 2011 年美元

国家\年份	美国	中国	俄罗斯	沙特阿拉伯	法国	英国	德国	日本	印度	韩国
1988	556522	16852	361063	20894	69983	58231	68186	45696	16866	14386
1989	551839	18336	344064	19644	60841	58641	66995	46592	19093	14826
1990	526164	19820	291082	24811	60526	58824	61666	46802	18806	15059
1991	463013	20833		23661	60986	59504	66820	49399	16561	15535
1992	489226	25316	62300	22239	68653	55568	64498	52486	16683	16439
1993	463504	23454	54400	23569	66991	53042	56985	54606	18956	16194
1994	435263	22432	51400	20344	68341	51583	54065	56181	19040	16698

续表

国家 年份	美国	中国	俄罗斯	沙特 阿拉伯	法国	英国	德国	日本	印度	韩国
1995	411665	23059	33800	16933	64958	48380	53186	56826	19611	18616
1996	389286	25424	32000	16904	63399	48092	52146	56124	19966	19620
1996	386258	26335	34900	24314	63616	46568	50255	56988	22102	20095
1998	368533	29901	20800	28083	61955	46835	50415	56625	23060	19399
1999	369466	34454	23100	24998	62500	46665	51444	59430	26699	18862
2000	394155	36040	31100	26552	61683	48000	50614	60288	26653	20031
2001	396334	45422	33600	29344	61566	49941	49683	60250	28616	20609
2002	446142	52832	36300	25662	62840	53169	49920	60601	28528	21166
2003	506681	56390	39100	25951	64649	56005	49236	61460	29165	21898
2004	553441	63560	40860	28850	66526	56665	46626	61201	33869	22859
2005	569831	61496	46446	34663	65123	58150	46983	61288	36054	24622
2006	588836	83928	51404	39600	65460	58526	45899	60892	36225	25613
2006	604292	96682	55954	45616	65691	60365	45940	60564	36664	26663
2008	649003	106640	61484	44661	65036	63060	46259	59140	41585	28525
2009	601048	128634	64504	46011	69426	64296	49046	59635	48963	30110
2010	620282	136239	65806	46881	66251	62942	49583	59003	49159	29912
2011	611338	146268	60238	48531	64633	60284	48164	60452	49634	30884
2012	661096	159620	80995	54913	63636	56616	49312	59561	49459	31484
2013	618681	161381	84864	62660	62262	56231	49296	59431	49091	32352

资料来源：斯德哥尔摩国际和平研究所防务资源数据库 2014。

表 2.9　全球前 10 个国家的防务资源占国内生产总值比率

单位：%

国家 年份	美国	中国	俄罗斯	沙特 阿拉伯	法国	英国	德国	日本	印度	韩国
1988	5.6		15.8	15.2	3.6	4	2.9	0.9	3.6	4.5

续表

国家\年份	美国	中国	俄罗斯	沙特阿拉伯	法国	英国	德国	日本	印度	韩国
1989	5.5	2.5	14.2	13.4	3.5	3.9	2.8	0.8	3.5	4.4
1990	5.3	2.5	12.3	14	3.4	3.8	2.8	0.8	3.2	4
1991	4.6	2.4		12.5	3.4	3.9	2.2	0.8	3	3.6
1992	4.8	2.5	4.8	11.3	3.3	3.6	2	0.9	2.8	3.6
1993	4.5	2	4.5	12.5	3.3	3.4	1.9	0.9	2.9	3.4
1994	4.1	1.6	4.9	10.6	3.3	3.2	1.6	0.9	2.8	3.2
1995	3.8	1.6	4.1	9.3	3	2.9	1.6	0.9	2.6	3
1996	3.5	1.6	4	8.5	2.9	2.8	1.6	0.9	2.6	2.9
1996	3.3	1.6	4.3	11	2.9	2.6	1.5	0.9	2.6	2.9
1998	3.1	1.6	2.9	14.3	2.6	2.5	1.5	0.9	2.8	3
1999	3	1.9	3.3	11.4	2.6	2.4	1.5	1	3.1	2.6
2000	3	1.9	3.6	10.6	2.5	2.4	1.5	1	3.1	2.6
2001	3	2.1	3.8	11.5	2.5	2.4	1.5	1	3	2.6
2002	3.4	2.2	4.1	9.8	2.5	2.4	1.5	1	2.9	2.4
2003	3.6	2.1	3.9	8.6	2.6	2.5	1.4	1	2.8	2.5
2004	3.9	2.1	3.5	8.1	2.6	2.4	1.4	1	2.8	2.5
2005	4	2.1	3.6	6.6	2.5	2.4	1.4	1	2.8	2.6
2006	3.9	2.1	3.5	6.6	2.4	2.3	1.3	1	2.5	2.6
2006	4	2.1	3.4	8.5	2.3	2.3	1.3	1	2.3	2.6
2008	4.3	2	3.3	6.4	2.3	2.4	1.3	1	2.6	2.8
2009	4.8	2.2	4.1	9.6	2.6	2.6	1.4	1	2.9	2.9
2010	4.8	2.1	3.8	8.6	2.4	2.5	1.4	1	2.6	2.6
2011	4.6	2	3.6	6.2	2.3	2.4	1.3	1	2.6	2.8
2012	4.4	2	3.9	6.9	2.3	2.4	1.4	1	2.5	2.8
2013	3.8	2	4.1	9.3	2.2	2.3	1.4	1	2.5	2.8

资料来源：斯德哥尔摩国际和平研究所防务资源数据库 2014。

表 2.10　全球前 10 个国家防务资源占政府开支比率

单位:%

国家 年份	美国	中国	俄罗斯	沙特 阿拉伯	法国	英国	德国	日本	印度	韩国
1988	16.0				6.2	10.5		2.8	16.1	
1989	15.4	12.1			6.2	10.5		2.8	14.6	
1990	14.3	12.5			6.9	9.9		2.6	13.4	
1991	12.2	12.8			6.8	10.0	4.6	2.6	11.6	
1992	12.5	15.2			6.3	8.6	4.3	2.8	11.0	
1993	11.8	13.4			6.0	8.1	3.9	2.8	12.2	
1994	11.0	12.6			6.0	6.6	3.5	2.8	11.0	
1995	10.2	13.6			5.6	6.9	3.0	2.6	11.3	19.5
1996	9.5	14.3			5.4	6.1	3.3	2.6	11.0	18.5
1996	9.4	12.8			5.4	6.8	3.2	2.6	11.6	18.2
1998	9.1	11.9	6.6		5.2	6.8	3.2	2.6	11.5	16.4
1999	8.8	11.3	9.3	34.6	5.1	6.6	3.2	2.6	12.8	14.5
2000	9.0	10.9	11.3	29.8	4.9	6.0	3.3	2.6	12.0	14.4
2001	8.6	11.6	12.1	29.0	4.8	6.5	3.1	2.6	11.2	13.5
2002	9.4	11.5	12.0	25.2	4.6	6.6	3.0	2.6	10.4	13.6
2003	10.3	11.4	12.3	24.3	4.8	6.6	3.0	2.8	9.6	12.2
2004	10.9	11.4	11.2	23.1	4.8	6.2	3.0	2.9	11.0	11.6
2005	11.0	11.0	10.9	25.3	4.6	6.0	2.9	2.9	10.6	12.6
2006	11.0	11.1	11.2	26.2	4.6	5.8	2.9	2.8	9.6	12.3
2006	10.8	10.9	10.1	26.0	4.5	5.9	2.9	2.9	9.0	12.1
2008	11.1	9.9	9.9	25.3	4.4	5.9	3.0	2.6	9.1	12.5
2009	10.8	9.6	10.2	24.1	4.5	5.6	3.0	2.6	10.9	12.6
2010	11.4	9.1	10.1	21.8	4.3	5.5	2.9	2.5	10.1	12.9
2011	11.4	8.4	10.3	20.6	4.2	5.5	2.9	2.5	9.6	12.9
2012	10.9	8.2	10.8	21.6	4.1	5.3	3.0	2.4	9.4	13.1
2013	10.0	8.3	11.2	25.2	3.9	5.2	3.0	2.4	9.0	12.8

资料来源:斯德哥尔摩国际和平研究所防务资源数据库 2014。

外交行为数据没有年度统计结果，只有每五年一次的统计数据。考虑到所研究的实效性与可得性，把时间跨度设定为1950—2005年。该时期中一个重要的转折点是冷战的结束，根据原始数据并结合实际情况对德国及俄罗斯的数据进行了适当的调整。俄罗斯的数据基本延续苏联，而德国数据则对西德与东德的数据进行了整合。附录列出了上述10个国家的外交往来数据。

四、结论：和平发展

防务资源行为的变化被其他大国的防务资源行为变化的解释度在表2.11中进行了归纳。从中可以看出，采用不同的指标结果不太相同。中国的防务资源行为的被解释度并没有显著地异于其他的国家。这也就从防务资源的数据上说明，我国的防务资源行为并没有"中国威胁论"所宣称的那样在进行扩张化军事建设。

表2.11 不同国家防务资源政策弹性

	美国	中国	俄罗斯	沙特阿拉伯	法国	英国	德国	日本	印度	韩国
①	0.911	0.652	0.444	0.468	0.496	0.352	0.286	0.651	0.453	0.226
②	0.496	0.622	0.466	0.306	0.484	0.529	0.855	0.638	0.325	0.565
③	0.964	0.864	0.860	0.938	0.646	0.863	0.929	0.910	0.830	0.616

①基于防务资源绝对数值的数据来计算的解释度。
②基于防务资源占国内生产总值比率计算的解释度。
③基于防务资源占政府财政支出比率计算的解释度。

外交行为的变化被其他大国外交行为变化的解释度，见表2.12。并没有显著的差异度能够说明我国奉行"扩张性"的具有"威胁"的外交政策。

表2.12 不同国家外交行为政策弹性

美国	中国	俄罗斯	沙特阿拉伯	法国	英国	德国	日本	印度	韩国
0.548	0.216	0.426	0.158	0.634	0.618	0.612	0.413	0.363	0.358

上述两个维度恰恰能够在数据层面给予"中国威胁论"以反驳，支撑我国的"和平发展"道路。

第六节　本章小结

防务资源是一种以国家为行为主体的行为，是大国之间互动博弈的重要策略之一。从国家间互动竞争的角度来看防务资源更能够把握其本质。现阶段我们所处的国际格局本质上是处于"无政府状态"的。在这种国际格局中，我国的和平发展面临着各种不同的质疑声音，国际舆论界的主要观点有：恶意唱衰中国发展的"中国崩溃论"、鼓吹国强必霸逻辑的"中国威胁论"、蓄意"捧杀"我国的"中国责任论"[120]。在以西方国家为主的国际学术界存在着三种从不同视角对中国发展的解读：现实主义视角下的"中国将会挑战世界格局"；自由主义视角下的"中国将会维持现状"；建构主义视角下的"中国的未来不确定"。"兼听则明，偏信则暗"，这些不同的观点我们必须客观科学地看待，才更有利于认清我国和平发展的客观现实。最后本书着重对"中国威胁论"进行反驳，从政策弹性的视角，采用外交行为和防务资源数据对世界主要大国的政策弹性进行了定量的分析，最后发现我国的行为并没有显著异于其他大国的行为。这意味着"中国威胁论"的观点是没有数据支撑的，我国一直以来奉行的是和平发展战略，我们也确确实实是这么做的。

| 第 三 章 |

和平发展、国家力量建设与防务资源

　　在我国的和平发展过程中，我国的国家利益将不断拓展。国家利益拓展到哪儿，我军的国家力量就要保护到哪儿。国家力量指国家或政治集团可以直接用于战争的力量，包括武装力量的数量、质量和可用于直接支援战争的人力、物力等。影响国家力量水平高低的因素有很多，比如作战系统、技术、体制编制、战场环境等，但是最为基础的要素是人与物，良好素质的军事人员使用武器装备，就构成了国家力量。不断拓展的国家利益和不断上升的国际地位对于我国的国家力量提出全新的要求。现阶段我军的国家力量水平还不足以保护我国和平发展中不断拓展的国家利益。作为公共产品的国家力量建设其唯一财力来源只能是防务资源。

第一节　大国兴衰中防务资源的历史昭示

　　在历史上，确定防务资源合适水平，保持适度的冲突负担，一直都是核心的财政问题。古代社会，战争对于行政、财政、技术和物质等方面的要求相对没有那么复杂。最紧迫的问题通常是军队后勤物质供应路线的维持与保护。古代社会总体上来讲是仅能维持生存需要的社会，至少在罗马和拜占庭帝国时代之前，这些古代社会是不能提取大量资源投入到战争这样的冒险活动之中的。近代早期的新兴民族国家则具备了发动战争的能力。一方面，频繁的战争、全新的火药技术和战争的商业化迫使他们为战争的需要整合资源。另一方面，统治者不得不逐步而确切地放弃部分主权以确保国内外必需的信誉。荷兰和英国对此很擅长，英国在第一次世界大战前夕建立起了一个跨越全球的帝国。

西方欧洲国家在近现代扩张并不断地挑战世界上其他国家的政权，是依赖其国家力量、海上霸权和后来的工业能力的。19 世纪和 20 世纪的全面战争，迫使这些国家采取越来越高效的财政系统，使得这些国家在世界大战期间，能够将一半以上的国内生产总值投入到战争之中。相比较而言，尽管在 20 世纪以前，防务资源通常是大多数国家财政开支中最大的项目，但防务资源占国内生产总值比例很适量。冷战时期，由于资本主义阵营和共产主义阵营的持久军备竞赛，人类社会再次经历了相对较高水平的防务资源。最终，苏联解体缓解了国际社会上的紧张局势，世界各国之前夸张的防务资源水平开始逐步降低。恐怖主义、国与国间的潜在冲突等新的安全挑战再次推进世界整体防务资源的增长。

本节按照时间顺序对历史上的防务资源进行整理。以远古帝国的防务资源开始，最后，对冷战后国际社会中各个国家的当前行为进行讨论。由于时间跨度非常长，再加上防务资源的复杂性，这个防务资源的时间序列并不完全准确，只具有大历史视角的趋势性的参考意义。

一、人类社会早期帝国兴衰中的防务资源

对古河流域文明的大多数社会来讲，国家力量的运用和防务资

源的筹措是统治者面临的最为核心的问题。直到 19 世纪，才发展出了能够集中地计划和控制支出的国家财政体系。事实上，在古文明国家，财务管理和政府是分不开的。统治者建立了等级森严的具有科层体系的政府组织，最高统治者对军事决策有着至高无上的控制权。税收通常以实物的形式上缴给政府，以支持统治者。在这样的税收体系下，政府要对远距离地域的税收进行监督和使用非常困难，也就没有动力去发动战争去征服遥远的地域。在农业经济时代，取得战争的胜利能够掠夺大量的实物，可以用来补充皇家的财富并帮助维持军队。因此，军队的远征取决于食物和供给，这正是古代政府面临的主要开支和问题。通常来讲，距离越远，政府给军队供应食物就越困难，这个规律限制着古代帝国的扩张范围。古代政府的财政管理通常很烦琐，需要耗费大量的人力。这些古代政府很容易产生内部动荡，也很容易受到外部的入侵[121]。

然而，士兵通常靠抢夺敌人的领土来补充他们的物资。一个古代帝国的最佳规模是由其税收收取配置、资源获取以及运输系统的效率来共同决定的。而且，虽然金属和武器的供应很重要，却很少成为军队成功战胜一个古代帝国的唯一关键变量。然而，从这个角度来看，存在着重要的变化点。青铜武器大约在公元前 3500 年首先出现在美索不达米亚。铁制武器则是在公元前 1200 年首先出现在小亚细亚的东部地区。尽管一开始铁制武器的技术传播相对较慢，但从大约公元前 1000 年以后其传播速度加快。在当时，铁制武器在战场上杀伤力高，而且价格低廉，以马拉两轮战车为核心的呈等级结构的战场排兵布阵更使铁制武器被大量使用。两轮马拉战车及铁制武器在战争中的广泛使用把战争推入了一个新阶段。

古河流域文明的罗马帝国建立了高效的军事机构，其军事实力和经济实力远远超过同时期的其他国家。在整个古罗马帝国的历史上，其防务资源一直是政府公共支出中最大的项目。筹措足够的税收是罗马帝国政府一直面临的困境。在公元 3 世纪，罗马政府为了筹措足够的税收把居住在帝国内的所有人都纳入其公民的范畴，因为只有公民才纳税。当时的技术水平、自然禀赋等因素决定着整个社会的生产力是比较低下的。在古罗马时代，政府只有在危机的关头才能够提升税率，并且被认为这是给政府蒙羞的行为。在古罗马帝国的大部分时期，税率都是比较低的。在古罗马帝国的最初两个世纪，罗马军队有 150,000 ~ 160,000 名军团士兵，以及 150,000 名其他士兵。在该时期，为了保持士兵的忠诚度，政府开始较大幅度地提高士兵的工资，军队的薪酬占了整个国家财政收入的一半。公元 3 ~ 4 世纪，帝国运作的费用越来越高，帝国内部的衰落变得越来越突出，而外部的敌人越来越强大。直接税收的限制和广泛存在的逃税行为，使得政府无法筹措足够的财富来满足国家运作的财政需求。大量的军队被用于维持内部的秩序。社会动荡、通货膨胀和外部入侵，最终使罗马帝国殒落。

二、欧洲霸权崛起中的防务资源

在中世纪时期，紧跟着蛮族入侵天下分散的时代，一种具有全新系统的欧洲封建主义出现了。在这种国家系统中，通常是封建领主为群体提供保护，群体则要服从封建领主的通知，为其提供服务、上缴税收等。从梅罗文加时期起，士兵逐步演化成了更加专业的分工人才，往往配备了昂贵的马和装备。到了卡洛琳时期，兵役已很大程度上成了贵族精英的特权。公元 1000 年以前，国家指挥系统在动员大规模军工生产的人员和物质资料方面是很卓越的，而这些主要是在应急基础上[122]。除拜占庭帝国，相互孤立的欧洲社会根本无法与中国和穆斯林世界帝国的成就和辉煌相比。而且就科学和发明而言，直到早现代时期，欧洲也比不上这些帝国。直到 12 世纪和十字军东征时，封建国王才需要提高政府的收入以支持庞大的军队。中世纪时欧洲封建国家内部的不满经常是导致扩张性的驱动，因为战利品能够帮助降低国内精英的不满。如，出于军队需要，法国国王在 14 世纪不得不建立稳固的课税权。然而，中世纪国王的政治野心仍然必须依赖适合短期政府赤字的收入策略，这使得长期信贷和长时间军备竞赛变得困难[123-124]。

作战方式的创新以及中国和伊斯兰社会发明的技术传入欧洲，使得军队能够守卫更大的领土。如，14 世纪矛的使用和 15 世纪火药的使用。这也使得 14 世纪和 15 世纪欧洲的商业化战争成为可能，封建军队不得不让位于更加专业的雇佣兵部队。中世纪国家不得不增加税收水平以支持不断增长的战争成本以及维持更大规模的常备军。在商业化战争的时代，欧洲国家开始建立他们的海外帝国，海上力量的重要性在不断增长。同时期 15 世纪时的中国则采取孤立海洋政策。在拿破仑战争前，葡萄牙、荷兰和英国因其众多的舰队和商业扩张，先后成了该时期全球的领导者。由于国内的顺畅的水路和国土的地域范围较小，这些国家在经济上有着较强的凝聚力。早期在争夺世界领导权的斗争中取得胜利的英国、荷兰等国家都有着一个共同的特点：政府在国内能够通过较为廉价的信贷，更加有效地调动有限的资源来满足防务资源的需求。海洋探索和殖民地扩张是这些国家崛起的先决条件。如，西班牙强盛时期既在欧洲也在世界各地扩张[125-126]。

从封建军队到雇佣兵军队转变的过程中，军事管理系统也从短期模式向持久模式转变。在 1535—1546 年，英国的防务资源占其中央政府支出的比例平均为 29.4%，虽然每年都有大的波动。然而，在 1685—1813 年，英国防务资源占其中央政府支出的比例平均为

64.6%，而且从未低于55%。为了加强国家的权力，新兴的民族国家开始发展更集中、更富有效率的财政收支系统。这体现为战争规模不断扩大，战争费用不断增加。在"三十年战争"期间，有100,000人到200,000人参加战斗，然而在西班牙王位继承的战争中，交战双方各自的士兵都达到了450,000人到500,000人。尽管"三十年战争"的参战人数少，但是就破坏性而言，"三十年战争"是可与世界大战相比较的。卡门估计，在这场战斗中死亡的人数超过两百万。卡门也强调了这场战争的大规模破坏和经济混乱，尤其是对平民造成的伤害[127]。

在17世纪，武装冲突规模不断扩大，战争的参与者变得越来越依赖长期信贷。因为无论是哪个政府，一旦用光了钱就得先投降。例如，虽然17世纪西班牙霸权的衰退原因仍然是有争论的，然而财政因素的重要作用是毋庸置疑的。17世纪西班牙参与了很多次战争，皇室信贷的缺乏及政府财政管理不善，导致了沉重的财政赤字。西班牙王室在16世纪和17世纪期间屡次不提供信贷，迫使西班牙结束其军事行为。即使这样，西班牙仍然是当时世界上最重要的强国之一，而且能够维持其庞大帝国的完整性直到19世纪[128-129]。

其他国家的历史也能够更进一步说明防务资源和战争在早期现代经济和政治发展中的重要性。法国面临的一个关键的问题也是军事活动的融资。邦尼认为法国国家力量的花费在"国家伟大"时代非常高昂。在1608—1614年军队的年均支出为2.18亿里弗，然而1662—1668年荷兰战争时期，按名义价值计算平均只有0.99亿里弗。前者是后者的两倍多，这要归因于不断增长的陆军和海军规模，以及法国货币里弗购买能力的下降。然而，这个时期战争的总体负担保持平稳：在1683年战争支出大约为总支出的56%，而在1614年约为52%。对于所有主要欧洲君主制国家而言，战争上的支出带来了国家财政变化，这种现象尤其在拿破仑战争之后更为明显。1815—1913 年，法国为了巩固新的领土政权，公共支出增加了 444 个百分点。这也导致法国信贷市场结构发生了很大的变化[130]。

　　该时期的荷兰取得了世界的领导权，这是英国模式的先驱。哈特认为，荷兰作为新兴的国家能够从其国内的投资者借贷到军事扩张需要的钱，从而能够在危机时期保证公共财政的稳定。荷兰的这种财政体系一直延续到 18 世纪末。从荷兰的历史，可以再次观察防务资源和信贷有效性之间紧密的关联。这本质上是弗格森模型的基本逻辑。17 世纪荷兰成功的一个关键特征是，荷兰政府能够快捷地给予军队所需的保障。荷兰的兴盛与强大正说明了防务资源在国家财政预算和早期现代国家财政负担中的优先地位。从图 3.1 可知，荷兰格罗林根地区的防务资源比重一直持续保持在 80% 到 90%，直到 17 世纪中期后的和平时期才开始有了暂时的下降[131]。

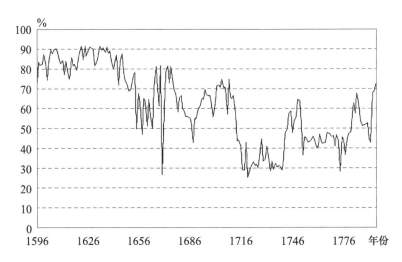

图 3.1　1596—1695 年荷兰格罗林根防务资源占中央政府支出的比例

资料来源：欧洲国家财政数据库（ESFD）

　　在 18 世纪，随着欧洲人口的快速增加，军队规模也不断扩大，尤其是俄罗斯军队。在西欧，战争强度逐渐地增加，从七年战争

（1656—1663 年）到法国大革命和拿破仑战争（1803—1815 年），战争强度达到了顶峰。战争也有了新的要素，征兵和兵员消耗共同决定着军队规模的扩张。例如，法国军队规模从 1689 年到 1693 年扩大了 3.5 倍，军队总人数达到 65 万人。英国军队总人数从 1683 年的 5.6 万人增加到 1816 年的 25.5 万人。俄罗斯军队在 1816 年总人数达到了 80 万，而且俄罗斯 19 世纪的武装力量规模也保持在类似的水平上。然而，大国之间战争的数量减少了，战争持续的平均时间也减少了。但是，工业革命时期的一些冲突造成了巨大而致命的事件，使世界大部分都卷入了欧洲的冲突中。表 3.1 总结了公元 1600—2000 年大国之间战争的数据。

表 3.1　1600—2000 年大国之间的战争

世纪	战争次数/次	平均持续时间/年	战争年度百分比/%
16	34	1.6	95
16	29	1.6	94
18	16	1.0	68
19	20	0.4	40
20	15	0.4	53

资料来源：Charles Tilly. Coercion, Capital, and European States, AD 990—1990. Cambridge, Mass：Basil Blackwell, 1990.

三、工业革命后全面战争时期的防务资源

在 19 世纪，国防动员有了全新的发展，中央政府需要新的方式来筹措资金。19 世纪以来，国家系统的相关制度取得了很大的进步。中央政府的公共管理更加注重财政预算的平衡、公共银行业的创新、公共债务的管理及直接税收。这也是历史上第一次，中央政府为筹措财政收入而进行改革的同时也促进着工业化的发展和社会生产力的提升。19 世纪也是战争工业化的世纪，这个过程始于 19

世纪中叶，并以极快的速度发展。到 19 世纪 80 年代，军事工程的发展开始超过民用工程。伴随着蒸汽船和铁路交通的改革，大规模的、长距离的国防动员成为可能。1860—1861 年普鲁士对抗法国的历史就是最好的说明[132]。

国家财政和经济的发展使得防务资源的比重也发生变化。法国在整个 19 世纪和 20 世纪早期，防务资源占财政支出的比重保持在 30% 左右，而防务资源占经济总量的比重仅仅增加了一个百分点，达到了 4.2%。相比 19 世纪早期，英国防务资源占财政支出的比例在 1860—1913 年平均下降了两个百分点，达到 36.6%；而英国不断提升的经济总量使得其防务资源占经济总量的比重略有降低，达到了 2.6%。对大多数国家而言，第一次世界大战前夕防务资源占经济总量的比重比较高，例如日本的防务资源占经济总量的比重为 6.1%。对比来看，美国作为 19 世纪最后几十年的新兴经济领导者，仅仅将其国内生产总值的 0.6% 投入到军事活动之中，这种较低的防务负担水平一直保持到第一次世界大战美国参战前。正如图 3.2 所示，大国的防务负担在不同的时间对于内部和外部威胁具有不同反应。但是，总体上来看，整个时期的防务资源占经济总量的比重具有上升的趋势。俄罗斯和日本的防务负担对于图 3.2 中所示总体防务资源的影响是巨大的。日俄战争中俄罗斯出人意料的失败，促使俄罗斯开始提高其防务资源水平，日俄两国之间的军备竞赛也展开了。这两个军事强国的防务资源水平都有了很大的提升[133-134]。

随着 1914 年第一次世界大战的开始，上述较高防务负担积累的军事潜力在欧洲产生了可怕的后果。许多国家预期快速取得胜利，但最终在战壕里打了一场消耗战。人类社会正式地进入了全面战争时期[135-136]。据估计，战争期间约有 900 万士兵和 1200 万平民死亡，还有财产损失，尤其是在法国、比利时和波兰。卡梅伦和尼尔研究发现，1914 年世界大战时期的直接财产损失约为 1800～2300 亿美元[137]，而间接的资金和财产损失超过 1500 亿美元[137]。根据最近的估算，1938 年战争造成的损失可能高达 6920 亿美元[138]。战争期间动员的资源和战争的人力成本更加高昂。

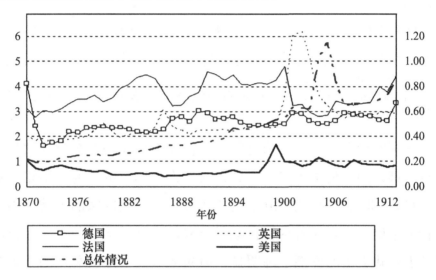

图 3.2 1860—1913 年德法英美四个强国的防务负担和总体防务资源

说明：左侧纵坐标为防务负担，单位为百分比；右侧纵坐标为防务资源绝对值，单位为十亿英镑（1913 年恒定价格）。

资料来源：Jari Eloranta. Struggle for Leadership? Military Spending Behavior of the Great Powers，1860－1913［D］. Appalachian State University，Department of History.

如表 3.2 所示，法国的防务负担、国家力量规模和战斗死亡人数相对较高。这说明，一方面，在战争中法国调动了国家的大多数资源，且随后遭受了最大的损失。德国的动员也是很有效的，几乎整个国家的财政预算都用来支持战争时期的防务资源。另一方面，美国几乎没有参加战争，其防务负担较低，人员伤亡和经济损失也相对较少。相比较而言，俄罗斯拥有着大规模人口储备，战争中人员损失相对较高，苏联在第二次世界大战期间的经历和这是很类似的。

表 3.2　第一次世界大战期间主要大国的国防动员及伤亡

国家及参战时间	防务资源占GDP比例均值	防务资源占财政支出比例均值	军人占人口比例	战斗死亡人数占人口比例
法国 1914—1918	43	66	11	3.5
德国 1914—1918		91	6.3	2.6
俄国 1914—1916			4.3	1.4
英国 1914—1918	22	49	6.3	2.0
美国 1916—1918	6	46	1.6	0.1

注：比例的单位为百分比。

资料来源：从殖民时期到1960年美国历史数据统计，美国审查署1965年出版，第93号报告。

在两次世界大战之间的时期，一直以来存在的社会公共项目使得政府难以削减公共支出，这导致欧洲许多国家的政府支出相对较高。在20世纪20年代，由于预算平衡，该时期国家的公共支出水平较为平稳。这意味着尽管在除了集权国家外的大多数国家，防务资源占财政支出的份额下降明显，但防务资源占经济总量的比重却保持在相同或更高的水平。该时期，法国的防务资源占经济总量的比重均值达到了6.2%。英国在20世纪20年代对军事支出进行了削减，制订了"十年规划"，其防务资源占财政支出的比重下降到了18%，而防务资源占经济总量的比重却高于战前的数值。一些专制政权在20世纪20年代就开始重整军备；其他大多数国家则从20世纪30年代中期开始意识到该问题，也加快了军备建设的步伐。希特勒统治时期的德国防务资源占经济总量的比重从1933年的1.6%增加到1938年的18.9%，在重整军备计划和创造性的金融政策下，德国的武器生产和人民生活水平都得到了很大的提升。意大利统治者墨索里尼在实现"新罗马帝国"的努力中并不十分成功，防务资源占经济总量的比重在20世纪30年代波动于4%到5%之间，其中1938年为5%。日本重整军备力度非常大，1938年防务资源占经济总量的22.6%，占财政开支的50%以上。对于法国、苏联等大多数国家来说，20世纪30年代发生的技术变革使早期的武器装备在两到三年之后就过时了。

正如图3.3所示，欧洲国家之间的防务资源情况存在着差异。芬兰、英国、法国及大多数东欧国家属于欧洲国家中防务负担较高的国家。丹麦属于防务资源负担较低的国家，或许是因为丹麦的疆域毗邻法国、德国等大国，增加防务资源也徒劳。总体来说，这个时期欧洲国家都维持着相对较稳定的防务负担。它们重整军备的进程要慢得多。图3.4也充分地展现了这点。

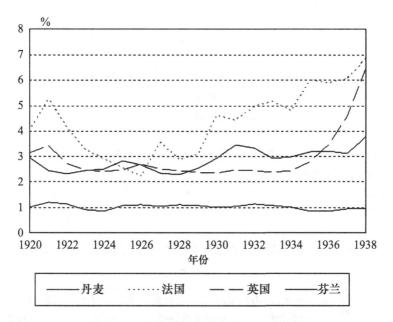

图3.3　1920—1938年丹麦、芬兰、法国和英国的防务负担

资料来源：Jari Eloranta. External Security by Domestic Choices：Military Spending as an Impure Public Good among Eleven European States，1920 – 1938［D］. Dissertation, European University Institute, 2002.

第二次世界大战从1939年到1942年的初始阶段，军事战略和经济潜能是有利于轴心国的。进入消耗战时期，苏联和美国加入了同盟国，扭转了之前的战局。1943年，同盟国的国内生产总值是

22,230 亿美元（按 1990 年的价格），而轴心国仅为 8,950 亿美元。
第二次世界大战对参与国的经济有更深的影响。英国在第一次世界
大战期间防务负担约为 26%，而在整个第二次世界大战中，其防务
负担都保持在 50% 以上。

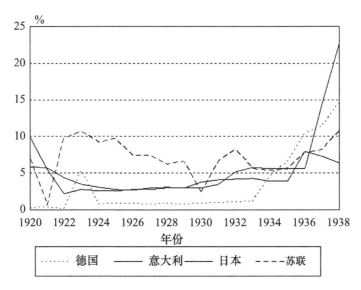

图 3.4　1920—1938 年德国、意大利、日本和苏联的防务负担

资料来源：Jari Eloranta. External Security by Domestic Choices：Military Spending as an Impure Public Good among Eleven European States，1920 – 1938 [D]．Dissertation，European University Institute，2002.

表 3.3　第二次世界大战期间主要大国的国防动员情况

单位:%

国家及参战时间	防务资源占 GDP 比例均值	防务资源占财政支出比例均值	军人占人口比例	战斗死亡人数占人口比例
法国 1939—1945			4.2	0.5
德国 1939—1945	50		6.4	4.4
苏联 1939—1945	44	48	3.3	4.4
英国 1914—1945	45	69	6.2	0.9
美国 1941—1945	32	61	5.5	0.3

资料来源：Harrison M. The Economics of World War Ⅱ：Six Great Powers in International Comparisons [M]．Cambridge：Cambridge University Press，1998.

正如表 3.3 所示，第二次世界大战期间各个大国的防务负担都比较高，其中德国的防务负担最高。只有拥有大量经济资源且本土远离战场的美国防务负担比较低。英国和美国为其军事行动有效地动员了国家的中央政府财政支出。从这方面来讲，苏联是最糟糕的，此外与其他大国相比，苏联军事人员占总人口的比例相对较低。另一方面，苏联拥有的经济和人口资源最终确保其在德国的猛攻中得以生存。总的来说，德国和苏联遭受了最大的人员损失，是其他大国人员损失的数倍[139]。与第一次世界大战相比，第二次世界大战破坏性更大，更加致命，战争带来的巨大经济损失超过了40,000 亿美元（1938 年美元价格计算）。第二次世界大战之后，欧洲的工农业生产仅为 1938 年的一半[140]。

四、原子时代的防务资源

第二次世界大战使得美国成为世界军事政治的主导国，几十年来占主导的经济地位为美国的军事政治领导角色提供着强大的保障。随着 1949 年北大西洋公约组织的成立，服务于资本主义国家的强大防御联盟产生了。苏联的地位也在战后得到了空前的提升，并于 1955 年制定了《华沙条约》，以应对北约的挑战。战后，大多数欧洲国家的公共支出和税收水平也发生了改变。随着福利国家制度的引入，经济合作与发展组织成员国的政府支出占经济总量的水平从 20 世纪 50 年代的 30% 提高到 70 年代的 40%。防务资源紧随其后也在增长，在冷战早期达到顶峰。1952—1954 年，美国防务负担增加到了 10% 以上，而在战后防务资源负担也保持了均值为 6.6% 的较高水平。在朝鲜战争之后，英国和法国的情况也和美国类似[141]。

冷战期间，两个超级大国间展开了残酷的军备竞赛，核武器成为武器发展的主要投资项目。如图 3.5 所示，在 20 世纪 50 年代，苏联的核武器投资大概为美国的 60% 到 80%，到了 20 世纪 70 年代，苏联的实际投资已经超过了美国。然而，美国在核弹头方面仍然比苏联拥有着更大的优势。根据斯德哥尔摩国际和平研究所收集的数据，20 世纪 70 年代，美国的领先程度正在持续地缓慢地降低，在 20 世纪 70 年代和 20 世纪 80 年代初期，北约成员国的核弹头数量是华约成员国的两倍。军备竞赛的部分原因是技术进步导致军队人均成本的增加。据估计，战后技术进步导致的年均实际成本增长率约为 5.5%。然而，对大多数国家而言，人员费和维护费仍然是最大的支出项目。

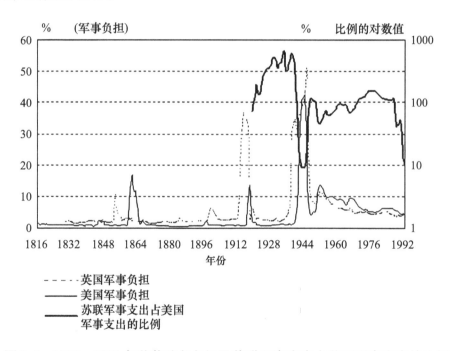

图 3.5　1816—1993 年美英防务负担及苏联军事支出占美国军事支出的比例

资料来源：Mokyr J. The Oxford Encyclopedia of Economic History［M］. Oxford：Oxford University Press，2003.

　　冷战时期军备竞赛过程中，军队与军工企业的联系紧密，一方的政策对另一方政策的影响力度很大，形成了由军队、军工企业和部分国会议员组成的庞大利益集团，称为军工复合体。军工企业对国防采购和外交政策具有巨大影响。实际上，类似的军队与企业间的相互作用起源于更早的时期。第一次世界大战期间，大多数国家的中央政府在世界大战期间需要核心商业精英的专业知识，商人进入政府部门参与决策，军队的后勤物质保障受商业部门的影响较大，这是历史上商业－政府关系的分水岭。美国军工复合体的现象在1940年之前就存在了。苏联在第二次世界大战前也形成了军工复合体。冷战仅仅是强化了这种趋势[142-143]。希格斯发现在1948—1989年期间，主要的国防承包公司的财政业绩要远远好于类似的大型企业[144-145]。

世界防务资源的总体水平从20世纪70年代开始缓慢下降。美国1986年的防务负担为6.5%，1999年下降到3%，里根执政期间是一个例外。法国1966—1999年的平均防务负担为3.6%，远远低于20世纪50年代战后最高水平。这主要是由于竞争对手间紧张关系的逐步缓和及苏联和东欧共产主义政权的瓦解。直到20世纪80年代中期，苏联的防务资源和美国的一样多，1990年的防务负担仍高达12.3%。苏联解体后，随着国内生产总值的下降，俄罗斯防务负担支出在1998年迅速降到3.2%。和上述情形类似，其他国家从20世纪80年代末和20世纪90年代开始削减其防务资源。德国1991年的防务资源超过520亿美元，而1999年下降到不足400亿美元（以可比美元计算）。法国从1991年的520亿降到1999年的460亿，其防务负担也从3.6%降到了2.8%。

整体上看，根据斯德哥尔摩国际和平研究所的数据，全球1989—1996年按实际值计算的军事支出减少了三分之一，如图3.6所示。从那时起全球的防务资源有一些波动甚至小幅度增加。纵观全球，世界防务资源仍然高度集中在少数几个国家。1999年，15

个主要国家占全球防务资源总支出的80%。最新的军事开支研究认为世界军事支出处于上升趋势，恐怖主义、领土争端等新型威胁对防务资源提出了需求。

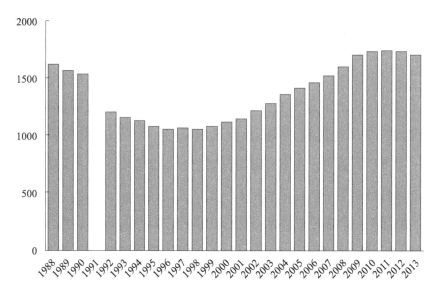

图3.6　1988—2013年世界防务资源

资料来源：斯德哥尔摩国际和平研究所防务资源数据库2014。

美国在19世纪末和20世纪上叶并不具有全球领导地位，20世纪中叶以来，美国一直全力在维持其全球领导者的地位[146]。冷战结束后，两级争霸的世界格局转向了一超多强的局势。美国仍然在全球事务中发挥着重要的作用。这首先体现在美国的防务资源长期在全球防务资源中占据重要地位。从防务资源的绝对规模来看，2003年美国以占世界总量46%的份额仍主导着世界防务资源；考虑到购买力平价指标因素后，美国的总支出所占比例会有略微的下降。如图3.7所示，2013年，美国的防务资源超过了第二名到第九名八个国家的防务资源总和。美国的防务资源占其财政支出的20%，与社会稳定费用一样多，超过了医疗保险和医疗补助费用的总和。

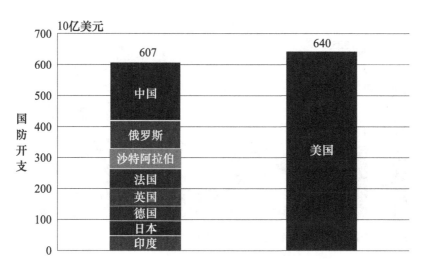

图 3.7　美国防务资源占全球的主导地位

注：纵轴为防务资源，单位 10 亿美元。

资料来源：斯德哥尔摩国际和平研究所防务资源数据库 2014。

　　新兴国家的不断发展壮大，使得整个国际格局向着多极化的方向发展。从图 3.8 中可知，从 2000 年到 2012 年，防务资源绝对值增加最多的是美国，而防务资源增加百分比较大的是中国、俄罗斯等国家。如图 3.9 所示，2008 年全球金融危机以来，中国的经济总量增加了 63%，而美国的经济总量仅仅增加了 7.1%。考虑到经济增长潜力等因素，全球局势将会随着各个大国的发展而发生变化。

　　战争在人类社会的演变过程中扮演着关键的角色。在古代社会，与战争相关的管理、财政、技术和物资需求比较简单，对战争最迫切的问题是在战争的持续期间为军队提供充足的资源。这也通常限制着早期帝国的扩张及规模，这种限制至少延续到铁器的使用。罗马帝国能够长期地维持一个巨大且地理多样的疆域。但是，中世纪欧洲社会却分裂成了一个个较小的国家，这些小国家由所谓的"流寇"统治，直到 10 世纪才发展出更有组织性的军队。与此同时，中国和穆斯林世界则在科学发现和军事技术方面取得了进步。

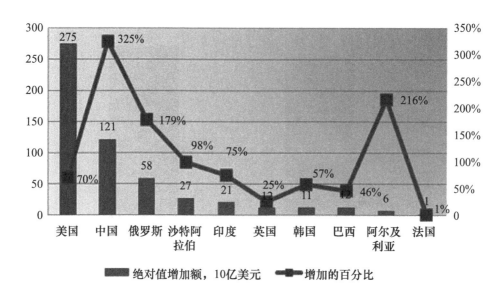

图 3.8　2000—2012 年世界主要大国防务资源变化

资料来源：斯德哥尔摩国际和平研究所防务资源数据库 2014。

　　进入现代以来，欧洲国家开始在地理和经济上扩张，挑战世界上其他国家的政权。欧洲工业革命以来经济社会飞速地发展，为其军事和海洋霸权提供了强大的保障。19 世纪和 20 世纪发生的全面战争和革命，促使欧洲国家采取更有效的财政制度。这种高效的财政制度使得国家的军事动员能力空前提升，部分国家在世界大战期间有能力将超过一半的国内生产总值投入到战争中，足以说明财政体系的高效。尽管在 20 世纪之前大多数国家的防务资源是其财政开支的最大的项目，但防务资源只占国内生产总值中一个适度的量。冷战期间，由于资本主义阵营和社会主义阵营持久的军备竞赛，防务资源又具有了相对较高的水平。苏联解体暂时缓解了国际社会紧张局势并降低了世界整体防务资源。恐怖主义、领土争端等新的安全挑战再次对防务资源提出了新的需求。

　　近代以来，战争的花费不断增长。新技术的采用、庞大的常备军、军事投资的溢出效应等因素使得防务资源在现代财政中一直保持一个中心的地位。尽管 20 世纪福利国家的发展迫使政府权衡"大炮和黄油"间的开支[147-148]，由于二者之间的不可替代性，政府的规模和支出都增加了[149]。林德特研究发现，从 20 世纪 80 年代开始，政府的福利支出开始缓慢地减少，福利支出的适当扩张并不能完全取代防务资源在财政预算中的核心地位。多样的国际威胁和国际合作缺失，使得防务资源在财政支出中的核心地位不会动摇[150]。

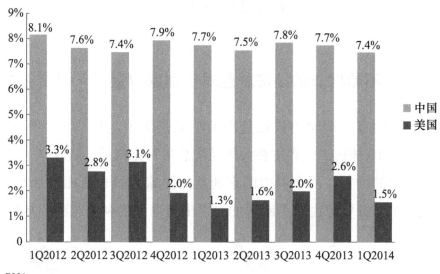

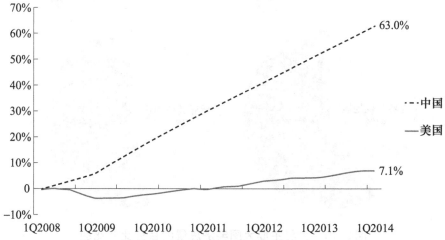

图 3.9　中美经济增长对比

资料来源：美国经济分析司国民收入和生产账户数据。

第二节　我国和平发展对国家力量的需求

我国的国家利益发展到哪儿，我军的国家力量就要保障到哪儿。党的十八大提出，要建设与我国国家发展利益相适应的巩固国防和强大军队。和平发展中我国国家利益的发展对于国家力量和防务资源提出了全新的要求。

一、不断增长的经济总量对于国家力量投入提出要求

一个国家的国家力量最基本的功能是捍卫本国的利益不受侵犯。图3.10描述了世界主要大国经济总量对比格局。随着一个国家经济总量的增加，用来保护国家利益的国家力量也要相应地增加，这就要求防务资源也要不断增加，逐步与国家的利益相称。从统计

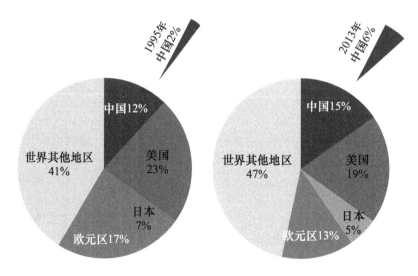

图3.10　世界主要大国经济总量的百分比对比图

资料来源：国际货币基金组织，《世界经济展望报告》。

注：对比年份为1995年和2013年，内侧的计算标准是美元汇率兑换体系；外侧的计算标准是货币购买力平价体系。

数据可知，我国防务资源占世界防务资源的比重远远低于我国经济总量占世界经济总量的比重。2010 年，中国国防费只是美国国防费的 12.3%，人均国防费只有美国的 2.5%，军人人均国防费也只有美国的 6.6%，投入水平相对较低。另外，我国的经济总量增长速度远远高于其他各国，因此，经济总量增加带来的防务资源增长需求将会越来越高。

二、不断增加的海外贸易对于航路保障需求

海上航路是否有保障在很大程度上决定着我国的和平发展战略能否顺利实施。经济全球化时代，我国经济的安全与发展越来越依赖国外的资源和市场。资源和市场"两头在外"的经济模式使得我国的经济安全对于航路的保障依赖性很强。石油、铁矿石等资源有超过一半的比例需要进口。2012 年，我国有价值 3.86 万亿美元的商品货物依靠航路来运输。进口石油作为我国能源消耗的重要组成部分，其航路的安全尤为重要。2012 年，我国 60% 的石油依靠进口，2030 年，将有四分之三的石油需要进口。航路安全对于石油的运输至关重要。2012 年，我国有 84% 的进口石油航路要通过马六甲海峡。这些数据在表 3.4 和图 3.11 中进行了描述。

表 3.4　2012 年中国原油进口总览

国家	进口量/（千桶/天）	占中国进口总量的比例/%
沙特阿拉伯	1100	20
安哥拉	806	15
俄罗斯	489	9
伊朗	442	8
也门	393	7
伊拉克	315	6

续表

国家	进口量/（千桶/天）	占中国进口总量的比例/%
委内瑞拉	306	6
哈萨克斯坦	215	4
科威特	211	4
阿拉伯联合酋长国	166	3
其余国家	990	18
总计	**5444**	**100**

资料来源：美国国防部中国军力报告 2014。

三、不断拓展的海外投资对于远程投送力量的需求

我国在国外的投资越来越多。表 3.5 对我国 2002 年至 2014 年上半年的境外投资数据进行了总结。图 3.11 描述了我国对外直接投资额度的变化趋势。我国的对外投资主要可以分为自然资源投资、基础工程建设、市场开拓、劳动密集型产业转移四个大的方面。

表 3.5　2002—2014 年中国境外投资总览

时期	对外直接投资国家数目（个）	对外直接投资企业数目（家）	年度累计实现对外投资总额	股本投资和其他投资总额	利润再投资总额	股本投资占比	利润再投资占比	同比增长	总体累计对外投资总额（存量）
2014 年上半年	146	3224	422.4	343.4	90	69.2%	20.8%		5343
2013 年	156	5090	901.6	626.6	164	80.6%	19.3%	16.8%	4920.6
2012 年	141	4425	662.2	628.2	144	81.4%	18.6%	28.6%	4018.9
2011 年	132	3391	600.6	456.6	144	66%	24%	1.8%	3246.6
2010 年	129	3125	590					36.3%	2690
2009 年	122	2283	433					6.5%	2200
2008 年	164		406.5					63.6%	1839.6

续表

时期	对外直接投资国家数目（个）	对外直接投资企业数目（家）	年度累计实现对外投资总额	股本投资和其他投资总额	利润再投资总额	股本投资占比	利润再投资占比	同比增长	总体累计对外投资总额（存量）
2006 年	163		186.2					6.2%	1169.1
2006 年			161.3	129.3	32	80.2%	19.8%	31.6%	633.3
2005 年			122.6	90.6	32			123%	562
2004 年			55.3					93%	449
2003 年			20.86					112.3%	
2002 年			26						299.2

注：数据全部来自商务部直接数据，其中统计口径的变化使得有一些数据前后矛盾，但是可以反映总体的情况，不影响本书的使用。投资金额单位统一为亿美元。

资料来源：中国商务部网站，中国经济网。

中国对外投资变化趋势

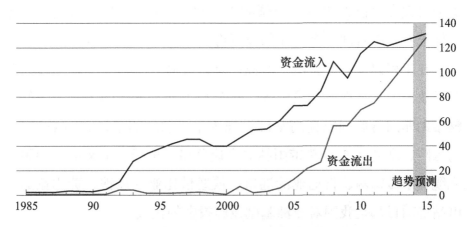

图 3.11　1985—2015 年中国对外直接投资趋势图

资料来源：联合国贸易和发展会议，该机构为联合国大会常设机构之一。

注：单位为 10 亿美元；预测部分基于 2008—2013 年的年均增长率。

在自然资源方面，我国缺少石油资源，非洲石油资源非常丰富，我国利用己方的优势对一些资源企业进行投资，这些投资既是我国和平发展的重要能源基础，也是国家利益的重要组成部分，保障这些投资的安全是我国国家力量发展需求的重要方面[151]。比如，南苏丹80%的石油出售给我国。来自南苏丹的石油约占我国进口石油总量的5%。我国的企业积极投资南苏丹的石油产业，南苏丹两大石油巨头大尼罗河石油作业公司和苏丹达尔石油作业公司的主要股东是来自我国的企业。中石油拥有南苏丹油田合资企业40%的资产，该企业是确保南苏丹石油过境邻国苏丹进入红海沿岸港口、长达1600千米的石油管道的运行商。2013年12月中石油在南苏丹首都朱巴武装骚乱后撤走了96名石油员工。这些国内的动荡和威胁将让南苏丹成为我国的第二个利比亚。在利比亚，卡扎菲被推翻后，我国从利比亚撤走近4万名工人和专家。我国在利比亚损失总价值约200亿美元的油田和基础设施投资。再比如，我国在伊拉克的油田投资体系中占据着重要的位置，从总量上来看，我国企业整体投资的份额占伊拉克油田总份额的12.66%，居第一位；从企业个体层面来看，中石油一个企业的投资份额为11%，居全球首位。

在工程建设方面，由于非洲的基础设施非常短缺，我国经过改革开放三十年，在基础设施等工程建设方面积累的强大能力正好能够帮助非洲落后国家提高基础设施水平。加纳的电厂、刚果（金）的医院、刚果（布）热带雨林的高速公路和机场、坦桑尼亚的国家光缆骨干传输网、肯尼亚的港口、埃塞俄比亚的地铁、赞比亚的水电站等项目都是我国对非洲基础设施投资的代表。

在开拓市场方面，非洲拥有10亿人口，这些人口的生活水平大大低于世界平均水平。较低的生活水平意味着非洲地区的生活水准将有着很大的提高空间，这将带来很大的需求。随着非洲市场的逐步打开，人民的生活水平日益提高，将带来很大数额的消费需求。这个市场强大的需求对于任何一个经济体的发展都至关重要。我国在和平发展过程中，必须把握非洲广大的市场，才能够更好更快地发展。

在产业转移方面，我国的劳动密集型企业将会大批量地向非洲转移。随着我国经济的升级与转型，劳动力的工资水平将会逐步提高，很多劳动密集型的初级加工业将会面临较高的成本，这些产业不再符合我国的比较优势，只有转移到劳动力要素成本较低的国家及地区才能够更好地发展。我国中西部和东南亚的剩余劳动力较少，工资水平与我国的东部地区接近，对于劳动密集型产业的承载能力有限。非洲的人口总量略低于我国，大约为10亿，80%的适龄劳动力是农村剩余劳动力，工资水平约为我国的十分之一。在全球经济格局中，只有非洲的劳动力要素禀赋能够保证以较低的工资承接我国大规模的劳动密集型加工业。随着我国经济的发展转型，劳动力密集的加工业将会逐步按照经济规律，走向非洲。

第三节　我国国家力量现状不能满足和平发展的需要

一个国家的军事实力是一个相对的概念，要将不同国家之间的军事实力进行比较是一个复杂的问题。战争是比较国家间军事实力最好的方法，然而国家力量的维持本就是为了和平。乌克兰、中东地区、中国南海等地区的危机都使得人类面临着战争的威胁。我们只能更加客观地采用各种具体的指标来衡量一个国家的军事实力。我国国家力量现状的研究也必须置于全球体系之中才更有意义。

一、我国国家力量在大国中的相对位置

目前比较全面衡量一个国家军事实力的指标是全球火力开发的

由五十种因素组成的指数。主要包括防务资源、潜在兵力、武器装备、地理位置特点、国防工业基础、资源禀赋等。该体系采用复杂的指标评分方法，考虑的因素较为全面。本质上来讲众多指标衡量了资源、财政、地理等各方面的因素，能够衡量一个国家潜在的陆海空的作战能力。因此，一直以来在衡量一个国家军事能力方面比较客观，具有说服力。按照该指标体系，我国的国家力量处于全球第三位，前两位分别是美国和俄罗斯，第四五位是印度与英国。下面从构成国家力量指数的八大方面来考查我国的国家力量现状及其国际间比较。主要包括：军事人力资源、陆军系统、空军力量、海军力量、能源、后勤、财政、地理。

军事人力资源是军事能力的重要方面。军事人力是武器装备的实际操作者，是战争态势的具体感知者。在消耗战中，一个国家的潜在军事人力资源对于战争的胜负至关重要。

陆军力量是一个国家国家力量的基础。主要从坦克、装甲车辆、自行火炮、牵引火炮、多管火炮等陆军武器装备的质量、数量等方面来衡量。坦克主要包括主战坦克、轻坦克、反坦克装甲车等。装甲车辆包括装甲运兵车、步兵战斗车。

空军力量主要由不同类型的飞机来组成。飞机可以分为固定翼飞机和旋转翼飞机两大类，囊括了各种功能的机型，如无人驾驶飞机、武装战斗直升机、特殊任务飞机、教练机、运输机等。

海军力量主要由航空母舰、各式军舰等组成。

资源方面，无论军事技术如何发展，石油是任何国家力量的生命线，主要从石油产量、石油消耗、石油储备三方面来衡量。

后勤对于国家力量的重要性不言而喻，战争某种意义上是双方后勤力量的比拼。把相关的军事人员与武器装备在恰当的时间运送到恰当的地点是后勤力量的体现。劳动力、产业能力、商船、港口、公路、铁路、机场等是衡量后勤能力的重要方面。

财政是一个国家确定能够将多少资源投入军事领域的基础。战争的各种资源需要有资金的支持才能合理配置。防务资源、国家外债、外汇储备、黄金储备、货币购买能力等是综合衡量一个国家财政状况的指标。

地理特征决定着一个国家面临的本土战场条件，战场条件的好坏对于一个国家的防御能力至关重要。主要从陆地面积、海岸线、陆地边界、内陆航道等来考查。

基于官方出版物、全球火力数据、美国中央情报局、维基百科、公开出版物、媒体报道等多种来源，确定各主要军事强国的数据。

二、我国国家力量不能满足和平发展的使命任务

国家力量是为了满足其所面临的使命任务所服务的。单纯地讲国家力量强弱意义并不大。一个国家、一个地区的国家力量是否强弱往往要结合该国家或地区面临的安全威胁来看，才能够得到较为理性的结论。比如，在国际范围内，中国台湾地区的力量是比较靠前的，在东南亚地区则是地域第一。但是，在与中国大陆的力量相比较时，则是微不足道、杯水车薪。因此，其总体战略是试图最大限度地坚持，直到美国国家力量的介入。从这个意义上来看，中国台湾地区的"东南亚第一"排名是完全没有价值的。再如，美国空军、美国海军和美国国民警卫队的空战能力是世界上最强大的。美国的海军比世界其余所有国家的海军加起来还要强。那么美国是不是天下无敌了呢？这要看战场环境，如果美国在中国海岸线附近开战，那么美军未必能拥有优势。所以单纯意义上的国家力量对比，意义并不大。国家力量应该关注的焦点是，一个国家面临什么样的使命任务，一个国家的国家力量能够解决什么样的问题。

国家力量的水平可以分为由内及外的四个层面：国土安全，周边控制，航路保障，远程投送。这四个层面是步步推进的，表现了一个国家的军力对国家利益的维护能力。

1. 国土安全

在国土安全层面上，我国的国家力量可以与美国、俄罗斯并列世界第一。任何一个有理智以理性为政策主导的国家，都不会有考虑入侵我国本土的计划。20世纪90年代，以邓小平同志为核心的党中央采取"以经济建设为中心""军队要忍耐"的战略构想，敢于放弃军工产业的发展，专心搞经济建设，其根本原因在于我国是一个"三位一体"的核大国。所谓"三位一体"，指陆基、海基、空基核打击能力。假如一个国家与我国交战，即便其在常规武器的传统战场对抗中势如破竹，最后也难以逃避核打击。对于有核国家，最终只能两败俱伤，而无核国家，就要面临灭国的危险。

我国纵深极大，敌对国家的一次核打击不能够完全保证消灭我国的战略核反击能力，所以即便遭受先发制人的核打击，中国依然可以让对方付出难以承受的代价。因此，单是核武器这一项，就能够保证我国本土的安全。这就是为什么当年我国宁可饿肚子都要研发核武器和导弹。

即便我们考虑常规战争，在我国本土的战场条件下，也没有任何一个国家能取得战场上的压倒性优势，得到任何便宜。尤其是近年来俄罗斯综合国力的衰弱，其钢铁洪流不复存在；美国倾向于建设能够迅速远程投送的地面战斗力，因而削减了重装师。这使得没有任何一个国家能够在地面上的对抗中挑战我国。而美国引以为豪的空中力量用于进攻我国本土时，同样面临其起飞机场在我国中近程弹道导弹射程之内的尴尬局面。更不要说我国本土还有数量庞大的雷达站，更让局面对美军不利。

因此我们可以说，我国的国土安全可以与美俄并列世界第一。没有任何一个有理智的以理性主导决策的国家敢于威胁美国、俄罗斯和我国的国土安全。当然，恐怖主义等不对称战场另当别论。

2. 周边控制

在本土安全的前提下，从本土扩展开，就得考虑周边地区的安全，这就是周边控制。在周边控制方面，与美国相比我国就相差较远了。在某种意义上，我国不仅需要面对美国，还需要面对日本。就目前的形势来看，我国在周边地区的控制能力只能达到第一岛链内侧，并不能够较为稳定地突破第一岛链。对比来看，美国对其周边地区的控制，则可以跨过整个太平洋一直推到我国周边的第一岛链。

在第一岛链与我国大陆之间，我国的控制力是最强的，日本的控制力要弱于我国。双方的实力对比还会随着时间的推移，继续向着有利于我国的方向发展。因此，在周边控制尤其是第一岛链的突破方面，我国的国家力量建设还有太多的任务需要去完成。

我国对于国土周边的控制能力有限会严重限制我国未来对于太平洋地域的资源开发。随着经济发展我们很可能会需要对太平洋进行大规模开发，海洋资源将越来越成为一个国家发展的战略资源。我国也早已加入大洋协会对太平洋进行了大规模勘探。但是如果未来我国的国家力量不能够突破第一岛链，那么我国在太平洋的资源利益，将受到严重制约。这也是我国需要统一中国台湾地区的一个重要原因。一旦统一了中国台湾地区，第一岛链就不能够再封锁我国。从周边控制角度讲，我国的控制力非常有限，远远不能与美国相比。

3. 航路保障

对于航路的保障是我国现阶段最大的软肋。我国目前有两大核心航路，一个是到美国的航路，另一个是过南海进印度洋直到中东的航路。

第一条航路，是联系世界第一和第二强国的航路，没有任何其他国家敢于阻挠。只有在中美产生冲突的时候才会中断。如果中美发生冲突，这条航路也就失去了意义。

但是第二条航路则危机重重。这条航路比第一条更重要。因为这条航路是我国主要的石油进口线路，也是我国向非洲、中东和欧洲出口货物的线路。这条航路一旦中断，对我国经济的打击要远远高于第一条航路。有能力切断这条航路的，主要有两个国家，一个是美国，另一个是印度。

我国在这条航路上完全无法与美国对抗。目前我国的航母战斗群只有两个，而美国有多个航母战斗群。远洋海战上面，我国的国家力量根本不够。

印度逞地利之便，对印度洋一段的控制力显然超过我国。但是对于我国有利的是，印度与我国陆地接壤，而军力较弱。如果印度敢于切断我国的航路，那么我国可以从地面上联合巴基斯坦对印度进行威慑。所以对于印度，我国国家力量拥有反制能力。另一方面，如果我国能够在不远的将来装备好 3 个航空母舰战斗群，那么印度能够在印度洋上投放的海空军实力，也未必能与我国海军相比。再考虑到我国在巴基斯坦和斯里兰卡建立的港口和机场，中印在这一地区的实力对比态势正向我国倾斜。

总之，在航路保障方面，我国仍然深深地受制于美国，相对军事实力远远不足以挑战美国在海上的控制力。因此，与航路保障相关的经济安全无法得到保护。

4. 远程投送

远程投送决定了一个国家在遥远地区维护自身利益的能力。主要涉及战略航空兵、战略空运、远洋海军、远洋运输能力。

随着我国和平发展中海外利益的不断拓展，国家核心利益的安全对军队远程投送能力的要求越来越高。

美国为了有效地远程投送，不但有专门的空中运输指挥部，还将陆军一些部队专门针对远程空运进行了重新整编。在这个领域，我国的国家力量基本是空白。我国空中输送能力很差，运输机严重不足，在世界各地也没有建立足够的空运补给节点。因此，如果我国在非洲的利益受到了严重损害，我国将无力投送足够的军力去进行保护。

当然，我国现在正在建立远洋海军，建造更大更先进的补给舰，试飞大型运输机。这方面未来会有比较快的发展。

总而言之，我国国土安全领域可以达到世界顶尖水平，周边控制和航路保障，仅弱于美国，同时分别受到日本和印度的挑战。在远程投送方面，我国还远远不足，能力不但比不过美国，还比不过一些欧洲老牌强国。

我国现阶段的国家力量在国土安全方面能力足够，在周边控制方面能力有限，而在航路保障和远程投送方面远远不足。总体而言，我国的国家力量还远远未能达到和平发展对于国家力量的要求，在航路保障和远程投送方面能力的不足，使得我国和平发展中不断拓展的经济利益无法得到适宜的国家力量保护。

第四节　防务资源是国家力量建设的财力支撑

一、国家力量的基本构成要素是人与物

一个国家的国防要以这个国家具有的资源为基础。构成国家力量的武器装备系统作为物体是没有主观能动性的客观存在，是集成了所处时代先进科学技术的产物；军事人力则是所处时代国家教育

系统的产物。一个国家的军人只有与武器系统相结合，使得没有主观能动性的武器装备发挥出强大的效能，才能形成具有国家意志完成国家任务使命的强大力量。

人类历史上不同的时代国家力量对抗的模式不完全相同，构成国家力量的人与物也不同。纵观人类社会发展的历史长河，军事斗争中对抗的主要方面是不断变化的。从客观存在的武器装备的对抗来分析，这个总趋势是从材料、能源向信息转变；从主观存在的军人之间的对抗来分析，这个总的趋势是从体能、技能向智能转变。

在古代国家力量构成中，物的要素是材料主导式武器，人的要素是体能型军人。体能型的军人依靠不同材料构成的武器装备来进行对抗。肉体、木头、石头、青铜、钢铁等不同材料构成的武器显然在对抗中有着显著的优劣势差异。从生物的演化规律，人类作为同一个门类的物种，交战双方的军人在体能上并不会存在群体意义上的巨大的差异。因此，古代国家力量的对抗主要是材料的对抗。石制兵器、青铜兵器、铁制兵器、"百炼钢"兵器等不同武器装备对于国家力量的强弱具有很大的意义。

在近代国家力量构成中，物的要素是能量主导式武器，人的要素是技能型军人。材料技术的发展在炼钢技术出现后一直止步不前，直到火药的发明，火药枪、速射武器等武器装备的使用把人类带入了热兵器时代。火药的使用使得人类社会国家力量的对抗围绕能量主导式的兵器而展开。能量主导式武器的高峰是核武器的发明。在以能量为核心因素的武器装备的对抗之中，杀伤力的大小和军人技巧的熟练程度相关性很高[152]。这种客观存在的武器装备的属性决定了军人的核心要素是通过实践经验掌握的技能。技能的获得不是依靠基因的遗传，而是取决于后天习得，可以通过训练加以提升。军人的杀伤力高低不再像体能时代那样对于基因具有较高的依赖性，而是更多地依靠后天的训练。在通过一定程度的训练之后，人与人之间的技巧差异性很小，因此，不再存在某个个人能够拥有超过常人的能力具有独特优势的局面[153]。

当代国家力量构成中，物的要素是信息主导的广义武器系统，人的要素则是智力型军人。以能量为主导的军事对抗在 20 世纪中后期达到巅峰之后，人类继续依靠科学技术的进步快速发展武器系统。计算机科学和通信科学的飞速发展带来了军事领域的深刻变革。军事行动围绕着信息对抗而展开。一场新的技术革命正伴随着遗传工程、光导纤维、电子计算机等多个领域的新兴科学技术的发展和深入应用在全球展开[154]。军事技术系统作为技术系统的一个子系统势必随着技术革命的深入发展而产生相应的变革。军事系统中的核心要素间的关系将发生改变，网络化、综合化、智能化将成为军事系统要素间关系转变的趋势。在这种趋势下，军队的作战能力将得到本质的改变，人与武器装备都成为军事系统的一个要素，要素间通过职能互补、功能互补达到最佳的总体效能，这个系统将能够综合利用人的创造性和机器系统的高速度及大容量性，最终形成大幅度提高作战能力的人机智能军事系统[155-156]。人员训练、武器控制、后勤勤务、军事科研、作战指挥、行政管理、战斗保障等军事活动的各个环节将整合到一个巨大的人机智能系统之中，使得智能对抗成为未来战场双方力量较量的核心[157-158]。由此看来，人类社会的国家力量水平已经超越了依靠"体能＋材料""技能＋能量"的阶段，进入了围绕信息对抗"拈花飞叶，皆可伤人"的高级阶段，进入基于信息系统的体系作战时代。

二、国家力量水平提升的成本越来越高

新军事变革中，国家力量水平的提高依赖科学技术进步。由上

面的分析可知，虽然国家力量构成的要素在不同时期具有着不同的特点，但是存在着一个可以遵循的客观规律。在历史上的各个阶段科学技术、武器装备、军人素质、作战方式这四个军事活动的核心要素的发展总是存在着时间上的先后顺序，往往是前者的发展决定着后者的发展。国家力量水平的提升很大程度上取决于武器装备的更新换代和军人素质的提升。在新军事变革的浪潮中，武器装备发展和军人素质的提升越来越依赖科学技术的进步，尤其是国防科技的创新能力。科学技术对于装备的发展起着极大的作用，没有国防科研就没有装备的发展，也就没有战斗力的提升。与冷兵器时代不同，那个时代的装备技术含量不很高，国防科研对于装备的作用没有现代如此显著，木头、石头等武器的制造，更多体现的是经验而不是科研；在新军事革命的浪潮下，国防科研对于武器装备的革新起着非常重要的作用，没有国防科研，武器装备就不会向更新的一代发展，军队战斗力的提升也就受到阻碍[159]。

作为高精尖技术物化的武器装备能够大幅度提高国家力量水平，同时也使得一个国家国家力量水平的提升具有高昂的成本。武器装备相关科学研究的创新、成果的转化、工业生产能力提高等都是以高昂的成本投入为基础的。新军事变革中的武器装备发展和相关人力资本的提升需要的投入越来越大。这就意味着国家力量水平提升的成本将会越来越高昂。

三、公共品属性决定着国家力量建设的财力来源

国防是防务资源的直接产物。防务资源最为核心的成果是为一个国家的安全发展提供了巩固的国防。一个国家需要建设与其国际地位相称、国家发展利益相适应的巩固国防和强大军队。古往今来，保境安民是军队存在的根本逻辑。军队的存在为一个国家的人

民提供了服务，这种服务就是国防。

国防是一种公共物品。国防满足公共物品的两种基本属性，一是非竞争性，某人对国防的消费并不会影响别人同时消费国防并从国防获得效用。在给定的国防水平下，为另一个消费者提供国防带来的边际成本为零。二是非排他性，指某人在消费一种国防时，不能排除其他人对国防的消费。一个人从国防受益，并不妨碍其他人的受益。一般的物品如食品、衣服，一个人享受了它们带来的好处，另外一个人将不能享受到这些物品带来的效用；而对于国防这种特殊的商品，一位公民享用了国防带来的国泰民安，并不妨碍其他人享受同样的国泰民安。

作为公共物品的国防，其成本必须由政府来承担。公共物品不能有效通过市场机制由企业和个人来提供，"谁享用谁买单"的市场经济一般性原则在面对国防这种公共物品时无法产生效果，假设有一个人拒绝为国防付费，已经为国防付费的人也没有办法阻止该个体享用国防带来的好处。因此，建设国防的费用主要由政府来提供。在现代国家体系中，购买国防公共物品的费用往往由财政开支中的防务资源来承担，是通过税收的形式征集而来的财政收入的一部分。

古往今来，大多数国家的做法是由中央政府以税收的强制形式从居民手中收取国防费用，并用此费用供养一支统一指挥的职业化军队。由中央政府出面筹措防务资源是为了解决居民之间和地方政府之间的集体行动问题。全国性的政府可以将国防服务的外部性内部化，造成无人能免费搭车的制度环境。供养一支统一指挥的职业化军队可以带来规模经济效应，节省开支，提高质量。如果由居民各家各户自备武器，恐怕很难抵御拥有坦克、大炮、飞机、导弹、潜艇的外国入侵。而且武器分散在民间可能造成暴力蔓延，使社会付出不必要的代价。

因此，作为财政支出的一部分，以税收为基础的防务资源是一个国家国家力量建设的财力支撑。

第五节　本章小结

本章首先从历史上大国兴衰更替中的防务资源变化规律入手，探讨了国家力量建设、防务资源和大国兴衰的历史变迁。然后回到现实，具体讨论了我国和平发展过程中不断拓展的国家利益对于国家力量的需求及现阶段我国国家力量水平与和平发展需求之间存在的差距。国家力量最基本的构成要素是人与物，随着科学技术的发展，军事变革的深入，提高国家力量的成本越来越高昂。作为公共物品，国家力量建设的投入只能来自国家的财政开支，也就是说，防务资源是国家力量建设唯一的财力支撑。

| 第 四 章 |

防务资源、可置信承诺与大国兴衰

第一节　国家发展模式与防务资源的分析

从第三章可知，我国的和平发展对我国的国家力量提出全新的需求，迫切要求我国的国家力量有大幅度提升。防务资源既是国家力量提升的唯一财政支撑，也是一个国家斗争性努力的可置信承诺。

本章从经济学理论模型的角度来研究防务资源作为可置信承诺与国家间全球资源配置的关系。重点是防务资源在经济成果全球分配中的长期作用。纵观全球，防务资源不断增长，国与国之间的发展差距却越来越大。防务资源作为可置信承诺对于大国的发展具有重要的作用。该部分以可置信承诺作为逻辑核心，把防务资源与大国发展置于同一个框架下进行研究，具有较新的启发意义。根据冲突经济学的最新成果，一个国家的资源投入可以分为生产性投入和分配性投入两部分。生产性投入决定整个系统经济产出的总量；分配性投入决定经济总量在不同个体间的分配格局。长期来看，一个国家的防务资源是该国家在分配性努力方面的投入资源多寡程度的讯号，是该国家在全球分配体系中争取资源意愿的可置信承诺，是传递的讯号可置信的坚实基础。本章通过建立经济学模型，对不同情况下防务资源与大国发展进行了数值模拟。该模型对于现实世界中大国发展呈现的不同模式给出了较为合理的解释，有大量的经验结果支撑该模型的结论。模型认为：①给定两个国家间的初始财富比值，存在着一个分配决定系数的临界值，当现实中分配决定系数的数值超过该临界值，大国间的发展将会呈现出发散模式，导致富者越富、贫者越贫的"马太效应"；反之，大国间的发展将会呈现出收敛模式，最终国家间的发展差距越来越小。②给定分配性决定系数，存在着一个初始财富比率的临界值，当现实中的实际财富比率数值大于该临界值，大国间的发展将会呈现出发散模式，导致富者越富、贫者越贫的"马太效应"；反之，大国间的发展将会呈现出收敛模式，最终国家间的发展差距越来越小。该结论得到了经验数据的支撑，为大国发展中防务资源的决策提供了分析的视角。

随着过去几十年以来世界经济增长率的降低，学界的关注点逐步转移到国家间的发展不平衡的主题上来。国家间发展的不同模式成了理论界关注的重点。西恩里认为不同国家间生产水平的发散与收敛是研究大国发展的关键[160]。克里斯滕森和多拉尔研究认为，一个国家的经济增长率与其初始人均真实国内生产总值存在着正相关的关系[161-162]。根据这个观点，富裕国家与贫穷国家间的发展差距将会越来越大，出现贫者越贫、富者越富的"马太效应"。然而，随着研究的深入，学者发现这种正相关的关系在超过一定的人均真实国内生产总值的水平之后将会变为负相关的关系。阿布拉莫维茨从技术吸收对生产力的影响的角度对该现象提出了解释[163]。他认为，技术落后导致的生产力低下的国家存在着潜在的由于技术引进导致的经济增长提高的空间。当一个国家的社会特征不能够满足吸收技术的时候，该国家的生产力低下，而随着资本的积累，一个国家将会逐渐满足技术吸收的条件，从而大幅度提高生产力，取得经济快速增长。这些社会特征一般来讲与该国的人均真实国内生产总值成正相关的关系。因此，越贫穷的国家经济增长越慢，相对富裕的国家经济增长反而较快。还有学者从其他的角度来解释大国发展及国家间的贫富差距。阿扎里亚迪斯和德拉赞与贝克尔、墨菲和田村认为"中等收入陷阱"是解释国家间发展快慢的关键[164-165]。特别贫穷的国家往往面临着相对较高的教育成本，很多儿童的教育投入较低，这使得其人力资本的增加很慢。由于人力资本存量的积累有限使得其生产力的提升很有限，甚至生产力水平处于停滞的状态。

　　就国家间发展模式的上述解释对于理解现实世界具有一定的意义。然而，从冲突经济学的角度来看，上述解释都仅仅揭示了生产领域的规律，对于分配性领域的内容则没有提及。对于富国穷国问题的探讨，全球经济体系中的分配规则是不容忽视的重要因素。结合冲突经济学的思想，结合生产与分配以防务资源作为分配性努力的讯息，从长期的视角来研究大国的发展，对于理解上述问题具有较深刻的启发意义，同时还能够提出对于防务资源更具建设性的建议。具体来讲，一个国家的经济增长率与其初始人均真实国内生产总值二者之间的关系决定着国家间的发展模式。在初始的人均真实国内生产总值处于较低的水平时，其经济增长率与初始财富值呈正相关，意味着马太效应；当初始值超过某一临界值之后，二者之间呈负相关，国家间的发展将趋于平衡。下面建立的模型能够较合理地解释现实世界中存在的二者之间的关系。在此基础上，防务资源作为可置信的分配性努力的承诺，对于国家发展的作用机理也将得到充分的讨论。

第二节　防务资源、可置信承诺与大国发展的概念性框架

　　传统意义上，防务资源仅仅被作为一个国家保持军事能力成本

的直接衡量[166]。基于此，在以往的学术研究中，防务资源往往被作为国家的财政负担来考量，是对国防投入的衡量。防务资源作为国防部门的投入是其机会成本，是这些资源投入到民用部门所能发挥的最大价值。另外，防务资源还被用来衡量一个国家的国家力量强弱。

把防务资源作为一个国家分配性努力的可置信承诺是国防经济理论的最新发展。与传统的观点不同，在本书的分析中防务资源是作为一个国家分配性努力的可置信承诺而存在的。一个国家的分配性努力对于其在全球经济中获得的产出份额是至关重要的。全球经济体系中的各种规则是国家间分配性努力互动得到的制度均衡。全世界各地的人类都在为了生存而竞争[167]。从根本上来讲，我们所处的国际社会是无政府状态的。国家间的竞争充斥于人类社会的历史进程。当竞争的激烈程度很高时，我们称之为冲突甚至战争。与和平时期不同国家间共同把资源投入生产领域不同，在冲突或者战争中，国家将会投入大量的资源到分配性乃至斗争性领域中，以摧毁对手为目标。真实世界中，全球经济体运行在不完全产权的环境之中，尤其在面对国家与国家间的争端时，这种不完全产权的无政府状态表现得特别明显。基于可置信承诺的国防是够用的国防，是可承受的国防。

真实世界即指客观存在的真实的人、事、物、作为主体的人，真实世界是其客体，主体与客体的信息传递需要通过观察，抽象出"脑中的世界"，才能了解真实世界，理解真实世界，进而合理做出行为。下面介绍经济学领域根据不同理论对于真实世界的抽象。经济学的开创者斯密在分析现实生活中的经济活动时，发现了劳动分工的经济规律，开创了西方的主流经济学即交易经济学，为人们展示了"交易世界"的精彩[168]。斯密认为理性的经济人在交易中追求自身效用的最大化，当每个人都在交易中追求自身效用最大化时，市场作为看不见的手在指导着人们的行为，最终，整个社会将会达到整体的效用最大化。交易经济学中每个人都达到自身最大化的状态叫作"瓦尔拉均衡"。经济学家纳什提出了分析冲突行为的全新思路，认为策略性思考在理性经济人的决策中扮演着重要的作用，当各方采取的策略恰为其他方的最优反应时，将会出现均衡，这个均衡称之为纳什均衡。一个个纳什均衡的加总就构成了社会的总体均衡。相信看过《美丽心灵》的人都了解纳什是个数学奇才，通过数字领域的抽象逻辑推演，利用"不动点"的抽象概念，"演绎"出了"你不动，我不动"的纳什均衡，为人们展现了抽象真实世界的新工具，冲突问题进入了研究者的视野[169]。谢林的《冲突的理论》建构了冲突经济理论的基本框架，之后经过国防经济学家们的进一步发展，"冲突经济学"的分析框架得以逐步成熟。随着冲突经济学分析框架的深入发展，一些学者已经把冲突经济学看作与交易经济学平行的两个现代经济学分支[170]。"交易"与"冲突"可以分别从不同的维度对"真实世界"进行解释。

交易经济学与冲突经济学的异同点归纳如下[171]。二者具有相同的标准经济理论要素：①效用最大化是决策者行为选择的准则；②是在约束下的最大化；③成本皆会转化为期望效用；④两个世界皆存在均衡。二者存在的不同点：①前提假设不同。理性经济人、完全信息及市场出清变成了"机会人"假设，不完全信息假设。②研究工具从价格理论变为博弈理论。③侧重点不同。交易经济学是研究在生产和消费过程中如何合理的配置资源的技术，是研究生产的理论。而冲突经济学的侧重点是斗争，研究如何统筹斗争与生产两类活动，以便达到优势。④二者具有不同的结论。交易世界的"瓦尔拉均衡"，即存在一个价格向量使参与者皆达到帕累托最优，即自身效用最大化。冲突世界的"纳什均衡"，即存在一组策略向量，使得所有参与者"你不动，我就不动；你动，我也动"[172]。

在真实世界中，由于无政府状态的国际格局导致的国家间的不完全产权，不同的国家间通过谈判达成的协议、作出的承诺等形成关于利益分配的制度必须依靠强有力的执行力才能够成为可置信的承诺。而强有力的执行力在无政府的国际社会中很大程度上来自军事实力，来自一个国家的分配性努力的高低程度。这些指标在很大程度上由一个国家的防务资源来衡量。从根本上来讲，是军事实力来支撑国家间的谈判规则，是军事实力来支撑国与国之间互动的相关机制。国际格局的演进、国际制度的形成很大程度上由国家间分配性努力来决定。事实上，在人类发展的历史进程中，每一个关键转折点之中，军事实力往往是谈判中讨价还价的工具、强有力的威慑，决定着国际格局的演化。简而言之，是以防务资源为讯号的军事实力使得无政府状态的国际格局中的各种利益分配机制成为可置信的承诺，从而具有强制性的效力，具有国际法的作用。

纵观世界历史，国与国的竞争中既有贫穷国家发展超过富裕国家的现象，也有两个国家间贫富差距越来越大的现象。国家间发展的收敛模式与发散模式共存于历史的长河之中。

本节的分析框架对整个世界的经济运行规律进行了抽象。一个国家的有限资源分配于两个领域：生产性领域和分配性领域。生产性领域的资源投入量决定着一定外界条件下整个全球经济的总产出；分配性领域的投入量决定着经济总产出在不同国家间的配置结构。防务资源是分配性领域资源投入的指标，是一个国家对于资源分配努力意愿的可置信承诺。在现实世界中，经济因素对于国家间尤其是敌对阵营之间的资源分配的作用是非常有限的。历史性的公告、条约、宗教、文化、自然禀赋、制度等因素对于经济产出的分配具有着重要的决定作用。这些因素通过影响生产函数和分配函数的关键参数来对经济产出及其分配发挥作用。当分配性努力对于经济产出的配置结果具有较低的决定作用的时候，穷国将会有动机投入更多的资源于分配性努力之中，也就是提升防务资源的比重，对于富国来讲，把资源投入生产性领域更为占优，这样双方的差距将会逐渐减小；当分配性努力对于经济产出的配置结果具有较高决定作用的时候，富国将有动机投入更多的资源于分配性努力，提高防务资源的比例，从而双方的差距越来越大。防务资源的决策存在一个最优的度，才能够支撑一个国家的发展壮大。统筹发展与安全的防务资源最优状态必须是可置信的、是可承受的、是够用的。

第三节　防务资源、可置信承诺与
大国发展的基准模型

假设经济中有两个抽象的国家，富国和穷国。为了分析的方便，每个国家被抽象为一个代表性的行为者，该行为者在决策过程中不存在国家内部群体间的激励问题，富国决策者作出的理性选择是为了最大化富国整个国家的财富，穷国决策者作出的理性选择是为了最大化穷国整个国家的财富。这就可以抽象为经济体中仅存在两个理性经济行为者，富国和穷国。

每个国家可以用于投资的资源是其拥有的经济要素，这些资源可以投向生产性活动和分配性活动。从长期来看，分配性活动投入的资源核心是防务资源。在运行正常的全球经济体系中，国家对其拥有的财富具有清晰完整的产权，不能够被掠夺或者损毁，只有生产性活动产生的新财富才能够被用来在国家间进行分配。从长期来看，社会新财富的分配由两个国家的分配性努力来共同决定。两个国家既存在合作又存在着竞争，双方的生产性努力共同决定总产出，这是合作的体现；双方的分配性努力共同决定着总产出在双方之间的分配比例，这是竞争的体现。在经济全球化的当代，对于经济运行的这种假设比较符合现实。

以上行为描述可以通过下面的模型来刻画。

1. 资源分配

设国家 i 的资源总量为 R_i。R_i 的数值可以解释为国家拥有的经济要素，R_i 不同数值可以表示国际体系中不同发展阶段的国家的资源总量。$i=1$，2 可以描述国际体系中财富高低不同的两个国家集群。为了分析方便，这里研究富国与穷国两个国家的情形。国家的决策者将总财富分配于分配性活动 F 和生产性活动 E 中。

$$E_1 + F_1 = R_1$$

2. 生产性活动

双方投入生产性活动的资源共同决定整个世界的总产出 I，用总生产函数来描述。总产出是用来分配给双方的总资源。

$$I = A \left(E_1^{1/s} + E_2^{1/s} \right)^s$$

$$E_2 + F_2 = R_2$$

为了研究方便，生产函数采用规模报酬不变，替代弹性不变的函数。其中，参数 A 表示全要素生产率。当技术进步、管理、制度等因素带来的全要素投入产出提高时，参数 A 就增加。参数 S 表示互补系数，指双方的关联程度，是模型分析中很重要的参数。当双方的合作程度更加深入，相互依存度增加时，参数 S 增加。在全球化的经济体系中，国家间的相互依存度越来越强。从图 4.1 可知，较大的 S 值意味着生产活动的等产量曲线的曲率的增加。

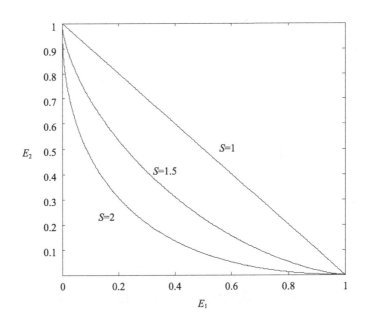

图 4.1　互补系数 S 取不同值时的总生产函数的单位等产量曲线

3. 分配性活动

投入分配性活动的资源即防务资源决定着总产出在两个国家的分配情况。通过比例形式的分配函数来描述分配性活动。双方的分配比例由各自投入分配性活动中资源的比值确定。在分配性活动中，双方投入分配性资源为 F_i，双方获得的全球经济体总产出的份额 p_i 由分配函数来决定。

$$p_1 = F_1^m / \left(F_1^m + F_2^m \right)$$

$$p_2 = F_2^m / \left(F_1^m + F_2^m \right)$$

其中 m 为决定系数，表示分配性努力对总产出分配比例决定作用的大小。如图 4.2 所示，决定系数 m 表示较大的分配性资源投入比例在多大程度上能够转换为较大的总产出分配比例。

4. 收益

由总产出函数和分配函数能够计算出产出分配函数，也即参与者双方的收益函数。

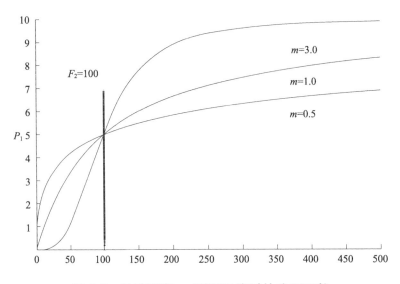

图4.2 决定系数 m 取不同值时的分配函数

$$I_1 = p_1 I$$

$$I_2 = p_2 I$$

从收益函数可以看出，整个全球经济的总产出必将完全分配于两个国家之中。在现实生活中，可能会存在一些产出完全属于单个国家所有，不可能被分配于其他国家的情况。在本书中不考虑该情形。

以上建立的由方程系统构成的理论模型可以通过图4.3来描述。右上象限描述了国家1在其初始资源禀赋 R_1 的约束下，对生产性努力 E_1 和分配性努力 F_1 进行选择。左下象限描述了国家2在其初始资源禀赋 R_2 的约束下，对生产性努力 E_2 和分配性努力 F_2 进行选择。左上象限显示了各自的分配性努力 F_1 和 F_2 如何决定了国家1的分配比例 p_1 及国家2的分配比例 $p_2 = 1 - p_1$。图中由原点出发向左上方倾斜的直线说明分配比例仅仅与分配性努力的比值 F_1/F_2 相关，这与分配函数的含义是相符合的。右下象限描述了双方的生产性努力 E_1 和 E_2 共同决定了全球经济体总产出 I。

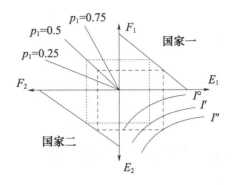

图4.3 生产性努力决定总产出，分配性努力决定收入分配

下面求该模型的古诺（Cournot）均衡。反应函数刻画了在给定对方选择的情况下，己方相对应的最优选择。国家1的反应函数为RC_1，国家2的反应函数为RC_2。反应函数描述了在给定对方斗争性努力和分配性努力选择的前提下，己方相对应的最优斗争性努力和最优分配性努力。当双方的选择都是对方选择的最优反应时，该选择结果就是古诺均衡解，即两个国家反应函数描绘的曲线的交点为该模型的古诺均衡点。

国家1最大化自己收益的决策由下式描述：

$$\mathrm{Max} I_1 = p_1 \left(F_1 \middle| F_2 \right) \times I \left(E_1 \middle| E_2 \right) \qquad \mathrm{s.t.} \ E_1 + F_1 = R_1$$

国家2最大化自己收益的决策由下式描述：

$$\mathrm{Max} I_2 = p_2 \left(F_2 \middle| F_1 \right) \times I \left(E_2 \middle| E_1 \right) \qquad \mathrm{s.t.} \ E_2 + F_2 = R_2$$

采用标准约束条件下最优化理论，得出两个国家的反应函数RC_1和RC_2为：

$$\frac{F_1 E_1^{(1-s)/s}}{F_2^{\,m}} = \frac{m \left(E_1^{1/s} + E_2^{1/s} \right)}{F_1^{\,m} + F_2^{\,m}}$$

$$\frac{F_2 E_2^{(1-s)/s}}{F_1^{\,m}} = \frac{m \left(E_1^{1/s} + E_2^{1/s} \right)}{F_1^{\,m} + F_2^{\,m}}$$

可知，总生产函数中的全要素生产率A被抵消了，不进入反应函数。因此，经济体中全要素生产率的提高并不影响全社会资源在生产性活动和分配性活动中分配的比例。直观来讲，全要素生产率 A 的提高等比例地提高了生产性努力和分配性努力的边际收益。至此，我们有如下命题。

命题1： 全要素生产率的提高不影响收入分配，仅仅依靠科学技术、管理等带来的全要素生产力的提高，并不能够改善贫富差距。也就是说全要素生产率的提高带来的经济增长并不能够改善国家间发展的贫富差距。

根据最优化理论，以上反应函数 RC_1 和 RC_2 仅仅当双方的选择都在定义域内部时有效，这要求 $F_i < R_i$。当不满足 $F_i < R_i$ 时，应该按照"边角解"的方法去分析。由模型可知，当 $s > 1$ 时，只存在内部解，没有边角解；当 $s = 1$ 时①，即生产性互补不存在的情形时，存在边角解。该方程组属于超越方程，不存在一般意义上的解析解。但是当 $m = 1$ 并且双方的初始资源禀赋相同（$R_1 = R_2$）时，可得到对称的古诺均衡为：

$$F_1 = F_2 = E_1 = E_2 = （R_1 + R_2）/4$$

该情况下，恰好一半的可支配资源被投入于为争取产出分配的分配性努力之中，这部分资源没有进入生产领域，从生产的角度来讲，属于被浪费的资源，降低了潜在的全球经济体总产出。

进一步，考虑"角点解"可能存在的情形。该情况下，生产互补性不存在即 $s = 1$。当双方的初始资源禀赋相同时，上面的均衡结果仍然适用。图4.4描述了 $A = m = s = 1$ 时，模型的均衡情况。图中 RC_1^0 和 RC_2^0 两个反应函数表示初始资源禀赋相同时的反应函数，这里特指 $R_1 = R_2 = 100$ 时的情形。

---

① s 是生产的互补性，其经济含义要求该值大于或等于1，当不存在生产互补性时，取1；当存在生产互补性时，大于1。

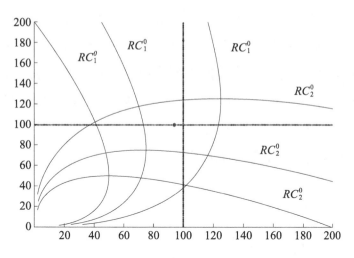

图 4.4 反应曲线和古诺均衡——内部解及边角解

第四节 大国发展的发散模式

　　下面在基准模型的框架下分析国家间发展中呈现出的富者越富、贫者越贫的马太效应。什么条件下全球经济体会产生国家间贫富差距越来越大的分配结果？当全球经济体中以防务资源为衡量的分配性努力对于分配结果的决定因素变大时会产生什么样的结果？即模型中的决定系数 m 的数值提高时，模型均衡是什么？决定系数提高意味着分配性努力对最终分配的决定效果更加明显。对于任一组给定的占优分配性努力 F_1/F_2，将会产生一组对应的更加占优的产出分配结果 $p_1/p_2 = I_1/I_2$。下面将回答什么情况下分配结果的比例超过了初始资源的比例？其发生的机理是什么？

　　图 4.5 描述了 $s=1$ 时，不同决定系数情况下，贫富两个国家的分配情况随着初始资源禀赋 R_1 的变化。显然，当 m 增加时双方都投入更多资源于分配性努力中。当初始资源禀赋比值小于临界比值

$\rho^* = 2$ 时,模型存在内部解,该情况下,处于劣势地位的一方较早到达其边界约束条件 $F_2 = R_2$。如图 4.5(a)中所示,p_1 曲线相对于 p_2 曲线增长显著,说明分配性努力决定系数的增长使得占优势的一方更加占优。相应地,如图 4.5(b)所示,尽管双方都从生产性努力中转移资源到分配性努力之中,但最终的结果是占优势的一方相对于初始状态更加绝对占优了。

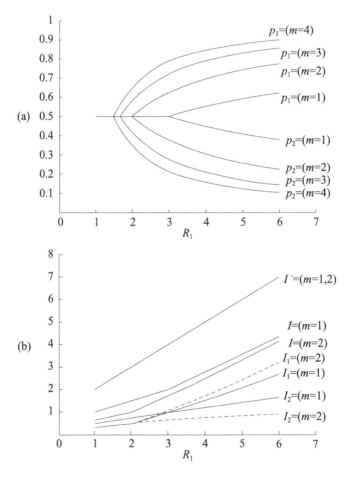

图 4.5 不同斗争决定系数情形($s = 1$)

命题 2:决定系数的增加使得经济体中贫富两个阶层各自投入分配性努力的资源都增加,同时使得本处于占优势的一方的优势更加明显，但是并不一定就出现富者越富、贫者越贫的马太效应。

分配性努力决定系数的提高意味着最终的收入分配结果变得更加容易被分配性活动决定，这使得占优势的一方具有更好的机会。拥有较多资源的优势方能够承担较多的分配性努力投入，可以更好地利用决定系数的提高带来己方的优势。那么，决定系数的增加满足什么条件，使得模型的均衡是马太效应即 $I_1/I_2 > R_1/R_2$ 呢？

给定生产互补性 $s = 1$ 和初始资源禀赋 $R_1/R_2 = 4$，决定系数从 1 增加到 2 并没有达到马太效应。然而，图 4.5 所示的情形展示了马太效应的产生。图 4.6 中，生产互补性系数仍然为 $s = 1$，图中曲线展示了最终收入比例 I_1/I_2 随着初始资源禀赋比例 R_1/R_2 变化的情况。不同的曲线分别描述了决定系数取不同数值时的变化情况。由图 4.6 可知，当初始资源禀赋没有超过临界值时，均衡为内部解，$I_1/I_2 = 1$；当初始资源禀赋超过临界值时，出现边角解，$I_1/I_2 > 1$。

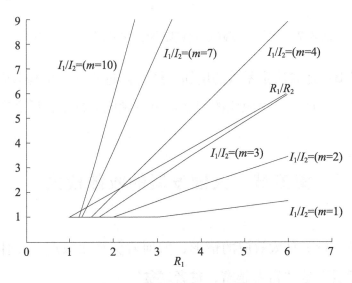

图 4.6　收入比例随初始禀赋的变化（$s = 1$）

由图 4.6 可知，当决定系数 m 超过 3 时，产生了马太效应，富者越富，贫者越贫，$I_1/I_2 > R_1/R_2$。

图 4.7 描述了其他条件不变，仅生产互补系数增加到 1.25 时的情形。

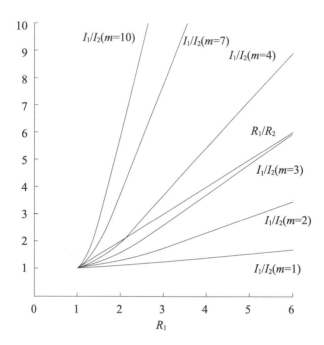

图 4.7　收入比率随初始禀赋的变化曲线（$s = 1.25$）

命题 3：随着决定系数的增加，经济体越容易产生马太效应。决定系数越大，产生马太效应的初始资源禀赋比值越小，反之亦然。

第五节　大国发展的收敛模式

上面分析了马太效应的情形，如何避免马太效应？在什么情形下经济发展不是"富者越富，贫者越贫"？

当占优势的初始资源禀赋比例 $R_1/R_2 > 1$ 并不一定意味着同样占

优势的收入分配比例即 $I_1/I_2 < R_1/R_2$ 时，我们就说国家间发展的贫富差距缩小了，马太效应不再存在了，全球经济发展的差距得到了治理。进一步，根据国家间贫富差距缩小的程度，将治理区分为强治理和弱治理。

强治理：无论双方的初始资源禀赋比例（$R_1/R_2 > 1$）有多么大，最终的分配结果都是相等的，即 $I_1/I_2 = 1$。这表示，不仅不存在马太效应，而且收入差距会显著减小。

弱治理：双方的初始资源禀赋比例为 $R_1/R_2 > 1$，最终的分配结果为 I_1/I_2，且满足 $1 < I_1/I_2 < R_1/R_2$。这表示，不存在马太效应，收入差距会减小，只是减小的效果没有强治理下那么明显。

考虑当不存在生产互补情况下（$s = 1$）的模型，得出两个国家的反应函数分别为：

$$\frac{F_1}{F_2^m} = \frac{m\,(E_1 + E_2)}{F_1^m + F_2^m}$$

$$\frac{F_2}{F_1^m} = \frac{m\,(E_1 + E_2)}{F_1^m + F_2^m}$$

显然，这两个反应函数仅仅在存在内部解的情形时成立。在存在内部解的假设下，通过反应函数可知，$F_1 = F_2$。因此，无论最初的资源差距有多么的大，只要均衡是内部解，双方的分配性努力总会相等。这就意味着强治理的情形，无论双方的初始资源禀赋比例（$R_1/R_2 > 1$）有多么大，最终的分配结果都是相等的，即 $I_1/I_2 = 1$。

在图 4.4 中，同样的参数设置下，反应曲线 RC'_1 和 RC'_2 展示了当行为者 1 的初始资源禀赋翻倍，而行为者 2 的初始资源禀赋仍然维持不变的情形。尽管初始资源禀赋不对称，在反应曲线的交叉点处，分配性努力的值相比原参数设定增加了，但仍然保持相同，即 $F_1 = F_2$。这意味着初始资源禀赋多的一方在生产性努力中投入了更多资源。

下面对上述结果进行直观的解释。国家 1 在其初始资源禀赋增加了以后，当然愿意在两种行为中都增加投入，即 E_1 和 F_1 都增大了。国家 2 在获悉该信息后，根据"野心假说"和"恐惧假说"，国家 2 争取分配和保护产出两方面的动机都增加了，这使得国家 2 在分配性努力中增加投入，选择较大的 F_2，较大的分配性努力意味着较小的生产性努力，国家 2 的生产性努力 E_2 减小了。国家 2 争取分配的动机使得其分配性努力 F_2 增大的逻辑是：当国家 1 的生产性努力 E_1 增加时，将会有更多的全球经济体总产出可以用来分配。国家 2 保护产出动机使得其分配性努力 F_2 增大的逻辑是：当国家 1 的分配性努力 F_1 增加时，国家 2 不得不投入更多的分配性努力 F_2 与国家 1 增加的分配性努力 F_1 对抗，即使仅仅是为了维持自身之前的收入水平。

强治理结果的核心机理是：当一个行为者的初始资源禀赋相对其对手较小的时候，其初始的分配性努力的边际收益比其初始的生产性努力的边际收益要高。该论断可以得到进一步的数理证实。参数设定为 $m = s = 1$，同样行为者 1 为初始资源禀赋占优的一方，对行为者 2 的收益函数进行比较静态分析可知：

$$\frac{\partial I_2}{\partial E_2} = \frac{AF_2}{F_1 + F_2}$$

$$\frac{\partial I_2}{\partial F_2} = \frac{AF_1 \left(E_1 + E_2 \right)}{\left(F_1 + F_2 \right)^2}$$

由上面参数设定可知，国家 2 处于初始资源禀赋不占优的一方，R_2 的取值很小，由于 $E_2 + F_2 = R_2$，可知 E_2 和 F_2 的取值也很小。进一步，对较小的 E_2 和 F_2 取极限，当二者同时趋于零时，偏导数 $\frac{\partial I_2}{\partial E_2}$ 趋于零，即国家 2 生产性努力的边际收益趋于零；偏导数 $\frac{\partial I_2}{\partial F_2}$ 趋于一个正的数值，即国家 2 分配性努力的边际收益趋于一个正的数值。因此，当国家 2 的初始资源禀赋 R_2 趋于零时，处于劣势的一方将会认为其投入生产性努力的资源 E_2 将会是浪费，因为处于优势地位的较富的一方将会通过分配性努力获取其生产的大部分成果。但是，任何正的分配性努力 F_2，将会赢得一些比例的全球经济体总产出。

分配性努力对处于劣势的一方是更优选择。形象地讲，国家可以通过分配性努力来向对方的生产"抽税"，同时己方的生产也被对方通过分配性努力进行了"抽税"。当对手变得更加富裕时，通过斗争性努力对其"抽税"（获得对手扩大的产出的一部分）变得更具有比较优势。同时，己方被对手通过分配性努力"抽税"的程度也变得更深，此时投入生产性努力的产出将会有一大部分被对手获取。因此，在该情况下的理性行为是处于劣势的一方投入较多资源于分配性努力，处于优势的一方投入较多资源于生产性努力。命题 4 总结了上述分析。

命题 4：初始资源禀赋不占优的一方的分配性努力的边际收益比生产性努力的边际收益高。分配性努力对于弱势的一方更具有吸引力。

该部分考虑角点解的情形。在参数设定为 $s = 1$ 的前提下，存在一个特殊的初始资源禀赋的临界比值 $R_1/R_2 = \rho^*$，在该比值下，处于劣势的一方已经把其所有的资源投入于分配性努力之中，变成了单纯的"掠夺者"[①]。国家 2 采取"边角解"选择的初始资源禀赋临界比值为：

$$\rho^* = R_1/R_2 = (2 + m) / m$$

初始资源禀赋比值超过临界值 ρ^* 时，模型的解为边角解。此时，国家 2 的反应函数简化为 $F_2 = R_2$。在角点解处，处于弱势的一方的分配性努力不能够再增加，二者的分配性努力不再相等，此时

---

① 此处掠夺者特指自己不进行生产，仅仅依靠分配性努力获得对方的生产成果，并不进行非法暴力的掠夺。

强治理的结果不再出现，而弱治理的情形可能存在。双方获得的收益不能够再维持相等，但能够获得比初始资源禀赋相对平等的收益。也即，双方的初始资源禀赋比例为 $R_1/R_2 > 1$，最终的分配结果为 I_1/I_2，且满足 $1 < I_1/I_2 < R_1/R_2$。图 4.4 中虚线所示的反应曲线 RC''_1 和 RC''_2 描述了该情形。此时，国家 1 的初始资源禀赋是国家 2 的初始资源禀赋的 4 倍，该条件下古诺均衡为边角解。

边角解的另一个有意思的结论是：给定总的初始资源禀赋 $R_1 + R_2$，边角解均衡下分配性努力的总投入较小。

图 4.8 描述了更为一般的规律，给定参数 $A = m = s = 1$，收入如何

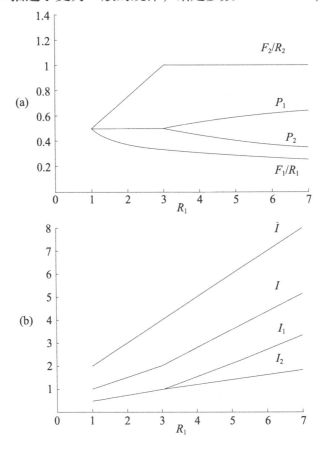

图 4.8 分配性努力比率、分配份额、分配结果随初始资源变化图
($m=1$，$s=1$)

随着初始资源禀赋比例的变化而变化。在图中，行为者2是处于劣势地位的一方，为了研究方便，其初始资源禀赋单位化为1，即$R_2=1$。正如前文论述，当处于内部解范围时，双方的分配性努力保持相等：$F_1=F_2$；当初始资源禀赋的比值超过临界值时，双方的分配性努力不再相等。下面分析模型的均衡及其特性。

当$R_1 \leqslant 3$，模型的均衡属于内部解。

反应函数组为：

$$\frac{F_1}{F_2}=\frac{(E_1+E_2)}{F_1+F_2}$$

$$\frac{F_2}{F_1}=\frac{(E_1+E_2)}{F_1+F_2}$$

均衡解情况下：

$$F_1=F_2=(R_1+1)/4$$

$$p_1=p_2=0.5$$

$$\bar{I}=R_1+1$$

$$I=(R_1+1)/2$$

$$I_1=I_2=(R_1+1)/4$$

$$\frac{F_1}{R_1}=0.25\left(1+\frac{1}{R_1}\right)$$

$$\frac{F_2}{R_2}=0.25\ (1+R_1)$$

当$R_1>3$，模型的解为边角解。

反应函数组为：

$$\frac{F_1}{F_2}=\frac{(E_1+E_2)}{F_1+F_2}$$

$$F_2=1$$

均衡情况下：

$$F_1 = \sqrt{1 + R_1} - 1$$

$$F_2 = 1$$

$$I = 1 + R_1 - \sqrt{1 + R_1}$$

$$p_1 = \frac{\sqrt{1 + R_1} - 1}{\sqrt{1 + R_1}}$$

$$p_2 = \frac{1}{\sqrt{1 + R_1}}$$

$$I_1 = 2 + R_1 - 2\sqrt{1 + R_1}$$

$$I_2 = \sqrt{(R_1 + 1)} - 1$$

$$\frac{F_1}{R_1} = \left(\sqrt{1 + R_1} - 1\right) / R_1$$

$$\frac{F_2}{R_2} = 1$$

图 4.8（a）描述了分配比例的变化情况，处于劣势地位的一方的曲线 F_2/R_2 上升；而处于优势一方的曲线 F_1/R_1 下降，该阶段双方的分配比例相等，处于强治理的情况。当超过临界值时，处于劣势的一方保持 $F_2/R_2 = 1$ 不再变化，双方的分配比例不再相等，相对于劣势方的分配比例 p_2，优势方的分配比例 p_1 开始上升。与此同时，优势方的斗争性努力份额 F_1/R_1 持续下降。类似的，图 4.8（b）描述了最终收益的变化情况。当最初资源禀赋比值未超过临界值时，最终收益 I_1 和 I_2 保持相等；当超过临界值时，优势的一方将获得收入优势。图中曲线 I 表示实际生产的总社会产出；曲线 $\bar{I}$ 表示如果没有分配性努力的情况下的总社会产出。

总结以上描述可知，对于参数 $m = s = 1$，只要初始资源禀赋比值不超过临界值，即初始资源禀赋的不平等程度较小，那么模型的均衡解落在内部解范围内，强治理的情形成立；当初始资源禀赋比值超过临界值，即初始资源禀赋的不平等程度很大时，那么模型为边角解，只有弱治理的情形成立。

命题 5：初始资源禀赋的不平等程度较小时，强治理；初始资源禀赋的不平等程度较大时，弱治理。

前面描述了不存在生产互补时的情形，下面对存在生产互补的情形进行讨论。在社会生产中双方的生产存在一定程度的互补，比如一般情况下，生产中穷人一般提供劳动力，而富人提供资本，尽管劳动和资本都为最终的收益而竞争，这二者存在着明显的生产互补性。

当生产互补性指数 s 增加时，双方的生产性努力 E_i 的边际收益将会增加，而分配性努力的边际收益 F_i 不受影响。这就使得生产性努力的边际收益相对分配性努力的边际收益有了提高。因此，当生产互补性指数 S 增加时，人们倾向于预期一个良好的时代来临了，双方都倾向于增加生产性努力做一个更大的"蛋糕"，而不是去争取分配较大的"一块蛋糕"。因此，实际的结果很复杂。

图 4.9 与图 4.8 相类似，除了生产性互补指数升高，其余条件不变。这里用 $s=1.25$ 代替了 $s=1$。正如上文已经指出的，当 $s>1$ 时，边角解不存在，所有的解都属于内部解。参数的变化使得图中曲线变得更加平滑，整体上与图 4.8 的曲线类似。相对于图 4.8 所示的情形，潜在总产出 $\bar{I}$，实际总产出 I，双方的受益 I_1 和 I_2 都增大了。然而，对曲线 F_i/R_i 仔细的比较发现，处于劣势地位的一方倾向于把资源投向生产性努力，与此相反，处于优势的一方倾向于把资源投入分配性努力。这导致的结果是，最终的分配比例 p_1 和 p_2 两个曲线之间的垂直距离增加了。也就是说，虽然生产互补性的提高使得双方都受益，但是处于优势一方收益更大。不仅是因为有更多可供分配的全球经济体总产出，而且是因为处于劣势地位的一方

从分配性努力中转移出一部分资源，这就使得处于优势地位的一方较容易获得较大的分配份额。虽然如此，最终结果仍然满足 $1 < I_1/I_2 < R_1/R_2$，属于弱治理的情形。因此，给定决定系数 $m = 1$，即使生产互补性增加时，弱治理的情形仍然满足。

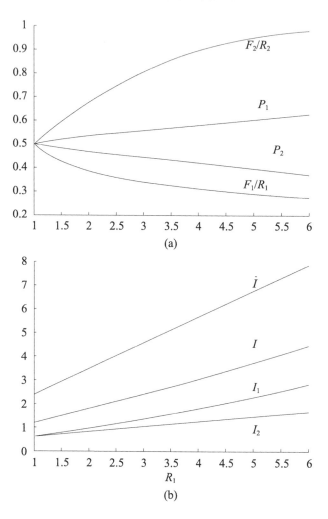

图 4.9 分配性努力比率、分配份额、分配结果随初始资源变化图
注：参数取值 $m = 1$，$s = 1.25$。

较高的生产互补性引起一些资源从分配性领域进入生产性领域。实际上，处于优势地位的一方投入分配性努力的资源较多，而处于劣势地位的一方投入分配性努力的资源有了较大幅度的减少。由于这种相反的影响，总效应并没有预期的那么大。生产互补性的提高使得处于优势地位的一方更加能够提高自己的优势。

命题6：生产互补系数的提高，使得一部分资源从分配性领域进入生产性领域，对于社会整体而言总产出提高了，对于分配格局而言有利于占优势地位的阶层。也就是说，由生产互补系数的提高带来的经济增长并不能够改善贫富差距，反而扩大贫富差距。

第六节 防务资源、可置信承诺与大国兴衰框架下我国经验分析

1840年鸦片战争以来，我国从屈辱到复兴的发展历程可以用防务资源、可置信的斗争承诺与大国发展的框架来解释。我国近代以来的发展历程为该理论模型提供了一定的经验支撑。在这段历史时期，中国的国家格局发生了很大的变化，中国作为大国在同其他大国的互动中面临的约束条件也发生着变化。用理论模型中的术语来讲，在该时期我国所处的全球经济运行环境的决定性系数和互补性系数都发生了很大的变化。下面就采用防务资源、可置信承诺与大国发展的理论框架来解释我国近代以来的发展历程。

一、经济互补性变化对我国近现代发展历程的解释

生产的互补性系数衡量的是两个国家在全球经济体系中的经济关联程度。两个国家相互间的经济依赖性越强，则双方越会把资源从斗争性领域向着生产领域倾斜。

鸦片战争前后，国际社会弱肉强食的丛林法则作用明显，依靠

国家力量攫取利益的现象非常普遍。在当时的全球经济中，中国与西方国家的经济相互依赖性并不明显，西方国家和中国的合作程度较低。本质上来讲，中国在当时是自给自足的小农经济，几乎不依赖其他的国家。整个世界经济的生产过程中，中国与其他大国间的协作很少，全球经济生产函数中的互补性系数较小。恰恰各种国际组织、国际秩序在当时还处于演化的起始阶段，尚不能发挥作用。这使得整个全球体系中，资源分配的斗争性努力决定系数很高，武力掠夺、殖民掠夺是当时国际社会列强惯用的抢夺资源的伎俩。经济的全球化远远没有到来，所以国家间更加倾向于把资源投向于斗争性的领域，以武力的形式来决定分配结果。新中国成立之初，西方国家经济上封锁、政治上孤立，使我国不得不在军事建设中投入较多的资源。

20世纪80年代以后，国际格局发生了很大的变化。国际社会秩序日趋完善，各民族国家逐步独立，殖民时代迎来终结，国际社会越来越向着文明的秩序演进，以双边、多边机制为基础的各种国际组织开始在全球治理中发挥着越来越重要的作用。人类社会开始逐渐走向采用科学发展的理性成果来建构人类社会本身发展路径的阶段。在全球经济越来越一体化的时代，依靠战争来获取资源的现象不再那么普遍，看似人类进入了一个好时代。各个国家依靠本国的比较优势在全球经济中扮演着自己的角色，共同分享着经济发展的成果。随着中国逐步融入世界经济体系，国与国之间的经济依赖性逐步增强。正如模型所预示的，防务资源在整个国内生产总值中的比例在逐步的减低。然而，我们不能够太过乐观，"这是一个最好的时代，这也是一个最坏的时代"。

进入新世纪以来，经济的全球化进一步加深，我国的海外利益逐步增加。原材料、石油、贸易、投资等方面的安全威胁对于我国的军事能力提出了全新的要求。国际社会关于经济和安全的一系列新条约新机制都要求中国去参与。作为一个大国，我国有义务去与其他国家一道共同塑造新的国际秩序。世界范围内的公共义务，迫切要求中国的军事能力能够与其责任相符合。整个国际社会运行的各种规则都深深影响着全球经济的运作及大国间利益的分配。无论从国家社会的迫切需要出发，还是从自身的发展需要出发，中国的军事实力都要有一个提升，逐步与其经济实力的影响相当。在空天领域、网络空间、环境、金融安全等人类面临的全新领域，还有很多未成熟的机制，这些机制的确定无疑将会极大影响大国的发展。而机制实质上是大国间博弈的结果，是以军事实力为支撑的大国间可置信承诺互动的均衡。新时期的国际格局的新挑战，使得各大国重新审视所处的环境，面对新生的事物和全新的利益诉求，大国必须为了本国及全人类的福祉做好准备。

二、分配决定性变化对我国近现代发展历程的解释

斗争性努力对于分配结果的决定作用即决定性系数越小，一个国家把资源投入斗争性领域的收益就越小，强势的一方就越难以通过斗争使得原本占优的态势扩大化；反之亦然。

资源与市场对于资本主义经济发展至关重要。鸦片战争打开中国市场是资本扩张的需要。西方列强以鸦片战争为主的一系列对于中国资源和市场的掠夺活动是理论模型中分配性努力的极端表现形式。其表现形式还有对一个国家的敌对态度、经济封锁、政治孤立、舆论批判等。

鸦片战争时期，中国的综合国力相对于西方列强来讲非常弱小。在这种双方力量不对称的情形下，相对中国来讲，西方列强能够投入更多的资源在斗争性努力之中。中国的国家力量远远落后于

西方列强，在与强国的互动之中，中国是没有武力保障的。最后的结果可想而知，在斗争性努力对于配置结果具有很高的决定性的分配环境中，中国相对西方列强越来越弱小，在列强坚船利炮的轰炸中，沦落为半殖民地半封建的国家。人力、海关、税收、自然资源等一切经济要素都成为列强牟利的要素，中国能够从整个经济中获取到的产出非常小。

采用冲突经济的语言来讲，在国力弱小，没有国家力量保证国家利益的清朝末期，西方列强倾向于采取分配性努力获取产出。只需要在斗争性的领域投入较小的资源，就能够带来最终比较多的收益。这是对清朝末期我国屈辱历史的冲突经济学刻画。

新中国成立之后，随着"两弹一星"等核心军事装备水平的提升，以及"抗美援朝""对印反击战""对越自卫反击战"等战争的洗礼，中国的军事实力水平得以展示给世界。这个关于我国斗争性能力的讯号传递是可置信的，而其成本是高昂的，是以无数流血牺牲的先烈为代价的。我国国防工业基础的一步步发展壮大，军事制度的不断改进，使我国的斗争性能力得到了质的飞跃。而这一系列表象的后面，是年复一年合理的防务资源配置。防务资源是作为流量的军事斗争建设资源投入的衡量。中国的综合国力逐步提高了，军事能力的差距也在不断缩小，中国的斗争性承诺是可置信的。

三、经验分析的结论与不足

本章采用"防务资源、可置信承诺和大国发展"框架对于我国近代以来的防务资源和发展进行了分析，下面用图表的形式对上述分析进行归纳总结。表 4.1 总结了我国从 1840 年到现在各个时期理论模型的关键性参数。图 4.10 描述了近代以来我国防务负担的变化趋势。在此基础上，表4.2对经济发展与防务资源负担的统计参数进行了总结，图4.11给出了经济发展水平与防务资源负担的正相关趋势图。

表4.1 "防务资源、可置信承诺和大国发展"框架下的中国近代发展

时期/年	决定系数	生产互补系数	防务资源占GDP比例	经济增长率
1840—1949	高	低	高	低
1949—1980	高	低	高	低
1980—2000	低	高	低	高
2000—	高	高	低	高

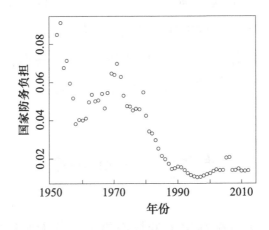

图4.10 防务负担的时间趋势

注：资料来源于国家统计年鉴。军事开支占GDP的比例是一个国家的防务负担，简写为DB。

表4.2 防务负担与经济水平的相关程度

数据	防务负担与GDP
结果	统计量 = 49.826，自由度 = 59，假定值 < 2.2e − 16
95% 置信区间	0.9805426 0.9930058
相关系数	0.9883251
结论	存在相关性

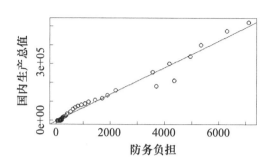

图4.11 经济水平随防务负担的变化

利用该模型对我国的近代发展进行解释要注意以下几个方面。模型的关键性参数的取值必须考虑到国际格局中的各个力量体系，并不能够单独由一个国家确定。联合国、国际货币基金组织、世界贸易组织、北约等国际性的组织对于模型的决定性系数和互补性系数具有重要的决定作用。一个国家的繁荣与昌盛不仅仅与其本身相关，而且很大程度上与其所处的国际社会相关。

第七节　本章小结

防务资源作为分配性努力的核心投入，其大小往往体现一个国家对于分配性领域的重视程度，同时也决定一个国家在分配性领域进行角逐的潜在实力。防务资源既是分配性努力的意愿指标，也是分配性领域进行竞争的能力指标。古语有云"不患寡而患不均"，在地球村中，各个国家的发展也存在着这样的问题。"不进则退"的道理对于国家发展也是很有意义的，本质上来讲，一个国家发展的快慢好坏，只是相对意义上的概念。当一个国家不断缩短与先进国家的发展差距时，那么这个国家的发展就是好的，即使其绝对发展速度有可能降低。大国发展不仅仅与生产性努力很相关，而且很大程度上取决于分配性领域的角逐。从长期来看，分配性领域的角逐本质上是以军事实力为支撑的。

把握好防务资源与大国发展之间的关系，并以之来指导现实，就能取得和平的发展、可持续的发展。

第一，在其他条件不变的情况下，国家间同步的全要素生产率的提高可以提高整个全球经济的总产出，使得整个世界的"蛋糕"更大，但是不影响收入分配格局，即贫富国家分到的蛋糕比例不会改变。仅仅依靠科学技术发展带来的全局的生产力的提高，并不能够改善国家间的贫富差距。生产互补系数的提高，使得一部分资源从分配性领域进入生产性领域，对于全球经济整体而言总产出提高了，对于分配格局而言有利于占优势地位的国家。这解释了近年以来，引进技术、技术进步等措施带来的全世界几乎所有国家全要素生产率提高以及生产互补系数的提高，保持了连续快速的经济增长，而国家间发展的贫富分化却越来越大的现象。

第二，在全球经济中，当经济运行中分配性努力对收入分配结果的决定程度大时，经济体中穷国富国各自投入分配性努力中的资源都会增加，结果是使得本处于占优势的一方的优势更加明显，但是该情形下并不一定会出现国家间富者越富贫者越贫的马太效应。只有初始财富的比值超过一定数值以后，才会出现马太效应。马太效应由两个因素决定，一是分配性努力对收入分配结果的决定程度；二是贫富国家的初始财富禀赋，包括权利、财产等。随着决定系数的增加，全球经济越容易产生马太效应。决定系数越大，产生马太效应的初始资源禀赋比值越小，反之亦然。

第三，初始资源禀赋不占优一方的分配性努力的边际收益比生产性努力的边际收益高。分配性努力对于弱势的一方更具有吸引力。这是国家间发展差距可能解决的潜在经济机理。当初始资源禀赋的不平等程度较小时，通过改变社会的分配性努力决定系数可以得到强治理，较大程度改善国家间的贫富差距；初始资源禀赋的不平等程度较大时，可以得到弱治理，较小程度改善贫富差距。

第四，分配性努力对于收入的决定作用在实际全球经济的运行中体现在很多方面。弱势国家的国际话语权的缺失使得其利益诉求无法得到表达，没有从下向上的渠道，难以形成从下向上的制度变迁。国际体系中权利监督不完善，使得寻租设租对于国家间利益分配结果影响程度很大。形成了无论穷国富国都有一定倾向通过"分配性努力"来争取"切到更大蛋糕"的现象。改善国家间的发展差距，需要改变决定系数，就必须直面以上因素，加强国际经济运行中相关机制建设中的权力监督，提升弱势国家的话语权。

整个全球经济制度在一定程度上是不同国家间竞争形成的制度均衡，在该制度均衡下，优势国家在与劣势国家博弈的过程中不断强化着其优势地位，整个全球经济政治发展存在着马太效应。制度对于权力配置、权力监督的安排会深刻地影响到国家间的政治经济图景。在一定的范围内，该制度处于稳定的状态，但是当超过一定限度，可能出现国际格局的崩溃。要持续和谐的发展，就必须主动攻坚克难，在达到临界点之前，主动对国际社会的相关制度进行必要的改革。全球格局存在着一些不稳定因素，这些都或多或少与国际社会的权力监督、国家间的发展差距等问题密切相关。深入地研究其内部机制，有利于解决问题，共同维护人类社会的和平发展。

人类社会要"生生不息，繁荣昌盛"就必须客观认识到防务资源作为可置信的斗争性承诺在大国互动、制度演进等方面的作用。"居安思危"，大国必须肩负起塑造有利于人类社会和平发展的国际秩序的重任。

|第 五 章|

满足我国和平发展的
防务资源适度规模

第三章研究了和平发展、国家力量和防务资源的基本内在逻辑；第四章进一步基于冲突经济学的核心思想构建了防务资源、可置信承诺和大国兴衰的理论模型，研究了防务资源在大国兴衰中的作用机理。这两章从机理上说明了防务资源在和平发展中的重要作用。本章将遵循上面的理论探讨，具体分析保障我国和平发展需要什么样的防务资源总体规模和防务负担。

第一节　当前我国防务资源的现状与问题

一、我国防务资源的现状

最近几年以来，我国防务资源以名义值两位数的年增长率在增长，外界媒体借此数字"妖魔化"我国的防务资源，炒作我国的军事扩张，鼓吹"中国威胁论"，试图给我国贴上"军事化"的标签。"局外人雾里看花，局内人讳莫如深"，必须客观地科学地对我国防务资源在全球各大国之中的相对位置进行探讨，才能够以正视听。

实际上，我国防务资源的绝对值、防务资源负担及人均防务资源的数值在全球各大国中并不处于占优地位。

世界格局因我国的经济崛起在改变着。我国改革开放以来的经济崛起正在改变着"地球村"的格局，以辛勤的廉价中国劳动力的血汗为代价，便宜实惠的"中国制造"为全世界人类带来了福祉。外界对于我国经济上的腾飞并没有特别大的反应，因为仅仅经济的发展并不能够对其他国家造成直接威胁。

我国的防务资源"被妖魔化"。防务资源是军事建设投入资源的衡量，伴随着我国防务资源的变化，外界对于我国军事崛起的担忧越来越明显。每年三月份两会期间各界媒体对于我国防务资源的讨论不亦乐乎。每当人民代表大会审议通过政府预算，公布该年度的防务资源预算数额之后，西方的媒体就会对我国防务资源增长的情况进行重点报道，尤其是片面地解读中国"两位数"的防务资源年增长率，甚至有些别有用心的国家领导人带头宣称我国防务资源会带来威胁。菲律宾国家领导人、日本国家领导人在其各自的公开发言中经常引用中国防务资源数字，以此为基础夸大我国的军事崛起，试图把双方领土问题上的摩擦导向中国的主动扩张。一些国际媒体也推波助澜，宣称 2013 年中国防务资源增长率数值为 10.6%，这一数据大大超过了中国国内生产总值增长率 8%；而同时期美国的防务资源是下降的。对于不了解实际情况的大众，这些似乎"有理有据"的论调有着大量的舆论接受度，能够影响国际社会对于我国的印象。因此，我们必须科学分析我国防务资源在大国中的相对位置。

一个国家的国内生产总值在很大程度上决定着该国家的防务资源数额。国内生产总值提高，那么国内人力资本的价格将会增加，物价也会增加，军事人力作为人力资本的一部分势必随着整体趋势价格上升，武器装备作为技术密集型的产品，其价格会随物价上升而上升。我国的武器装备采购立足于"自给自足"的国防工业体系，再考虑到欧美等发达国家对于我国实施的武器禁运的政策，使得我国的武器装备不得不依赖自身国防工业体系的发展，这进一步加强了防务资源与国内生产总值二者的相关程度。也就是说，自给自足的国防工业体系使得我国的防务资源与经济发展水平更加相关。

我国防务资源的增长率与国内生产总值的增长步调几乎一致。2013 年我国国内生产总值年度增长率是扣除通货膨胀之后的实际增长率，该数值为 8%。外界宣称的两位数的防务资源增长率并非实际增长率，而是名义增长率。如果都考虑名义数值的话，国内生产总值增长率为 9.6%，防务资源的增长率为 10.6%，这两个数值并没有本质上的差异，仅仅相差一个百分点。如图 5.1 所示，把时间跨度拉长，我们会发现，图中 10 年间我国防务资源的增长率和国内生产总值的增长率相差并不大，并且互有高低，很难得到防务资源超速增长的结论。

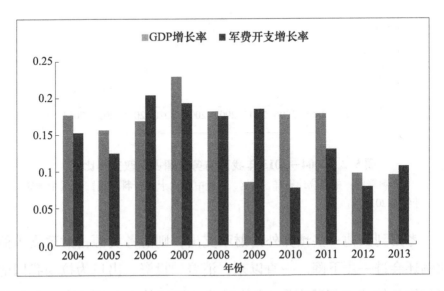

图 5.1 2004—2013 年我国国内生产总值与防务资源名义增长率对比

资料来源：中国统计局官方数据，《新中国六十年资料汇编》和《中国统计年鉴 2013》。

一个国家的财政开支结构恰恰反映了这个国家领导阶层的偏好结构。防务资源是军事建设的开支，防务资源占一个国家财政开支的多寡，能够客观反映出这个国家的行为动机。我国改革开放以来，财政制度发生了很大改变，财政支出结构也在不断变化。我国政府更加重视民生领域，防务资源占财政开支的比值从2009年的6.5%下降至2013年的5.3%。虽然防务资源名义增长率达到了两位数，但是由于我国政府财政收入的增速更快，因此防务资源占财政支出的比例在2004—2013年期间一直处于下降的态势。图5.2展示了这一下降的趋势。这样的政府偏好结构，恰恰说明了我国并没有军事崛起的动机与意愿，我国的防务资源是恰当的。

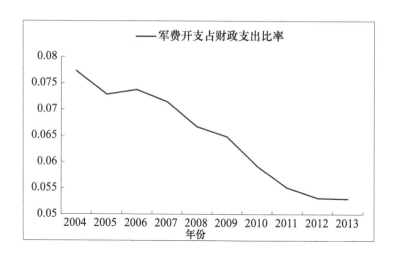

图5.2 2004—2013年我国防务资源占财政支出比例

资料来源：中国统计局官方数据，《新中国六十年资料汇编》和《中国统计年鉴2013》。

考虑到其他一些预算外的财政支出，则防务资源占财政支出的比例还会进一步下降。一直以来，消费、投资、出口为拉动我国的经济增长的"三驾马车"。土地财政在经济的高度增长中扮演着重要的作用。以土地财政为主的地方政府预算外财政支出数额很大，不可忽略，因此上述防务资源与财政支出的占比数额还存在着一定的高估。实质上，政府的偏好结构中防务资源的份额更小一些。从实实在在的政府开支数据来看，我国的防务资源在政府的偏好结构中一直处于下降的趋势，更不存在"军事化""军事扩张"的意愿与动机。

从历史来看，我国的防务资源状况也远远不是战争发动前的情形。历史上一个准备发动战争的国家的防务资源占财政支出的比例很高。发动侵华战争之前的日本就是一个典型。日本在日俄战争和"九一八"事变之间的二十多年间，其防务资源占国家财政预算的平均比例为33%，峰值高达46%。而在卢沟桥事变爆发之前的1936年，更是高达48%[173]。根据世行汇总的数据，2000年以来中国防务资源占GDP比例的均值是2.1%，不仅低于俄罗斯和美国的4.1%和3.9%，也低于印度的2.6%。如果把防务资源看成投资，以1980年为起点，按照美国和中国3.9%和2.1%的防务资源占GDP比例和10%的折旧率，虽然中国目前的GDP大约是美国的一半，但中国的军事资本只有美国的六分之一左右。假设美国和中国GDP今后以2%和6%的速度增长，中国GDP到2040年会超过美国，但中国军事资本要超过美国得等到2050年以后[174]。

从我国防务资源国际比较中，可以客观地看到，现阶段我国的防务资源总体上是与和平发展道路相适应的。我国并没有花钱备战，也没有像外媒宣称的"军事化"倾向。

二、我国防务资源存在的问题

1. 防务资源规模与国家安全发展利益的需求不相适应

一方面，随着国家安全和发展利益的不断拓展，国家核心利益的整体规模和具体组成部分正在发生变化。这对于防务资源的规模提出了全新的要求。另一方面，我国的防务资源规模却一直在低水平徘徊。20世纪80年代，在"军队要忍耐"的大背景下，我国国防建设持续处于低投入和维持性状态，国防费年增长都在5%以下。20世纪90年代末以来，随着我国经济实力不断增强，防务资源得到了一定程度的增长，但是仍处于"补偿"过去"欠账"的阶段，军事相关的投入始终保持在较低水平。据统计，世界各国国防费占GDP的比重在2%~4%之间，而我国从改革开放以来，除特殊年份外，这一比重都在2%以下，明显低于世界平均水平的2.6%，甚至小于周边一些国家，如印度和韩国等[175]。这种水平的国防投入，与一个正在崛起的发展中国家、一个国家安全和发展利益的不断拓展的发展中大国的地位极不相称。

2. 防务资源增长幅度与经济发展状况不相适应

总体来看，我国的防务资源没有能够与经济发展的速度相称。按照购买力平价来衡量的经济总量已经超过了美国位居世界第一，而我国的防务资源却远远低于美国。对比来看，在国防费绝对规模和相对规模上，我国与世界主要国家相比都偏低。例如，2013年，我国防务资源数额仅为美国防务资源数额的四分之一，而该阶段两个国家的经济总量正趋于相同，形成了鲜明的反差。2013年中国防务资源占经济总量的比例仅为2%，而美国的该数值为4.4%，是我国的两倍多。无论从绝对值还是相对值，我国的防务资源增长幅度都有待提高，以便保障不断拓展的国家核心利益。

3. 防务资源规模与国防和强大军队现代化建设的要求不相适应

近年来，随着我国经济的发展，我国国防投入稳中有升。但是，新军事变革的深入发展，全新作战理念的贯彻执行、武器装备的更新换代、军事人力资本的提升等因素将对防务资源提出更高的要求。国防和军队建设的主要矛盾仍然是现代化水平与打赢信息化条件下局部战争的要求不相适应、军事能力与履行实现新时期强军目标的要求不相适应。国防和军队现代化建设"三步走"战略构想是，第一步到2020年基本实现机械化，信息化取得重大进展；第二步到2035年基本实现现代化；第三部到本世纪中叶建成世界一流军队。[176]。现在，我们的主要任务就是要完成国防和军队现代化，推动武器装备更新和国家力量发展结构的变革[177]。要完成这一任务，需要大量经济资源来支持，也就意味着需要比以往更多的防务资源支持。同时，现代战争特别是信息化战争，是在陆、海、空、天、电等全维空间展开的多军兵种一体化的战争，需要大量高技术武器装备和高层次高素质人才作支撑。战争形态和国家力量结构的变化，意味着国防和军队建设的成本将大大增加，对防务资源的需求将会是几何级数的增长。然而，从目前我国防务资源的规模来说，却不能完全满足国防和军队建设的需求。

4. 防务资源的需求牵引规模计划的作用不明显

长期以来，我国防务资源决定体系实行的是经费的滚动预算。上一年度的经费往往作为下一年度经费拨款的主要参考依据，如果一个单位的规模没有大的变化，经费一般只会增加，不会减少。它基本上还是一种"面多加水，水多加面"的分配模式，这种防务资源决定方式，导致各部门的经费拨款不能够客观反映本部门的实际需求。而在这个基础上加总形成的防务资源整体规模就将不能够科学反映实际军事需求，不能够对我国领土安全需求、海洋安全需求、发展利益需求等各方面各个方向需求的变化进行有针对的调整。

第二节 保障和平发展的防务资源总体规模分析

一、防务资源的演进规律要求防务资源规模稳步增长

表5.1根据我国统计局的相关数据对我国1950—2013年的防务资源数据进行了整理。图5.3描述了我国防务资源总体规模实际值的增长趋势，图5.4描述了我国防务资源相对值的变化趋势。可以看出，从整体上来讲，我国1950—2013年的防务资源绝对值呈稳步上升的趋势，相对值则在逐步降低。图5.5描述了我国防务资源总体规模实际值的增长率变化态势，可以看出有正有负，总体呈正的增长态势。根据我国国防建设的实际情况，本书把防务资源的历史归纳为"初创期、忍耐期、补偿期、协调期"四个阶段。下面分别进行阐述。

表5.1 中国1950—2013年防务资源绝对规模及相对规模

年份/年	防务资源名义值	防务资源实际值	GDP名义值	GDP实际值	占国内生产总值百分比/%	占财政支出百分比/%
1950	28.01	216.58	426		6.58	41.16
1951	52.64	363.46	496		10.59	43.12
1952	56.84	389.01	669	4136.1	8.52	33.61
1953	65.38	482.33	824	4683.2	9.15	34.39
1954	58.13	366.82	859	4984.6	6.66	23.81
1955	65.00	408.84	910	5326.1	6.14	24.64
1956	61.16	385.06	1028	6126.3	5.95	20.49
1956	55.11	338.15	1068	6436.1	5.16	18.62
1958	50.00	310.22	1306	6804.3	3.83	12.49
1959	58.00	358.61	1439	8492.5	4.03	10.68
1960	58.00	349.80	1456	8465.4	3.98	9.01

续表

年份/年	防务资源名义值	防务资源实际值	GDP名义值	GDP实际值	占国内生产总值百分比/%	占财政支出百分比/%
1961	50.00	259.63	1220	6152.4	4.10	14.04
1962	56.94	284.81	1149.3	5806.1	4.95	19.31
1963	66.42	353.15	1233.3	6400.1	5.39	20.00
1964	62.86	402.26	1454	6568.6	5.01	18.50
1965	86.66	484.86	1616.1	8856.6	5.06	18.86
1966	101.01	561.48	1868	9808.1	5.41	18.69
1967	83.02	462.80	1663.9	9248.8	4.68	18.88
1968	94.09	535.45	1623.1	8861.0	5.46	26.29
1969	126.18	611.30	1936.9	10369.2	6.51	23.99
1970	145.26	818.85	2252.6	12380.8	6.45	22.36
1971	169.46	956.02	2426.4	13253.6	6.98	23.15
1972	159.39	896.85	2518.1	13652.6	6.33	20.81
1973	145.39	818.40	2620.9	14833.2	5.34	16.98
1974	133.39	645.99	2689.9	15165.6	4.68	16.88
1975	142.46	693.28	2996.3	16494.6	4.65	16.35
1976	134.45	646.54	2943.6	16226.6	4.56	16.68
1977	149.04	805.66	3201.9	16463.6	4.65	16.66
1978	166.84	901.02	3645.2	19501.6	4.60	14.96
1979	222.64	1163.32	4062.6	20968.5	5.48	16.36
1980	193.84	950.00	4545.6	22623.6	4.26	15.66
1981	166.96	802.95	4891.6	23809.6	3.43	14.65
1982	166.35	826.23	5323.4	25966.1	3.31	14.34
1983	166.13	813.69	5962.6	28684.2	2.96	12.56
1984	180.66	808.36	6208.1	33152.5	2.51	10.63
1985	191.53	683.46	9016.0	36616.9	2.12	9.56
1986	200.65	661.23	10265.2	40944.6	1.95	9.10
1987	209.62	650.38	12058.6	45686.4	1.64	9.26
1988	218.00	656.13	15042.8	50841.2	1.45	8.65
1989	251.46	642.36	16992.3	52906.0	1.48	8.91

续表

年份/年	防务资源名义值	防务资源实际值	GDP名义值	GDP实际值	占国内生产总值百分比/%	占财政支出百分比/%
1990	290.31	619.11	18666.8	54938.1	1.56	9.41
1991	330.31	691.44	21681.5	59980.8	1.52	9.65
1992	366.86	850.69	26923.5	68522.5	1.40	10.10
1993	425.80	835.89	35333.9	68091.2	1.21	9.16
1994	550.61	861.26	48196.9	88306.1	1.14	9.51
1995	636.62	860.18	60693.6	96953.5	1.05	9.33
1996	620.06	898.25	61166.6	106656.2	1.01	9.06
1997	812.56	985.95	68963.0	116665.4	1.03	8.80
1998	934.60	1143.25	84402.3	126001.2	1.11	8.66
1999	1066.40	1335.26	89666.1	136668.5	1.20	8.16
2000	1206.54	1491.99	99214.6	148202.2	1.22	6.60
2001	1442.04	1669.35	109655.2	160503.5	1.32	6.63
2002	1606.68	2112.43	120332.6	165080.5	1.42	6.64
2003	1906.86	2332.06	135822.8	192633.0	1.40	6.64
2004	2200.01	2588.16	159868.3	212060.1	1.38	6.62
2005	2464.96	2860.08	184936.4	236044.2	1.34	6.29
2006	2969.38	3392.03	216314.4	265966.4	1.38	6.36
2007	3554.91	3861.63	265810.3	303633.6	1.34	6.14
2008	4168.66	4286.36	314045.4	332886.6	1.33	6.68
2009	4951.10	5114.39	340902.8	363560.6	1.45	6.49
2010	5321.15	5333.26	401513	401513.0	1.33	5.93
2011	6026.91	5906.60	463104	438853.6	1.26	5.52
2012	6506.03	6214.60	519322	463084.3	1.25	5.18
2013	6201.68	6869.05	568845	543361.4	1.26	5.19

注：名义值以当年价格表示，实际值以2010年不变价格表示，绝对规模单位：亿元人民币。

资料来源：中国统计局官方数据，《新中国六十年资料汇编》和《中国统计年鉴2013》。

图 5.3　防务资源实际值变化趋势

资料来源：中国统计局官方数据，《新中国六十年资料汇编》和《中国统计年鉴 2013》。

注：单位为亿元人民币。

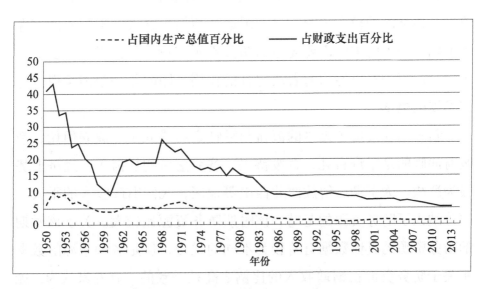

图 5.4　防务资源相对值变化趋势

资料来源：中国统计局官方数据，《新中国六十年资料汇编》和《中国统计年鉴 2013》。

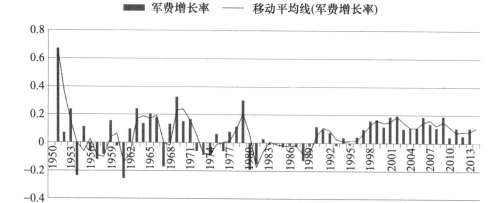

图 5.5　防务资源的实际增长率

资料来源：中国统计局官方数据，《新中国六十年资料汇编》和《中国统计年鉴2013》。

注：图中的连续实线为移动平均线。

1. 初创期（1949—1968）

新中国成立之前的一个世纪，我国平均每十年就会承受一次大规模战争，包括鸦片战争、甲午战争、八国联军侵华战争、抗日战争等。血淋淋的教训表明，一个国家必须拥有强大的国防才能够保家卫国，强大的国防需要充裕的防务资源支持。防务资源的多寡对于一个国家的军事能力起着决定性的作用。国防是一个国家得以稳定发展的根本。

新中国在经历了无尽的流血与牺牲之后成立了。成立伊始，新政府面临的是千疮百孔、百废待兴、贫穷落后的烂摊子，经济形势极为严峻。为了彻底解放西北西南等地区，我国财政收入的很大一部分纳入了防务资源的范畴，该时期防务资源比较大。关于该时期的防务资源的具体数据有着较为不同的说法，但是各种来源的数据中关于防务资源占财政收入的比例之高是一致的。有专家认为，庞大的防务资源是该时期经济通货膨胀的主要诱因之一。通货发行主要是解决防务资源及修复现有铁路的费用。防务资源绝对不能再减少，否则就不能够满足部队建设的需要。可见，战争作为核心的需求因素直接决定着防务资源的多寡。表5.2对新中国发生的部分局部战争和冲突进行了总结。

1956年，是我国发展的一个重要节点。从1956年开始，我国进入全面建设社会主义时期。在1956年之前的8年中，我国财政支出投入到防务资源中的平均比例为35%。1949年，中央政府财政支出的60%用于防务资源；1950年该数值降为45%，由于抗美援朝的战争开支，仍然超支21.8%。对于占GDP比值来讲，最高的年份1953年为9.15%，最低的年份1956年为5.95%。1953年，抗美援朝战争结束，我国开始了第一个五年计划，党中央要求财政支出中的防务资源占比要低于20%。

表5.2　新中国部分局部战争和冲突简介

战争（冲突）	我方参战力量	伤亡人数（我）	伤亡人数（敌）
抗美援朝	134万人	15.6万人	3.4万人
中印自卫反击战	西藏自治区4个多兵团；新疆维吾尔自治区边防部队	亡622人，伤1696人	8900人
援越抗美	32万余人；援助约合40亿元，可装备200余万人	亡1100人，伤4200人	不详
中苏珍宝岛自卫反击战	不详	亡29人，伤62人	亡58人，伤94人
中越西沙自卫反击战	不详	亡18人	亡100多人
中越自卫还击战	9个军，22.5万人	亡6954人；伤14800多人[178]	亡5.2万人

资料来源：沈志华.朝鲜战争研究综述：新材料和新看法［J］.中共党史研究，1996，6：021. 章百家.“抗美援朝”与“援越抗美”——中国如何应对朝鲜战争和越南战争［J］.世界经济与政治，2005（3）：8—15. 刘志青.珍宝岛事件始末［J］.党史博览，2004，3：010. 张伟.1964年中越西沙海战内幕［J］.党的建设，2009，6：044.

1956 年，我国开始进入全面建设社会主义时期。该时期防务资源的相对值先降低再增加，绝对值稳步增加。从相对规模来看，呈现出 U 形曲线的特点。1956 年进一步降低防务资源的比值，该年度防务资源占财政开支的比值为 18.2%，占 GDP 的比值为 5.16%；1958 年全军人员缩减至 236 万人，防务资源占 GDP 的比值为 3.8%，占财政支出的比值为 11%；两年后的 1960 年，该两个比值分别降低至 3.5% 和 8%；随后由于中苏关系恶化及越南战争的升级，防务负担开始增加，到 1966 年该数值分别为 18.1% 和 5.41%。从绝对规模来看，防务资源呈现出逐年增加的态势。1956 年为 55 亿元，以年均 9.3% 的增长率增加，到 1966 年为 101 亿元。在中苏交恶及越战升级的外部威胁下，我国国家力量建设加强，军队员额增加，1965 年增至 500 万，1969 年达到 631 万[179]。与 20 世纪 60 年代初期相比，这个时期的防务资源总体规模得到一定程度的提升，从 1956 年到 1966 年 10 年之间防务资源增加了 66 亿元，从 83 亿元增加到了 149 亿元。这使得该时期防务资源占国家财政支出的比值较高，约在 20% 左右，加上民用部门的战备开支，防务资源达到了财政支出的三分之一，国内生产总值的十分之一。

2. 忍耐期（1968—1999）

在这一时期，我军进行了三次精简整编，这使得我军的员额由 660 万降至 1984 年的 320 万。该时期防务资源占 GDP 的比重和占财政开支的比重都有了明显的降低。除去 1979 年对越自卫反击战那一年份防务资源急剧增长外，我国该时期的防务资源占比总体上呈下降的趋势。防务资源占财政支出的比值从 1968 年的 16.36% 下降至 1984 年的 10.63%；占 GDP 的比值从 1968 年的 4.6% 下降至 1984 年的 2.13%。防务资源绝对值从 1968 年到 1985 年 8 年间净增加了 24 亿元，年均名义增长率为 1.68%。如果考虑到通货膨胀等因素，甚至大部分年份出现防务资源负增长。

1986 年，中国的防务资源减为 201 亿元，扣除物价上涨因素，实际花费比 20 世纪 60 年代后期减少了一半。这一年 GDP 为 10202 亿元，国家财政支出为 2291 亿元，防务资源在其中的比例占 2.1% 和 9%。此后，中国经济一直高速发展，防务资源随之有所增长，不过，在 GDP 和国家财政支出中的比例总体递减至 1996 年。这一年，防务资源数为 813 亿人民币，占 GDP 的 1.03%，其比例为新中国历史上的最低点。

总体而言，从防务资源增长率的曲线图 5.5 中可以看出，在 1968 年到 1999 年，我国的防务资源多数年份为负增长，该时期可以称为我国国防与军队建设的忍耐期。

3. 补偿期（1999—）

在我国的防务资源经过了相当长一段时期的低水平甚至负增长之后，我国的军事能力错过了国际上各大军事强国机械化建设的浪潮，也落后于信息化建设的步伐。必须对历史的欠账进行补偿，才能够使得国防建设不被世界军事变革的潮流所抛弃[179]。这就需要防务资源补偿性增长，应适度地超过经济增长的速度，在补偿完成之后，再按照"防务资源周期增长论"的观点，防务资源的增长与经济增长相互协调。

从 20 世纪的最后一年开始，我国防务资源以每年 12%～20% 的幅度开始逐年增长。新世纪的前 10 年，我国的防务资源总额从 1066 亿元提高到了 4806 亿元，增长了 3 倍多。

我国的 GDP 在 2002 年迈过 10 万亿元关口，防务资源也超过了 1500 亿元。此后，中国经济隔几年迈上一个台阶，2006 年 GDP 超过 20 万亿元，2008 年迈入 30 万亿元。中国的防务资源也相应与经济发展同步得到提升，2004 年超过 2000 亿元，2006 年超过 3000 亿元，2008 年又超过 4000 亿元，2009 年达到 4806 亿元。国际上开始对中国防务资源的这种增长速度议论纷纷，而《中国国防白皮书》则把这种增长解释为"补偿性发展"[180]。

2010 年中国国防费预算为 5321.15 亿元，比 2009 年增长 6.5%，国防费增幅有所下降。2011 年中国的防务资源预算约为 6011 亿元，相比 2010 年增加了 12.6%。2012 年我国的防务资源预算为 6602.64 亿元，比 2011 年预算执行数增加 666.04 亿元，提高了 11.2%。2013 年，中国国防预算总额为 6202 亿，较 2012 年提升 10.6%。

补偿期的长短目前还没有较为统一的观点。根据解放军报《防务资源增长是补历史欠账》的相关论述，补偿期要持续到 2030 年，而后防务资源再与经济增长同步。2030 年我国的国内生产总值将达到 253 万亿人民币，如果防务资源占国内生产总值的比例降低到 2.1%，那么该年度我国的防务资源将达到 5.3 万亿人民币，是 2011 年的 9 倍，年均增长率约为 12%。这与国际著名智库 Rand 公司的预测比较接近，该机构认为我国的防务资源在 2025 年将介于 1852 亿美元到 4000 亿美元之间[181]。

4. 协调期

我国防务资源需要经历补偿期才能够步入协调期，而对于补偿期应该持续的时间，目前还没有较为可靠的分析。历史欠账要用多长时间来补偿是一个核心问题。一方面取决于历史欠账缺口的大小，另一方面取决于补偿的幅度。那么，何时才能够完成补偿性增长呢？显然，补偿速度不能太快，否则，会给国家带来过大的经济压力。考虑到政策的连续性，这个补偿速度必然是先从协调速度开始逐步向上微调，到达某一时点后，再逐步向下微调，最终降低为协调速度时，恰好完成补偿效果，而后再按照协调速度较为稳定地与经济增长同步增长。最近几年以来我国的防务资源增长逐步开始与经济增长同步，在逐渐缩小防务资源缺口，要完成补偿，弥补缺口还需要一段时期。

当前，我国的改革开放取得了丰硕的成果，整个国家正在军民协同式发展的路子上稳步前进。党的十八届三中全会更进一步提出"推动军民协同深度发展"。随着军民协同的深入发展及防务资源的补偿性发展，防务资源与经济增长将会逐步走向协调统一、相互促进的模式[182]。

随着军民协同的深度发展与防务资源使用效益的提高，补偿期将会比较快地结束，最终迎来防务资源与经济增长相同步的协调增长期。

二、不断拓展的国家利益要求防务资源规模稳步上升

随着我国的和平发展，国家的利益将会随着经济活动的不断拓展而拓展，如何保证国家经济利益的安全、国家海外投资的安全、国家海外劳动人民的安全，成了我国国防建设和国家力量提升的重要使命任务。

我国国家利益的对外依存度越来越高。随着全球化的提升，我国的发展越来越依赖国外的资源和市场。这种"两头在外"的生产模型决定着我国的利益权益将会有很大一部分取决于海外。我国资源（原油、铁矿石等）有超过一半的比例需要进口。2012 年，我国对外贸易流量值达到 3.86 万亿美元，对外直接投资存量值达到5000 亿美元，国外总资产值达到 2 万亿美元。

非洲地区在我国不断拓展的国家利益中意义重大。我国已经成了非洲最大的贸易伙伴，2013 年我国与非洲的贸易总额达到了 2000亿美元。非洲地区的石油、天然气、矿产品等自然资源对于我国的

经济发展意义重大，同时，非洲庞大的未饱和消费市场对于我国产品出口意义重大。我国对非洲国家大兴投资，建设了港口、铁路、公路等基础设施，极大改善了非洲国家基础设施落后的面貌。

非洲地区不稳定的政局为我国国家利益带来极大的风险。2011年，利比亚政局动荡给我国在利比亚的人民和财产安全带来了很大损失，同年，南苏丹地区动乱的局势给我国的公民和石油设施带来很大不确定性。中国交通建设公司在肯尼亚沿岸的拉姆（Lamu）投资数十亿美元兴建港口和交通枢纽，作为东非内陆国如南苏丹、埃塞俄比亚等的出海口。除这个大型基建项目，还有联结东非石油产区和肯尼亚新炼油厂的输油管道，总长2400多千米的新铁路、公路建设，以及三座国际机场等。拉姆地区形势动荡，中国承包商和投资者在肯尼亚面临很多安全挑战，内罗毕大型商场发生的死亡攻击就是典型例子。我国的承包商和游客遍布东非各地，我国政府不能够任由我国的公民及海外资产成为恐怖分子和分离分子袭击的目标。

要保护我国海外资产的安全，就必须具备拥有航路保障能力和远程投送能力的国家力量体系。然而，我国现阶段对于海上航路保障能力还有很大的提升空间，我国的远程投送能力建设还处于起步阶段。

防务资源只有稳步上升才能够满足保障和平发展国家力量提升的要求。我国必须投入大量国防科研经费，首先攻克武器装备体系的不足，从新一代战斗机、航空母舰作战群等对航路保障、远程投送能力具有核心意义的武器装备体系入手，攻坚克难，逐个突破。这些领域的核心技术要依靠长期的积累，在防务资源层面必须充分认识到核心武器装备发展对于保障我国和平发展的重要作用，突出重点地配置充足的国防建设资源，发展航路保障和远程投送能力，为我国和平发展中不断拓展的海外资产、海外企业、海外公民提供安全保障。

三、国家力量建设的基本规律要求防务资源规模稳步上升

国家力量建设是有据可循的。按照国际战略分析家的计算，一支现代化的军队的信息化转型是具有高昂成本的，需要一个国家的军人人均防务资源达到 2 万美元。与此同时，学术界对于防务资源的投入和军队建设之间的关系有着一个通则：如果一个国家的军队每一名官兵平均防务资源在 5000 美元以下，那么这个国家的军队是不可能通过改善装备提升战斗力的，军队战斗力只能维持原有水平不下降，而无法得到提升；人均 5000 美元以上，才能有限地改善装备，通过改善装备提升战斗力[183]。在当代信息化进程中，任何一支军队要提升战斗力，必须对原有的武器装备进行升级，尤其要列装大量信息化装备，否则，提高战斗力就是无源之水。我国的防务资源在 21 世纪初才真正迈过 5000 美元的瓶颈，目前还处于很低的标准。一支现代化的军队，增大投入、装备研制、产品定型、列装部队，最终形成战斗力，周期最短要 8 年，最长则为 15 年，甚至20 年。比如，歼 - 10 战斗机从研制到最后列装经历了 18 年时间。因此，防务资源作为国防建设的投入，其提高战斗力的功效是有着相当长的滞后期的，并非国防投入增加，先进武器装备就马上生产出来了。美军、日本自卫队、俄罗斯军队的现代化总体建设都是经历了相当长时间的高投入才得以完成的。我国的防务资源与发达国家的防务资源相比较，无论从总体防务负担还是人均数值上来看，都存在很大的差距。

第三节　保障和平发展的防务负担分析

防务负担特指一个国家防务资源占其国内生产总值衡量的经济总量的比值，是一个国家防务资源总量的相对规模。在一个国家财税体制不出现结构性变迁的稳定发展过程中，一个国家的防务资源占经济总量比值提升，那么该国家防务资源占财政支出的比值也会提升，反之亦然。因此，在下面的分析中将不会对二者进行特别区分。

一、防务负担是一个国家军事建设偏好的体现

行为人的偏好往往可以从其一定时期在各个领域的付出来考察。一个经济人是偏好牛奶还是偏好可口可乐，经济学者可以从这个个体一段时期的开支账单中获得答案。

同样，一个国家的偏好，我们可以从该国家一定时期的财政支出来考察。一个国家如果重视民生，那么在财政支出中，民生方面的财政开支将会占据很大的比例。一个国家如果偏好穷兵黩武，那么在这个国家的财政支出中，防务资源势必占据较大的比例。

防务资源的增减综合体现着一个国家国防和军队建设规模与速度的变化。而防务负担的大小，恰好体现了一个国家军事建设的偏好程度。

二、保障和平发展要求我国防务负担适度提升

现阶段我国的防务负担低于世界平均值，也低于世界主要大国。根据世界银行汇总的数据，2000 年至 2023 年中国防务资源GDP 比例的均值不仅低于俄罗斯和美国，也低于印度。

较低的防务负担意味着在我国的行为偏好中对建设满足海外利益的保障要求的国家力量的偏好还没有体现出来。随着我国的和平发展，海外利益在整个国家利益格局中的地位将逐步上升，对于海外利益的保护将成为政府行为禀赋中偏好程度较高的部分，防务资源在财政支出中的比重将会越来越高。在国家的财税获取能力平稳发展的状态下，我国的防务资源占经济总量的比重将会随之提升，防务负担将会提高。防务负担将成为为一个国家军事建设的基本偏好，因此，我国在和平发展的过程中要适度提高防务负担。

第四节　本章小结

当前我国防务资源的绝对值、防务资源负担及人均防务资源的数值在全球各大国中并不处于占优地位。我国的防务资源与我国不断上升的国际地位和不断拓展的国家利益不相称。保障和平发展的防务资源总体规模要体现我国防务资源的演进规律、要与不断拓展的国家利益要求相一致、要符合国家力量建设的基本规律。

| 第 六 章 |

保障我国和平发展的
防务资源合理结构

本章将具体从结构的角度来研究保障我国和平发展的防务资源需求。防务资源结构的研究可以从两个维度来展开，一是从防务资源的三个项目装备费、人员费、军事训练费的角度展开；二是从海陆空军兵种的角度来展开。从军兵种结构的角度来看，第一，防务资源重点向海军、空军倾斜的观点已经取得较高的认可度；第二，随着新军事变革的深入发展，军事对抗是基于信息系统的体系的对抗，重点是体系的构建，而体系的构建又重在武器装备的发展。因此本章采用第一种角度从装备发展、军事人力、军事训练三个重要的维度探讨保障和平发展的防务资源需求。

第一节　装备发展对防务资源的需求

党的十八大以来，习近平主席就加强国防和部队建设提出了一系列新理念，这些新的装备建设理念正在融入我军血液，令人耳目一新。习近平主席在 2014 年 12 月 3 日的全军装备工作会议上强调，加快构架适应履行使命要求的装备体系，为实现强军梦提供强大物质技术支撑。我军升级转型过程中最核心的是装备的升级转型和发展。一直以来武器装备采购的理论界就存在着基于能力的采办和基于威胁的采办两种理念。在这两种理念的背后，是对于武器装备发展的深刻理解。武器装备是高科技的物化，是军队战斗力生成的重要要素。武器装备费用是防务资源的核心部分，武器装备发展对防务资源提出需求。基于新技术应用的武器装备代际间成本的增长率远远高于经济的增长率，这导致基于经济增长的防务资源预算不能够满足武器装备更新换代的需求，从而无法保持国防力量的先进性。当前和今后一个时期是装备跨越式发展的关键时期。客观地分析武器装备更新换代过程中费用的变化规律，对于防务资源意义重大。

一、武器装备对国家力量提升具有重大作用：从航母说起

1. 航母的优势及不可替代性

航空母舰是现代科学技术大成的武器系统。航空母舰主要用于远洋作战，而非近海防御，在战场中的优势主要表现在以下方面。

（1）以空制海

现代海战的原则是"以空制海"，面对现代战斗机，无论防空能力多强，军舰都处于完全劣势。为什么飞机与军舰的对抗是飞机占优呢？因为飞机在速度和机动力上有巨大的优势。这首先带来了极大的主动权，飞机可以选择进攻和撤退，可以躲避，而军舰相对于飞机，其速度几乎为零，可以认为军舰只能原地"挨打"。以高度为衡量的势能和以速度为衡量的动能上的优势，使得飞机在战斗部携带的武器方面也具有极大优势，一个显著体现就是空载反舰导弹的射程远远大于舰空导弹。现代的反舰导弹的典型代表 YJ－83，射程

达到 240 千米；3M-54E1 射程更达是到了 300 千米。而现代的舰空导弹，比如标准 SM-2，射程只有 136 千米，最新的增程版，也只有 190 千米的射程。高速飞行中的飞机发射的导弹拥有更大初始速度，拥有更高的初始高度可以滑翔，而导弹攻击目标仅仅是只有几十千米时速的大型目标。相反，军舰发射的对空导弹则需要从零开始加速，需要从地平线开始爬升，攻击目标是速度达到几百千米甚至上千千米时速的高速小目标，自然更困难，需要耗费更多的燃料。所以，现代战机可以轻易在军舰的对空火力圈外发射导弹，自身完全不用担心受到攻击；军舰只能被动拦截这些来袭导弹。在一波发射完成以后，战斗机可以返航装弹再进行下一波打击，而军舰的导弹拦截总会有失败的时候。

战斗机对于军舰表现出的强大优势正是航空母舰不可替代性的前提。航空母舰是在远洋作战时的唯一机场。在大洋上发生海战，拥有航母，就拥有了以空制海的强大优势。

（2）具有探测侦查能力的优势

地球是圆的，根据其半径可知，距观测者 80 千米之外的物体就会处于地平线以下，这一范围内，雷达无法检测到任何物体，是雷达的盲区。因此，航空母舰战斗群从最开始的探测和侦查环节起就开始拥有巨大优势了。现代军舰上的雷达，即使强大如宙斯盾系统的 SPY-1，对海面目标的探测也只有几十千米，原因就在于地平线外的盲区。

雷达通视距离公式为

$$D = 4.12 \times (\sqrt{h_1} + \sqrt{h_2})$$

其中 D 是雷达的探测距离（千米），h_1 是敌方目标高度（米），h_2 是我方雷达高度（米）。其中高度 h 的估算方法为：$h = s^2/2R$，R 为地球半径，s 为传播范围。如图 6.1 所示，要达到较远的探测距离，就必须增加雷达的高度。现代战舰在重心允许的情况下，往往尽量把雷达安置在较高的位置，有些甚至把雷达安置在桅杆顶上。这就是为了尽可能地增大对低空及海面目标的探测距离。

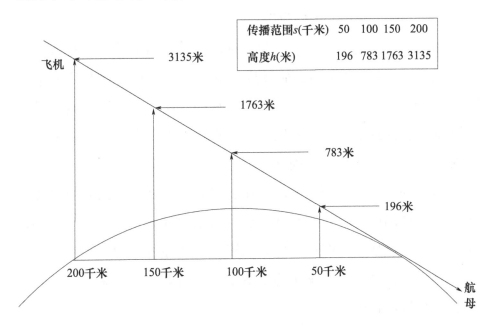

传播范围s(千米)	50	100	150	200
高度h(米)		196	783	1763	3135

图 6.1　航母雷达探测范围示意图

资料来源：张云雯，姚景顺，沈振华. 美国航母雷达的配置及特点分析［J］. 舰船科学技术，2011，33（2）.

注：图中曲线代表地平线。

军舰的高度毕竟是有限的，最高把雷达安置在一百多米高的位置。这个高度显然是远远不够的。那么较为彻底的解决办法是什么呢？答案是，把雷达安置在飞机上，形成预警机。在预警机上，雷达就可提高到几千米甚至上万米的高度，对低空和海面目标的探测能力就有了质的提高。

雷达探测距离的提升正是航母战斗群带来的另一优势。航母可搭载预警机，特别是"飞得高看得远"的固定翼预警机，使得拥有航母一方的战场信息掌控能力得到巨大的提升。

没有航母的水面编队，在面对航母编队时，就处于极大的劣势中。要破除这种劣势，一是依托海岸，我国海军在过去正是采取这种策略；二是建立航母作战群，我国海军的第一艘航母辽宁号正是这方面的突破。

（3）"进攻是最好的防御"

航母战斗群的优势在于"先发现敌人，把对方消灭在有能力还击之前"。一些学者认为，航母战斗群的最大作用是提升我方编队的防御能力，特别是依靠战斗机来防御战斗机，提高海军编队对空防御能力。这的确是航母编队的一个作用，但并不是最重要的。航母战斗群的终极防御来自进攻。

最好的防御就是把对方消灭在有能力还击之前。普通的军舰很难拥有这样的能力。航母战斗群恰恰拥有"先敌发现、先敌进攻"的能力。航母战斗群的预警机大大提高了战斗编队的感知范围，攻击机则大大提高了战斗编队的攻击半径。空射导弹比舰射导弹能攻击更远更快的目标。

通过俄罗斯航母战斗群与美国航母战斗群的比较可以更好地理解这一点。俄罗斯拥有库兹涅佐夫号航母，但其战略仍停留在以海制海的时代，战斗编队的战机主要用于防空，而对海攻击靠的是 12 枚巨大的舰载 SS-N-19 花岗岩巡航导弹。在这种战略指导下，其实库兹涅佐夫号航母和基洛夫巡洋舰没有本质区别。即使拥有了预警机和远程侦察机的支援，拥有了强大的花岗岩导弹，俄罗斯舰队也只能在 600 千米外发起攻击。美国航母战斗群的尼米兹号航母，依托 F/A-18E/F 超级大黄蜂战斗攻击机携带的鱼叉导弹，能够从 1000 千米外发起进攻。比俄罗斯航母战斗群的攻击半径提高了 400 千米。相对航母编队的速度而言，400 千米是一个极其遥远的距离，假设一方以 30 节航速狂飙，对方原地不动，也需要 6 个多小时。这个时间已经足够美军编队发起很多次打击了。拥有重型远程超声速导弹的俄罗斯舰队都处于这样的劣势地位，美国海军对于其他国家舰队的优势则更明显。在把美军的航母纳入己方的火力攻击范围之前，它们可能早已遭遇到了毁灭性的打击。

综上所述，航母战斗群对于国家力量具有质的提升。航母编队可以获得远超对方的探测能力，远超对方的攻击范围和以空制海的绝对优势。以导弹来打击航母的前提条件是先有机会把导弹发射出去，而航母战斗群是不可能给对手这种机会的。最强的 SS‑N‑19 "花岗岩"导弹，也必须在距离航母 600 千米处才能发射，而航母战斗群在 1000 千米外就可以把对手的导弹发射平台瘫痪掉。

2. 如何对抗航母

瘫痪一个航母战斗群要耗费极大的国防资源。现阶段，世界上只有少数大国具备该能力。即使这些国家，也必须调集大量的军事资源才能做到这一点，可能国家带来沉重的财政负担[185]。

一些学者在讨论打航母的时候，首先就会想到各种武器，比如潜艇导弹之类。其实，这些都是最次要的细枝末节。打航母要解决的首要问题是：如何发现并定位航母？

也许有人会提出这样的疑问，航母那么大，又不隐身，简直就是最容易被发现的军舰了。其实恰恰相反，距离是最好的隐身手段。所以航母恰恰是隐身性能最好的舰艇。

前面也作过解释，航母可以控制方圆近千米的海域。任何进入航母攻击圈的敌方舰艇或飞机都会被首先消灭。所以在茫茫大洋，航母战斗群就像一个黑洞。对于敌人来说，他只看到自己派出去的飞机或舰艇一个个消失了，而对方的核心在哪里是完全摸不着头脑。最好的情况也是只能知道一个大概方向，但具体航母战斗群在哪里，有多远，都不知道。

上述还是最简单的情况，事实上航母战斗群可以采用更多的方式来隐蔽自己，可以静默，可以规避，可以迷惑敌方。因为航母在战场信息的掌控方面拥有不对称优势，所以战术的选择拥有极大主动权。

所以，认为"航母目标大，容易被发现"，这是一个极大的误解。可见，打击航母最起码的前提，发现并定位航母，都很难做到。而即使发现了航母，想要突破它方圆近千千米的火力圈，也是一件极其困难的事情。

有人可能会提到潜艇或者卫星。在这里就稍微对这两种探测方式加以分析。潜艇的确可以比较安全地进入航母的 1000 千米攻击圈。设备在不同介质中的探测能力有天壤之别。普通的雷达（短波、超短波、微波）根本无法穿透海水。水下的探测主要靠声纳。声纳的探测距离一般在几十千米级别。也就是说对于潜艇，能感知到的也就方圆几十千米的小区域，在茫茫大洋要撞到航母也是非常困难的，至少需要向一个方向派出几十艘潜艇才能做到足够的密度，否则只能"瞎猫碰死耗子"。而且航母编队自身也会有 1~2 艘潜艇，探测是相互的，等你发现对方的时候对方也会发现你。你的这艘潜艇恐怕还没来得及上浮通报位置（水下潜艇是很难与舰艇通信的，因为无线电波难以穿透海水），航母值班的反潜机就已经飞到你头上了。

至于卫星，现在许多人将其万能化了，其实卫星也有很多局限。卫星比较容易受到云层等的影响，而且对假目标的识别力也不足，容易被干扰。而且卫星的轨道有高低，要精确监控海洋上舰艇的位置，必须用低轨道卫星才行（高轨道能接收的信号强度只有低轨道的几千分之一）。但低轨道卫星能监控的面积就小很多（越高看得越远），而且有效侦查时间很短（很快就会飞掠过要侦查的区域，等绕一圈再回来时就晚了），水面舰艇只要避开它的运行轨道即可躲开卫星的监视。除非发射大量卫星遍布整个大洋，而这就不是一般国家能承受得起的了。

先进的武器装备对军队战斗力的提升是质的变化。然而先进的武器装备的获取不是免费的，而是有着巨大的成本。科学准确地研究先进武器装备的成本变化规律，对于科学的配置防务资源，对于武器装备更好更快地发展，具有重要的意义。

二、装备面临信息化智能化双重跨越

《中共中央关于制定国民经济和社会发展第十四个五年规划和二〇三五年远景目标的建议》中指出，我军已基本实现机械化，信息化建设也已取得重大进展，加快机械化信息化智能化融合发展。我国武器装备建设将在机械化的基础上进行信息化升级，实现信息化智能化协同发展。

武器装备信息化的基础是武器装备机械化。国际上各大军事强国都把武器装备的信息化建设作为更新升级军队武器装备的目标。从武器装备发展的进程来看，信息化建设往往要依赖于武器装备的机械化建设。而国际各大军事强国武器装备的机械化建设于20世纪80年代基本完成。我国目前机械化建设基本完成，下一步我国的信息化智能化建设面临双重跨越。

三、武器装备发展的防务资源需求规律

本节将重点从理论上探讨武器装备发展过程中成本变化规律。诚然，一个国家的国防工业结构及其武器采办系统将会对武器装备的成本产生重要影响，但是这不是需求层面考虑的重点。下面将重点研究武器装备更新换代过程中随着指标性能提升，成本费用的变化规律。本章所讨论的武器装备有限，但基本涵盖了陆海空的核心

主战武器系统，具有一定的代表性，能够反映武器装备发展中成本变化态势的一般规律。

1. 作为"锦标赛物品"的武器装备

武器装备属于锦标赛物品（tournament good）的范畴。武器系统代际采购成本的上升在装备采购中得到了越来越多的关注。根据经济学理论，武器装备属于锦标赛物品的范畴，要保持国家力量的占优，就必须保持己方的武器装备处于科学技术的最前沿才能够占优于潜在的对手。武器装备系统依赖的国外的电子控制等零配件将会包含研发成本最终推高装备的价格。有限的武器装备出口市场能够补偿一部分研发成本。武器装备企业的产业组织一般情况下属于垄断或者垄断竞争的格局，装备供应商之间的不充分竞争导致国防采购合同的价格具有一定垄断性质的低效率；同时，军工企业为了保持生产能力，将不得不保留相关的核心生产线，保持相当量的就业，这些社会政治因素导致的成本都是国防武器成本上升的因素。武器装备代际间的技术进步、性能改进也是成本骤升的主要因素。

技术进步可以给装备的性能带来飞速提升。近代以来汽车、洗衣机、移动电话、照相机等设备的更新换代，带来更高的性能、更低的成本。这些物品快速发展的背后是以指数定律快速发展的计算机硬件技术，该规律最早由英特尔的创始人摩尔提出[187]。从 1958 年到 1965 年，集成芯片上的集成器件数量每年都在翻倍，随着更多的晶体管被集成到芯片上，达到同样性能所需的成本在进一步下降。

1983 年，美国著名的军工企业洛克菲勒·马丁的总裁奥古斯丁发现，电子产业成本下降的摩尔规律并没有在国防装备市场上得以体现。以战斗机为代表的核心武器装备的成本不仅没有降低，反而呈几何倍数增长[188]。按照这样的规律，到 2045 年，美国国防预算只能够承担一架战斗机。

大卫·柯克帕特里克和菲利普·普格的研究发现，从1983年开始，英国的武器装备成本一直在增加，武器装备代际间高额的成本增加率是所有武器装备系统共有的特点[189]。

国防工业部门与民用电子产业部门具有不同的经济属性，导致了单位成本规律在这两个产业中的不同。从经济理论来看，武器装备属于锦标赛物品的范畴。这意味着，要保持一国的军事占优，该国的武器装备必须占优于其他国家，处于科学技术发展的最前沿。柯克帕特里克认为，相对军事能力的占优总是暂时的，随着潜在的对手也采取类似的技术，这种优势将随之消失。因此，必须时刻保持在技术最前沿才能够维持己方的优势。保持在科学技术的最前沿是需要很大成本的。根据柯克帕特里克的研究，新的技术使得武器装备的真实成本每年增长6.5%[190]。

武器装备真实成本的不断上升与不断紧迫的国防资源要求我们必须在武器装备的质量、数量、性能等之间做出权衡取舍。要做出科学合理的决定，必须对武器装备成本的历史增长规律有充分的把握。

2. 武器装备成本增长的"奥古斯丁定律"

武器装备代际间成本增长主要指军事武器装备系统在两个相邻代际间的成本变化。新一代的武器装备系统采用了更先进的技术，拥有更高的战术指标和性能。武器装备提高的性能对于单位成本增加的贡献比较难以确定。在役武器装备的单位成本用采购成本来衡量。武器装备正式列装部队的日期作为在役武器装备的起始日期。某一代的武器装备平均单位成本指的是所有同一代的武器装备平台的单位成本的平均值。现有关于武器装备成本增长率的研究主要基于英国和美国的历史数据，研究的装备类型和时间范围各有不同。不同的成本增长率估计结果可能由于研究采取的方法、数据可信度、时期等的不同而引起。另外，武器装备的成本变化规律也与国防工业基础、国际格局、发展阶段等相关。

"奥古斯丁定律"是国防经济学者诺曼·奥古斯丁基于西方国家武器装备成本数据归纳总结出来的对于武器装备成本变化规律的一般性认识。研究表明武器装备的成本越来越高。战斗机、军舰等核心武器装备的价格飙升已经远远超过通货膨胀率，甚至经济增长速度。诺曼·奥古斯丁曾经根据统计数据发现了战斗机单位成本快速增长的指数，如图6.2所示。

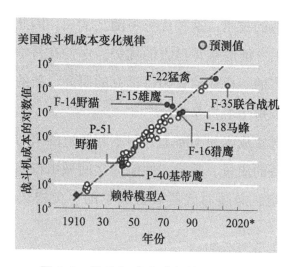

图6.2　战斗机成本增长的指数规律

资料来源：Augustine N R. Augustine's laws ［M］. Orlando：American Institwte of Aeronautics and Astronautics，1996.

F－22 战机的单位价格是 1.6 亿美元，而 F－16 的价格则是 0.5～0.6 亿美元，前者为后者的三倍左右。从长远来看，高额的单位价格将会限制武器装备的数量。从1960 年开始的美军战斗机数量与军舰数量正好印证了该规律，如图6.3 所示。根据这个规律进一步推断得到了一个更为引人注意的结论，在2045 年，整个国家的防务资源将用来采办一个武器系统。这个武器系统将被海陆空三军共同使用。

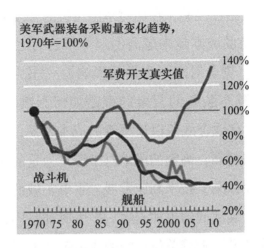

图6.3　美国防务资源与装备购买量变化趋势
资料来源：伦敦国际战略研究所。

　　现代武器装备的高性能依赖内嵌其中的信息系统，包括计算机、软件等。软件的更新换代很快，达到同样的计算能力其成本下降很快，人们用"摩尔定律"来描述这种情况。摩尔定律是由英特尔创始人之一戈登·摩尔提出来的。其内容为：当价格不变时，集成电路上可容纳的晶体管数目，约每隔18个月便会增加一倍，性能也将提升一倍。换言之，每一美元所能买到的电脑性能，将每隔18个月翻一倍以上。这一定律揭示了信息技术进步的速度。为什么武器装备的成本没有能够遵循摩尔定律呢？其一，武器装备对于电子器件的需求数量并不大，不能够以巨大的需求量来降低单位成本。其二，军用软件往往是预先定制的，其安全性的要求很高，对于安全性的追求，使得其很难升级，发展出像个人电脑那样的即插即用功能。武器装备的特殊性使得大多数国家不能够从公开市场上采购武器，而是严格限制在军工企业之中，其设计、研发、定型、生产等环节都有着严格的控制。武器装备的采办往往很难通过谈判形成类似公开市场上的固定价格合同，而是采用由政府承担设计开发武器系统风险的成本补偿合同。即使是航空巨人波音和欧洲宇航防务集团拥有丰富的民用飞机研发生产经验，在面对军用飞机的开发上也十分谨慎。

军事武器装备的成本越来越高的规律早已有之。菲利普·普格在《海军的成本：资金对海军力量的影响》一书中深入研究了200多年以来，英国海军装备的资金约束是如何影响其海军力量构建的[191]。通过研究拿破仑战争以来军舰的成本发现，技术变革使得军舰的单位造价越来越高，高额的成本对于海军力量的演变发挥着重要的影响。工业革命以来，技术高速发展，军事领域的军舰也随着技术的发展威力更强、装载武器更加密集、护甲更加坚固，与之相伴的是单位成本的迅速跃升。随着单位军舰的成本越来越高，各国将不得不收缩战略或者通过技术升级，改变整体整备布局，如海军力量中军舰逐步让位于潜艇和航空母舰，海军力量结构逐步发生着改变。

除了单位造价的飙升，该书还指出了另外一个关于和平时期和战斗时期对装备关注侧重点不同的规律。在和平时期，各国政府更加注重研发体积更为庞大、威力更为强大的武器装备，也就是更加注重质量、绩效、性能等因素；而在战争时期，数量成了参战双方尤为关注的重点。冷战时期的武器装备发展特点恰好体现了该规律。冷战实质上属于和平时期，双方并没有实质上的激烈交火。一个政府在特定的约束条件下，不能够同时优化成本、性能与时间。在这样的外部环境下，各国都形成了注重开发高性能武器的惯性，把武器装备的性能放在第一位，其次才是成本、研发时间等因素。美国"F-22"和"Typhoon"两个武器装备项目的研发就起于冷战末期。

关于武器装备成本、性能及问题，学术界发现了一个定律，即"一个武器系统，三分之一的成本、三分之二的问题都源自于所追求的10%的最高性能。""乐观主义准则"在军用项目的研制过程中比较明显。在研制高性能的武器装备过程中，无论是采办方还是生产方都会潜意识地低估武器装备的成本，使得武器系统获得规划、立项、上马，而一旦获得批准，就不能够轻易终止武器系统的研制。这就造成了"拖进度、降性能、涨成本"的现象。制造成本和拖延期限二者螺旋式上升，技术障碍使得研发过程受到耽搁；拖延期限使得成本上升；政府的年度预算约束限制，进一步推迟期限，最终带来更多长期开销。随着时间推移，技术的更新换代，采用的技术方案也会过时，导致武器装备的设计方案需要修改。军方的需求在该过程中也不断进行调整。到武器装备定型之后，采购方可能会消减订货规模，单位成本进一步上涨。如，美国军方最初计划生产的 132 架隐身轰炸机 B - 2，到最后只生产了 20 架，单位成本为 20 亿美元。

虽然各国都在不断完善武器装备生产采购系统，但是武器装备研制过程中的这一恶性循环仍然存在。根据美国政府问责局的报告，2008 年美国规模最大的武器采办中，有 96 个项目的成本平均上涨了 25%，工期拖延平均为 22 个月。

F - 35 战斗机的价格在不断上涨，也一定程度上印证了奥古斯丁的定律。F - 35 继承了 F - 22 的技术，同时为了适应美国空军、海军及海军陆战队的不同需求，开发了不同配置的版本。

3. 陆基武器系统发展的成本规律

柯克帕特里克按照普格的方法得出通用作战装备的成本增长率在 5% ~ 10%[192]。按照该结果，年均成本增长率数值的中位数为 6.5%，这一结果与柯克帕特里克和普格比较接近。通用作战装备考虑了大部分类型的军事武器装备，而不是仅仅考虑大致的武器装备平台。采用了较为成熟技术的作战平台的成本增长率比较接近 5%，而采用了不成熟技术的作战平台的成本增长率比较接近 10%。这意味着，采用了全新技术或者叫不成熟的技术的新一代的武器装备与上一代武器装备相比，将会有较高的成本。新一代技术的获取是推动武器装备代际间成本增长的核心因素。柯克帕特里克讨论了武器装备作为锦标赛物品的属性。新一代的武器装备的性能提高了，与此相伴的是其面临的威胁将会增强。在己方更新武器装备的同时，潜在的对手会发展更先进的武器装备，这使得国家间的相对军事能力差距保持着较为恒定的数值。

普格讨论了一系列武器装备的成本增长，为该主题的研究奠定了基础性的工作[193]。普格采用了国际间的横截面数据研究发现，拥有较强国防工业的国家，其武器装备的成本增长率较低，反之亦然。在分析中，采用单位重量的成本来衡量单位性能的成本。用武器装备平台的重量作为性能的衡量指标具有一定的合理性，因为武器装备平台的体积越大、重量越大就能够提供越多的子系统从而增强武器装备的性能指标。采用跨国的横截面数据分析可知，所有类型的武器装备的单位重量成本平均来看每年增加约为3%。这个增长速度比普格计算的英国的武器装备的成本增长率低，这可能反映了武器装备产业的规模效应。当分析的国家越多时，武器装备的规模就比较大，所以成本增长率较低。

普格进一步分析了以海、陆、空主战装备为主的分类别装备成本的变化情况。装甲运输车的单位成本增长率为2%；主战坦克的单位成本增长率为1%。步兵器械的单位成本增长率为4%。

对陆基武器装备平台来讲，主战坦克从1963年到1994年的成本数据主要从议会记录、国防预测、简氏防务等获取；装甲运输车从1965年到2009年、步兵战斗车从1961年到1988年的成本数据主要来源于政府的固定资产等级目录。

陆军战斗平台数据主要是主战坦克，表6.1显示了主战坦克的年均成本增长率，统计涵盖了"克伦威尔"号、"百夫长"号、"酋长"号、"挑战者"1号和"挑战者"2号等型号，其成本与时间呈正向增长的关系。其中,年均成本增长率最高的武器装备项目是涨幅总计达24%的"克伦威尔"号坦克和"百夫长"号坦克。虽然"挑战者"2号坦克和"挑战者"1号坦克仍拥有同样的重量和大小,但"挑战者"2号坦克的成本却增加了4.3%。众所周知,"挑战者"2号坦克在"挑战者"1号坦克的基础上通过改进大幅度提升了坦克的防御能力和进攻能力。

表6.1 陆军武器装备代际成本年均增长率

	年均成本增长率/%
主战坦克	5.9

资料来源:国会议事录。

4. 军用飞机发展的成本规律

(1) 简要回顾

武器准备代际的成本增长在不同的设定下具有着不同数值。柯克帕特里克和普格两位学者1983年研究了英国战斗机代际间成本增长的规律。他们认为,自从第二次世界大战结束以来,战斗机的成本增长率为每年8.3%。采用的战斗机成本数据是英国国防部的防务资源数据。柯克帕特里克则根据新的数据更新了原有的研究结果,认为战斗机的成本增长率为每年11.5%[194]。普格还研究了空军相关核心装备的成本变化规律。直升机的成本增长率约为8%;战斗机的成本增长率约为9%[195]。该结果与柯克帕特里克和普格比较接近。

普格进一步分析了以海、陆、空主战装备为主的分类别装备成本的变化情况。轰炸机的单位成本增长率为10%;战斗机的单位成本增长率为4%。

普格依据跨国数据所估计的战斗机的成本约为4%;而柯克帕特里克和普格依据英国的数据估计的成本增长率为8%~9%。前者是后者的一半。

查默斯的研究对武器成本增长率的幅度提出了质疑，他认为，至少在最近几年，武器装备的成本增长率没有之前那么高。在分析了欧洲"台风"战斗机与"狂风"战斗机的单位成本数据之后发现，武器装备成本年均增长率为 3.4%。

（2）英国军用飞机发展过程中的成本变化规律

对于空中武器装备平台来讲，成本数据包括了以下方面：从 1955 年到 2008 年的战斗机；从 1966 年到 1984 年的运输机；从 1966 年到 2008 年的教练机。与海上巡逻机的成本数据没有可靠的信息来源，因此在分析中不予考虑。

以 2009 年价格衡量的从 1950 年到 2010 年的战斗机成本变化情况，成本增长率在 1955—1965 年期间比较低，然后在 1980—2010 年期间迅速增加。在这个时期，战斗机的性能得到了很大的提升。战斗机的基本参数在表 6.2 中进行了归纳。装备代际间成本的增加反映的是平均值。表 6.3 分别统计了典型的战斗机的平均成本数值和这些战斗机的成本增长率。代际间的成本增长是基于每一代武器装备服役时期的价格数据来核算的。

表 6.2　1950—2010 年战斗机平均成本数据及性能参数特点

战斗机类型	服役年度/年	战斗机单位成本（2009 恒定价格万美元）	载重/千克	长度/米	速度/（千米/时）	航程/千米	高度/米
Hunter	1955	4.29	6509	14	989.75	1819	4
Lightening	1960	4.55	9851	16	1688.20	1849	5
Harrier	1968	8.66	6660	14	1356.68	3336	4
Tornado	1969	29.69	11486	16	1374.38	1943	5
Typhoon	2006	66.64	11150	16	2494.48	2900	5

资料来源：国会议事录，简氏防务系类出版物，国家统计局固定资产统计署。

战斗机的单位成本变化规律。总体来看，呈指数级增长趋势，

其平均值在表 6.4 中进行了归纳。所包含的战斗机类型有：Hunter
（F1、F4、F6）, Swift （F1/F2、F5、F6）, Lightening （F1、F2、
F3、F6）, Tornado （F2、F3） 和 Euro – fighter Typhoon。Typhoon 战
斗机于 2006 年列装服役，其成本是 1955 年列装服役的 Hunter 战斗
机的 30 倍；战斗机 Typhoon 与 Hunter 相比，其重量和速度增加了 4
倍，在复杂性和性能指标上得到了大幅度的增强。

表 6.3　战斗机代际成本增长率

战斗机更新换代型号		服役时间/年	年均成本增长率/%
更新前：Hunter	更新后：Lightning	1955—1960	1.2
更新前：Lightning	更新后：Harrier	1960—1968	11.3
更新前：Harrier	更新后：Tornado	1968—1969	22.0
更新前：Tornado	更新后：Typhoon	1969—2006	4.6
战斗机代际成本增长率均值			6

资料来源：国会议事录，简氏防务系类出版物，国家统计局固定资产统计署。

表 6.4　战斗机代际成本年均增长率

	年均成本增长率/%
战斗机	5.8

资料来源：国会议事录。

（3）美国军用飞机发展过程中的成本变化规律

下面将对美国军用飞机成本变化研究的成果进行较为详细的归
纳与总结。先对军用飞机的数据来源进行简要介绍与评价，对成本
增长的实际情况与通货膨胀等价格增长指数进行比较。

成本数据具体来讲指整个武器系统的成本，在这里主要指军用飞
机系统的整体成本。武器装备采办价格与飞机出厂价格是不同的成本
数据。这种类型的成本数据在预算文档的 Gross P – 1 这一项目下面列
出。Gross P – 1 项目的成本数据不仅仅包括机身、推进系统、电子设
备等重复性飞离成本，也包括保障设备、训练设备、技术等线下费用。

　　基于军用飞机采购成本历史档案、国会预算办公室研究报告和预算文档整理出军用飞机数据库。军用飞机采购成本历史档案包括了从 1940 年到 2000 年海军采购的军用飞机系统的数量与成本，包括子系统成本及线下费用。国会预算办公室（1992）的研究报告整理了从 1964 年到 1994 年所有军事装备的数量与成本数据。对于空军采购的飞机数据主要来源于国会预算办公室研究报告及国会预算数据 P－1 项目。在总体层次上，三个来源的数据是一致的。综合以上三个数据来源，可以整理出从 1964 年到 2006 年国防部采购的所有固定翼飞机的成本数据。

　　为了更好地分析武器装备代际间成本增长的规律，就必须对每一代武器装备的技术指标有一定的了解。可获得的飞机主要性能参数有巡航速度、最大速度、空载重量、最大负荷、作战半径、推进动力、材料等。在飞机采购成本历史档案中可以查询到这些数据，但是仍然存在一定的不足。如有些参数不完整，有的信息没有注明来源，有的信息没有注明适用条件。比如，虽然统计了战斗机的航程和最大速度，但是没有详细说明飞行条件。

　　关于战斗机的性能参数在一些出版物、专利来源文档、公开的数据库中有相关的统计。美国国家航空航天局现代飞机历史博览、简氏世界航空相关研究报告及其他政府资助的研究报告。技术参数的数据主要来源于 NAVAIR 的标准飞行器参数。专利来源文档包括了装备采购合同商的内部信息。公开数据库包括空军和海军历史资料。在这些数据的基础上进行通货膨胀因素的调整，就得到可比较的数据。

　　成本的长期变化趋势是关注的核心，即研究军用飞机的真实成本是如何变化的。这个长期变化趋势用真实成本的年增长率来衡量。用年增长率衡量能够最大程度地避免由于两代装备间时间间隔因素带来的影响。如果仅仅用某一时期初始成本与末期成本这两个数据的增长来衡量成本上升，那么结果势必受到时间间隔的影响。显然，时间间隔越长，成本的上升就越大。采用年均成本增长率恰恰能够消除时间的影响，从而不同装备的成本变化情况具有可比性。

军用飞机的长期成本增长率超过了物价上升指数。表 6.5 中的数据描述了不同型号的军用固定翼飞机的单位采购成本的增长、消费者物价指数、国防部采购平减指数、国内生产总值平减指数。这些指数衡量了 1964 年到 2005 年物价上涨的总体趋势。

表 6.5　1964—2005 年战斗机年均成本增长率和通货膨胀率

飞机类型	年均增长率/%	通货膨胀指标	年均增长率/%
侦察机	11.6	消费者物价指数	4.3
运输机	10.8	国防采购平减指数	3.8
教练机	9.1	GDP 平减指数	3.6
轰炸机	8.4		
攻击机	8.3		
战斗机	6.6		
电子对抗机	6.6		

资料来源：军用飞机采购成本历史档案、国会预算办公室研究报告和预算文档。

总体来看，军用飞机的年均成本增长率处于 6% 到 12% 之间。该数据与海军的舰船成本增长数据比较接近。长期成本增长率远远高于同时期的通货膨胀率。在研究的范围内电子战飞机的成本增长率最低，仍然高于通货膨胀率。

军用飞机中不同类型的飞机的成本增长趋势不同，成本变化的规律不同，有必要关注具体的成本增长高低的次序。从普遍规律上来看，一般认为拥有较先进的技术系统的战斗机、强击机就应该具有最高的成本增长率。但从数据上来看，侦查机的成本增长率最高，超过同时期通货膨胀率的两倍。侦察机的成本增长率是基于 P – 3 项目持续时期内的有限数据计算的。P – 3 项目于 1964 年开始，于

1986 年结束，该时期的通货膨胀率持续较高，介于 6.2% 到 6.3% 之间。因此，侦察机的成本增长率相比处于较低通货膨胀时期的其他类型飞机的成本增长率高。运输机的成本增长率第二高，比通货膨胀率的两倍还高。这个结果同样值得注意，相对来讲，运输机具有较低程度的复杂性，拥有较少的任务系统，较低的航空电子及武器设备方面的要求。运输机的高成本增长率可能是由于其性能指标的大幅度提高引起的，如航程、速度、负载率等。

出厂成本包括机身、发动机等，而采购成本略高于出厂单价，因为还要包括备件、训练项目、模拟中心等其他成本。单位采购成本数据与出厂成本数据在衡量武器装备成本变化规律上是否一致？总体的成本变化趋势是否会因采用的数据不同而不同？在表 6.6 中比较了采用这两类数据计算的结果。单位采购成本数据与出厂成本数据都来源于 HAPCA，时间跨度为 1964 年至 2000 年。尽管成本数据不同，但是最后计算的成本增长率数据比较接近，可以认为二者在刻画武器装备成本增长率上没有显著的差别。因此，在衡量武器装备成本增长的长期趋势中，可以采用两类数据中的任意一类。

在近三十年的时期内，军用固定翼飞机的成本增长率并非始终如一，也非单调递增。

表 6.6　1964—2000 年不同类型的军用飞机采办成本和出厂成本的增长率

飞机类型	采办成本增长率/%	出厂成本增长率/%
教练机	13.8	14.1
运输机	13.2	13.0
侦察机	11.2	9.9
攻击机	8.2	8.4
电子对抗机	6.6	6.5
战斗机	6.5	6.2

注：出厂成本包括机身、发动机等，而采购成本略高于出厂单价，因为还要包括备件、训练项目、模拟中心等其他成本。

一些型号的战斗机成本数据表现出传统意义上因成本改善导致的持续下降的趋势，如 F－18E/F 和 F－22A。在这些武器系统采办的第一年，其成本具有较高的数值，随后，成本开始逐步的降低，最后趋于水平稳定。一些型号的战斗机如 F－14A/D 和电子飞机成本数据呈现出稳步增长的趋势。还有一些型号的飞机如 F－15和 F－16，成本数据的变化趋势显示出混合模式。

目前，不存在任何一个数据库能够提供有关成本与技术特征的细节信息以便全面深入的分析军用飞机的成本规律。相对来讲，只有预算文档中的 P－1 项目提供了较为全面的成本信息。军用飞机的技术参数信息主要来自公开出版物及合同承包商的数据。基于以上数据，分析发现，军用固定翼飞机的成本增长率比通常意义上的通货膨胀率要高2%到6%。具体来讲，不同的武器系统的成本增长趋势不同。成本增长反映了同一项目的升级更新及不同项目的参数改进。

海军舰船的成本变化趋势与飞机不尽相同。舰船的成本变化一般符合传统的学习经济、规模经济的特点，随着生产批量的逐步增加，成本逐渐得到改善，在首次采办时期的后续年份呈现出缓慢下降的趋势。这一对比说明，固定翼军用飞机在定型后还会有一系列的改进与升级。事实上，军用飞机的升级是非常普遍的现象，飞机的升级往往是由于需求的变化、生产中新技术的引入等所引起的。成本数据的变化趋势恰恰是这一事实在成本上的体现。如，F－16 的性能指标随着在其生产运行中不断得到改进，从 F－16A/B 到F－16C/D，其空载重量从 7076 千克（15600 磅）增加到 8709 千克（19200 磅），其发动机从F－100－PW－200 升级到 F－110－GE－129 和 F－100－PW－229，其航空电子系统及任务系统都得到了很大改进。

5. 军用舰船发展的成本规律

对现有可查询的关于军用舰船发展过程中成本变化规律的研究

结果进行总结归纳，着重对英国军用舰船和美国军用舰船的成本变化规律进行归纳。这些军用舰船发展和更新换代过程中呈现出来的费用变化规律，对于我国海军发展壮大过程中舰船采购需要的防务资源数额及增速具有重要的参考意义。

（1）简要回顾

普格基于海军装备的数据进行了成本增长规律的研究。护航航空母舰的成本增长率为3%，航空母舰的成本增长率为5%，潜艇的成本增长率为9%，护卫舰的成本增长率为11%，驱逐舰的成本增长率为9%。

普格进一步分析了以海、陆、空主战装备为主的分类别装备成本的变化情况。航空母舰和核潜艇的单位成本增长率为3%。

查默斯的研究对武器成本增长率的幅度提出了质疑，他认为，至少在最近几年，武器装备的成本增长率没有之前那么高。在分析了超级核潜艇与特拉法加级核潜艇、45型驱逐舰与42型驱逐舰的单位成本数据之后发现，武器装备成本年均增长率分别为2.2%、2.8%。

阿瑞娜等分析了美国海军武器装备的代际间成本变化规律[196]。在过去的50年中，两栖战舰、水面舰艇、攻击型潜艇及核动力航空母舰的年均成本增长率为6%至11%。舰船成本增加的影响因素主要分为经济推动与需求牵引两大类。经济推动包括劳动力成本、材料设备成本等；需求牵引包括高复杂度、高标准、高性能指标等。这两类因素对成本增长率的贡献各自接近一半。在分析1961年至2002年水面舰艇的成本数据后发现，总体上成本增长率为9%；但是通过研究从1990年持续到2004年的项目，发现年均成本增长率仅为3.4%，这意味着，成本的增长主要归因于需求牵引的因素。

查默斯的研究结果也支持了该观点。从1950年到2000年，一系列装备的年均名义成本增长率保持在 10% 左右，具体来看，两栖战舰为 10.8%；水面舰艇为 10.6%；攻击型潜艇为 9.8%；核动力航空母舰为 6.4%。用美国同时期的年均 GDP 缩减指数对上述名义值进行调整，可知两栖战舰为 6.3%；水面舰艇为 6.2%；攻击型潜艇为 5.3%；核动力航空母舰为 2.9%。从这些数据可知，美国海军的武器装备真实成本年均增长率为 5.2%。该数值高于普格的 2.9% 和查默斯的 2.2%；低于柯克帕特里克估计的 6.5%。

（2）英国军用舰船发展过程中的成本变化规律

英国学者基于可得武器装备成本变化数据对海军装备发展过程中成本变化规律进行了较为详细的研究。关于海军武器装备平台的单位成本数据可能是一系列相关武器装备的平均值，或者是该财政年度所有舰船的成本数据的平均值。这使得不同年度的成本数据所指的装备可能存在不一致。针对个体装备的成本数据有以下几个来源。国会议事录提供了国防部公开使用的单位成本数据；国防预算提供了 1980 年以前的武器装备的官方成本数据；固定资产登记册列出了政府部门所拥有的固定资产的采购成本数据，为武器装备的成本数据提供了有价值的信息来源；简氏防务系列出版物如《装甲与火炮系统》《战舰》《飞机世界》等提供了武器装备的成本数据；国防审计署发布的年度主要国防项目提供了一些近期装备采购的数据。综合不同的数据来源，可得到的武器装备的成本信息（表 6.7）。

表 6.7　装备类型及时间跨度

武器装备名称	时间跨度/年
驱逐舰	1962—2011
航空母舰	1955—2011
柴电动力潜艇	1964—1990

续表

武器装备名称	时间跨度/年
核动力潜艇	1963—1983
弹道导弹核潜艇	1966—1999
护卫舰	1956—2000

表6.8　护卫舰成本及参数汇总

最早服役年份	护卫舰	单位成本	排水量/吨	长度/米	船宽/米	吃水深度/米	速度/节	航程/千米	动力
1956	14型	33	1456	94	10	5	26	5200	汽燃联合型
1956	12型	62	2150	113	13	5	30	4200	汽燃联合型
1956	12M型	61	2150	113	12	5	30	5200	汽燃联合型
1959	81型	94	2300	110	13	5	28	5300	汽燃联合型
1961	利安德	81	2500	113	13	5	26	3996	汽燃联合型
1962	21型	192	2650	116	42	6	32	4000	全燃联合动力装置
1966	22型	413	4400	131	15	6	30	4500	全燃联合动力装置
1989	23型	183	4800	133	16	5	34	6821	柴电燃联合动力

资料来源：简氏防务系列出版物。

注：护卫舰的成本数据及基本参数，成本按照2009年价格表示，单位为百万英镑。

对1956—2010年的样本进行分析，从1956年的14型护卫舰到2000年的23型护卫舰，年均真实成本增长率为3%。如果仅仅局限于这一个数据，就将会掩盖这期间不同代际间成本的增长率各不同的事实。从1962年的21型到1966年的22型，年均成本增长率为21%，远远高于上述3%；而进一步到1989年的23型，则成本增长率为-6%。21型是一个只有2650吨位的小型护卫舰，而22型具有 4400 吨位，23 型具有 4800 吨位。普格提出以重量作为指标性能的代理变量。采用该方法意味着从 21 型驱逐舰到 22 型驱逐舰年均成本增长率为 8%，而从 22 型到 23 型，成本增长率为 -6%。与前一代相比较，23 型护卫舰的每吨成本要低，拥有更加宽的尺度，更轻的重量，速度提高了 14%，最大航程提高了 64%。这一系列的变化意味着相比上一代，23 型驱逐舰采用了根本上不同的技术，而并非仅仅尺寸上的变化。

不同类别的武器平台的成本增长率具有不同的数值，以重量作为性能的代理变量具有一定的局限性。海军驱逐舰每吨的成本变化是有规律可循的。42 型驱逐舰的成本发生了非常大的变化，从 40,000 英镑每吨增加到 80,000 英镑每吨。

表 6.9 列出了驱逐舰、护卫舰、航空母舰及潜艇的平均代际成本变化情况，按照每吨成本及成本两大类成本指标来分别描述。

表 6.9　海军主战装备成本增长率

装备类型	服役时间/年	装备更新换代型号变化		年均（每吨）成本增长率/%	成本年增长率/%
驱逐舰	1962—1966	County Class 8 型/Batch 1	County Class 8 型/Batch 2	-3.4	-3.4
	1966—1965	County Class 8 型/Batch 2	42 型/Batch 1	2.9	-3.0
	1965—1980	42 型/Batch 1	42 型/Batch 2	2.6	5.9
	1980—1982	42 型/Batch 2	42 型/Batch 3	36.3	26.6
	1982—2010	42 型/Batch 3	45 型	0.1	4.2
	驱逐舰平均代际成本增长率			6.9	6.1
	驱逐舰年平均成本增长率			1	

续表

装备类型	服役时间/年	装备更新换代 型号变化		年均（每吨） 成本增长率/ %	成本年 增长率/ %
核动力 潜艇	1963—1966	Dreadnaught Class	Valient Class	−1.5	−28.1
	1966—1963	Valient Class	Swiftsure Class	−5.9	−0.3
	1963—1983	Swiftsure Class	Trafalgar Class	6.0	0.2
	1983—2009	Trafalgar Class	Astute Class	1.8	20.3
	平均代际成本 增长率/%	0.1	−2.0		
柴电动力 潜艇	1964—1990	Oberon Class	Upholder Class	16.6	0.2
核弹头弹 道导弹	1966—1993	Resolution Class	Vanguard Class	4.4	25.8
航空母舰	1955—1955	Ark Royal（1955）	Bulwark	−10.9	−35.0
	1955—1985	Ark Royal（1955）	Ark Royal（1985）	6.1	2.3
	1955—1985	Bulwark	Ark Royal（1985）	11.8	11.8
	1980—1985	Ark Royal（1985）	Invincible	5.9	5.9
	1982—2010	Type 42/Batch 3	Type 45	0.1	4.2
	年平均成本 增长率/%	6			

资料来源：国会议事录。

英国海军驱逐舰的单位成本数据及其趋势。基于 County Class 型、42 型和 45 型三个代际的驱逐舰成本数据，分析了代际成本的变化趋势。从 County Class 驱逐舰到 42 型驱逐舰成本数据变化不大，约为 0.04% 的增长；而 45 型驱逐舰的平均成本是 42 型驱逐舰的两倍，这两代驱逐舰首次列装日期的间隔是 25 年，意味着年均成本增长率为 3.8%。从装备参数来看，45 型驱逐舰的重量是 42 型驱逐舰重量的 2 倍，而 42 型驱逐舰比 County Class 型驱逐舰略轻。45

型驱逐舰所采用的技术比 42 型驱逐舰更加先进。45 型和 42 型驱逐舰的生产日期间隔较 42 型和 County Class 型要长。

护卫舰的成本变化趋势。14 型护卫舰比 12 型护卫舰只晚服役 1 年，而其成本增长了 66.85%。12 型护卫舰的排水量比其前一代护卫舰增加了 46%，采购量从 15 艘降低为 6 艘，这也导致学习经济效应的降低。21 型护卫舰的平均单位成本是 Leander Class 型护卫舰的 2.4 倍。大部分的成本增长反映了武器装备更高的性能指标要求、更短的生产运行、使命任务的增强等。22 型护卫舰的成本比 21 型护卫舰高了 90%。22 型的护卫舰是英国海军最大的护卫舰。尽管生产运行的周期增加了，但是还有其他的因素导致显著的成本增长。23 型护卫舰的单位成本相比 22 型护卫舰减少了 8%，这反映了代际间的学习经济效应。随着生产运行的进行，学习经济效应将逐渐对成本产生影响。学习经济效应对成本的降低影响着代际间武器装备成本的变化规律。对于从 22 型到 23 型护卫舰的代际成本变化规律来讲，由于学习经济效应很明显，所以新一代的 23 型护卫舰的成本比老一代的 22 型护卫舰的成本要低。

核动力潜艇的几个代际的成本变化情况。主要包括了"无畏"号（Dreadnaught）、"勇敢"号（Valiant）、"敏捷"号（Swiftsure）、"特拉法"号（Trafalgar）及"精明"号（Astute）。"精明"型核潜艇的成本是其上一代核潜艇的 130%，换算成年均增长率则为 3.3%。根据英国国家审计局（NAO）（2009）的报告，尽管"精明"型核潜艇是国防部近年以来遇到的最为麻烦的采办项目，但是其年均成本增长率要远远低于"敏捷"号和"特拉法"号的年均成本增长率 6%。

表 6.10 结合上面的分析对海军武器装备平台的年均成本增长率进行了归纳。

表 6.10　武器装备代际成本增长率

	年均成本增长率/%
通用型海军装备平台	3.4
驱逐舰	2.6
护卫舰	4.3
潜艇	2.9
航空母舰	3.8

资料来源：国会议事录。

（3）美国军用舰船发展过程中的成本变化规律

美国军用舰船的成本增长率在过去的四十年中远远超过了通货膨胀率。舰船成本的快速增长对防务资源特别是武器装备采购费用带来了很大的挑战。如果保持国防预算约束不改变的话，那么将没有足够的装备采购费来支付成本不断增长的舰船，军队能够有能力采购的舰船数目将会不断减少。根据美国国会预算办公室（CBO）的研究报告，即使国防预算中舰船采购费的预算增长到 120 亿美元，那么到了 2035 年，海军也只能达到 260 艘舰船，该数目远远小于目前拥有的舰船的数目 290。

装备费用是防务资源的重要组成部分，往往决定着防务资源的规模。必须更好地了解装备成本的增长量级，并且结合通货膨胀等因素，综合考察成本增长率，才能够为防务资源提供有价值的借鉴。

海军舰船的成本增长率超过通货膨胀率是不争的事实。美国前任海军作战部部长海军上将韦农·克拉克在其国会证词中强调，核动力攻击潜艇（SSNs）、导弹驱逐舰（DDGs）、两栖作战舰及核动力航空母舰（CVNs）四类舰船的成本从 1966 年到 2005 年已经增长了一到四倍。具体的数据见表 6.11。基于这些成本增长率的数值，能够获得真实成本的年均增长率，即剔除通货膨胀率之后的增长率。从表 6.11 中可知，这些舰船的真实成本增长率为 1.8% ~ 4.3%。

表 6.11   海军舰船成本增长

类型	1966 年的成本	2005 年的成本	成本增长/%	年均真实成本增长率/%
核攻击潜艇	484	2426	401	4.3
导弹驱逐舰	515	1148	123	2.1
两栖舰船	229	1125	391	4.3
核动力航空母舰	3036	6065	100	1.8

注：成本数据换算成 2005 财年的美元可比价格，单位为百万美元。

资料来源：Clark, Vernon. Testimony to United States Senate Armed Services Committee, 2005.

舰船真实成本的不断增加对防务资源带来挑战。真实成本增长意味着舰船的采购价格对于国防部门来讲正在变得越来越高昂。这对于武器装备的更新换代将带来很大的影响。

国防部每年采购的舰船数量的降低趋势正是舰船成本增长逐步降低武器装备采购能力的最好证明。随着舰船采购数量的减少，常备海军舰队的规模也将随之减小。三个不同的预算水平下海军每年可能采购的舰船的数目将不同。假设装备采购费用的预算是保持真实值不变的，采购费的增长只是消除通货膨胀带来的影响。舰船的真实成本增长率数据与上升增长率一致。海军舰船的采购结构与现有舰队的结构一致，即舰队的舰船种类构成基本不变。各类舰船的初始成本值设定为 2005 年的成本数值。在推演中，成本数值按照表格中的成本增长率进行变化。每一年，舰船的成本数值增长，采购预算不变，那么能够采购的舰船数量将逐步减少。

每年能够采购的舰船数量逐渐减少。2005 年，在预算是 80 亿美元的情况下，能够采购 5 艘舰船；在预算是 120 亿美元的情况下，能够采购 8 艘舰船。假设舰船的平均使用寿命为 30 年，航空母舰的平均使用寿命为 50 年，在该采购规模下，与之相应可维持的舰队规模分别为 180 艘舰船与 260 艘舰船。到 2025 年，年均舰船采购量将会减半，相应可维持的舰队规模也会减半。

诚然，上述的推演计算为了把握主要矛盾，没有包含太多的因素。比如，舰队的结构并非一成不变，不同的舰船的预期使用寿命可能不同，舰船的更新换代模式不尽相同。国会预算办公室在一份报告中详细分析了装备替换率与舰队规模之间的关系。在 2006 年到 2035 年间，要维持一支拥有 260 艘舰船的舰队，政府平均每年必须采购 6.4 艘舰船，与之相应装备采购费预算额度将接近 140 亿美元（以 2005 年不变价格计算，该数额还不包括核燃料的再填装费用）。

随着舰船成本的不断攀升，政府对于舰船的采购能力将逐步下降。随着时间的推移，政府采购速率（即每年能够采购的武器装备数目）将不断降低，军队将无法保持一支 300 艘舰船的舰队。

军舰数据来自海军海洋系统工程成本与产业分析数据库中的 016 条目。进一步来讲，军舰的成本数据来源于该条目下面的最终单位成本。最终单位成本是一艘军舰的总成本数据，该数据包括了政府供应设备及优先采购资金；未包括相关的研究与开发费用。具体数值基于最终提交的关于军舰的预算报告中的数据，该数据是能够获取的关于军舰成本的最准确数据。军舰成本数据按照标准的预算表来划分项目，包括预计成本、基础建设与改造、动力系统、火力系统、电子系统等子项目。016 条目还提供了每一类别的平均生产小时数目。

军舰的性能指标参数对于成本至关重要。该数据主要包括重量、动力、轴马力、船员人数。这些数据主要来源于海军作战办公室的评估报告、海军海洋系统报告、军舰注册名录等。

为了比较军舰制造成本的增长率与其他产业的成本增长率及总体经济的通货膨胀率，采用美国劳工统计局的相关数据。

水面舰艇的成本增长与其他类型的舰船相比情况如何？基于海

军海洋系统 NAVSEA016 的数据，表 6.12 展示了从 1950 年到 2000 年各种类型舰船的成本变化情况。

表 6.12　1950—2000 年军用舰船成本增长率

舰船类型	年均成本增长率/%
两栖艇	10.8
水上军舰	10.6
攻击型潜艇	9.8
核动力航空母舰	6.4

资料来源：美国海军海洋系统工程成本与产业分析数据库。

在该时期内，不同舰船的年均成本增长率介于 6% 到 11%。相对来讲，水面舰艇的成本增长率较小。除核动力航空母舰外，其余三种类型的舰船的成本增长率比较接近。核动力航空母舰成本数据的时间跨度从 1958 年到 1995 年，所有这些航空母舰都是基于尼米兹级航空母舰的舰体设计进行改进的，并没有像其他军舰那样进行全新的基础性的船体设计新开发，因此，航空母舰的成本增长率较小。

武器系统的成本增长与其他经济部门相比情况如何呢？下面把武器系统成本增长率与国防采购平减指数、国内生产增长平减指数、消费者物价指数进行对比。

国防采购平减指数。国防部审计局每年发布平减指数。基于该指数可以很好地比较每年的国防采购预算数值。通过这些指数计算可得武器系统的真实通货膨胀调整率。国防采购平减指数从 1965 年到 2004 年的年均增长率约为 4.6%。这个数值要比美国海军舰船同时期的成本增长率低很多。国防采购指数基于同一物品不同时期价格的差别来进行通货膨胀调整的。而不同时期的军舰显然性能指标会一直变化。国防采购指数只能对工资、通用商品价格等进行调整，对于武器系统的调整作用有限。

国内生产总值平减指数。GDP 平减指数是国际通用的衡量经济体通货膨胀的指标，能够衡量整个经济体中价格的整体变化。不像 CPI 等其他的指数，GDP 平减指数并不基于一篮子固定的物品，而是基于所有生产的商品与服务的总价值，因此，能够更准确地衡量经济体的通货膨胀率。在分析的时间跨度内，该数值为年均 4.1%。

消费者物价指数。CPI 由美国劳工统计局来发布，衡量消费者面对的物价变化情况。该指数是基于一篮子典型的固定物品来计算的价格变化情况。在所研究的时期，消费者物价指数年均增长约为 4.6%。消费者物价指数的变化趋势与国防采购平减指数总体上类似，在 20 世纪 70 年代国防采购平减指数比消费者物价指数增长的快，在 20 世纪 80 年代到 90 年代较慢。在 20 世纪 70 年代，这些指数的增长模式显示出指数规律，随后则呈现出线性增长的模式，而军舰的成本增长率则一直为指数级增长。

消费者物价指数的不同构成部分的增长率各不相同。表 6.13 总结了大学学费、医疗费等不同构成部分的年均增长率。可以看出，尽管不同部分的增长情况都小于军舰的成本增长率，但是各部分的增长率各不相同。最高的部分是大学学费，其增长率接近 8%，紧接着是医疗费用，其增长率为 6.6%。

表 6.13　消费者物价指数不同部分的年均成本增长率

CPI 构成	年增长率/%
服饰	2.4
私人交通工具（汽车、燃料、维修等）	4.2
食品饮料	4.6
汽油	4.9
住所	5.5
医疗	6.6

CPI 构成	年增长率/%
教育学费	8.0
海军舰船	6.0 ~ 11.0

资料来源：美国劳工统计局。

海军舰船的长期成本增长率为 6% ~ 11%，远远高于以消费者价格指数、国防采购平减指数、国内生产总值平减指数等衡量的经济体的物价增长。大体上，真实成本增长具有一定的周期，当一个全新型号的军舰引入生产则会大幅度提高成本。对同一型号的军舰来讲，成本增长较为缓慢。成本增长的现象不仅仅存在于海军舰艇中，而且存在于几乎所有类型的武器系统中。

四、我国武器装备发展的防务资源需求

我国的和平发展要求我国的国家力量快速完成信息化智能化双重跨越，形成体系作战能力，能够在航路保障、远程投送方面取得长足进展，进而更好地保护我国和平发展过程中不断拓展的国家利益。在我国武器装备发展及更新换代之中，一般意义上的武器装备发展成本规律能够指引武器装备采购人员科学把握装备费用，较为准确地对防务资源中相应的武器装备费用进行预算，使装备费中的每一分钱都用在刀刃上，提升军用财力资源配置效率，实现效益最大化，提高装备费用使用绩效。

1. 空军武器装备建设的重点及费用增长规律

我国空军能力建设将要在加强打击、防御和机动能力方面下功夫。空军的军事能力要随着国家利益的拓展，从国土防御向着近海打击和防御转变。根据《中国军力报告 2012》，我国空军的任务包括打击、空中防御、导弹防御、战略机动和预警侦察。空军的短板

和发展方向将集中在远程投送能力、新一代隐形战斗机及空天一体的导弹防御预警方面[197]。根据表 6.14 和表 6.15 列举的我国空军新式装备数据及大国间空军力量对比数据，可知我国的空军武器装备面临着严峻的任务，必须基于空军武器装备更新换代过程中的成本数据变化规律科学的规划和牵引我国空军武器装备的建设。

一直以来，几乎所有类型的军用飞机的成本增长率都远远超过了同时期的通货膨胀率、消费者价格指数、国内生产总值平减指数等衡量价格增长的指数。对于更高性能的追求推动着成本的增长，这种长期的成本增长趋势对于军用飞机的研发、生产及采购都会带来重大的影响。军用飞机成本的上升，而防务资源中的装备采购费用面临着很大的约束，这将大幅度降低能够采购的军用飞机数量。总体上来看，武器装备成本增长可以从经济推动和需求拉动两大方面来看。

所有类型的军用飞机，包括侦查机、运输机、教练机、轰炸机、强击机、战斗机、预警机等，在过去的三十年中成本增长率都超过了通货膨胀率。无论以采办价格，还是出厂价格为标准，这种增长的趋势都是不变的。不同类型的军用飞机的成本变化规律会有不同，有的迅速上升，也有的缓慢上升，所有的成本增长率都超过了通货膨胀率。

表 6.14 近年来曝光的我国空军新式装备

基本资料			关键参数	重要意义
机型	研发开始时间	发布曝光时间	引擎型号	
歼 10B	2004 年	2009 年	涡扇 10	我国未来主力战斗机
歼 15	不详	2009 年	涡扇 10	我国首款舰载机
歼 16	不详	2012 年	涡扇 10A	我国自行研制的首款战斗轰炸机

续表

基本资料			关键参数	重要意义
机型	研发开始时间	发布曝光时间	引擎型号	
歼20	不详	2011年	涡扇15（未定）	我国自行研制的首款隐形战斗机
歼31	不详	2012年	RD－93（或涡扇13）	我国自行研制的第二款隐形四代战斗机
战神轰炸机（轰6K或轰8）	不详	2012年	D30－KP－2涡扇发动机	我国最新的远程轰炸机
武直－19	不详	2010年	涡轴9	我国首架专业武装侦察直升机
武直－10	1998年	2004年	涡轴9	我国首架专业武装直升机
机型	研发开始时间	发布曝光时间	引擎型号	
运－20	不详	2012年	D－30KP－2	我国自行研制的首架重型运输机
空警200	不详	2004年	涡桨6	我国首架轻型空中预警机
空警2000	不详	2006年	D－30KP	我国自行研制的首架大型预警机

资料来源：《中国军力报告2012》《世界各国国家力量手册》。

表6.15 多国空军力量对比

单位：架

		战斗机	轰炸机	运输机	直升机
中国	总计	1560	550	300	634
	三代战机	310	180	40	
美国		2690	862	1020	219

续表

		战斗机	轰炸机	运输机	直升机
俄罗斯		980	622	318	1660
印度		410	144	212	243
日本		200	60	30	40

资料来源:《中国军力报告 2012》《世界各国国家力量手册》《飞行国际》。其中三代战斗机数据为申万研究估计数据。

根据世界各国武器装备发展的客观规律,结合我国空军目前的装备列装情况,我们可以得出未来我国空军武器装备发展的重点。由我国空军武器装备的现状可知,第三代战机的比例偏小,缺少自主研制的大型运输机。空军武器装备建设应该提升第三代战机的比重,并积极发展第四代隐身战机,同时加快大型运输机的自我研制进程,提升我军的远程投送能力。这就迫切要求武器装备的采购向着飞机制造、发动机、航电系统、机电系统等领域倾斜。

从上一小节军用飞机的成本增长规律可知,军用飞机的成本年均增长率为 6.6% ~ 11.6%。空军装备属于资本密集型,是高技术的结晶,需要长期研发与积累。要实现空军装备的更新换代就必须首先在防务资源预算中切实按照客观规律进行拨款,在市场上通过资金保留高端的科技人才、管理人才,最终保证空军装备的现代化。按照战斗机的成本成长规律,用于军用飞机的全寿命采办费用必须以每年 10% 左右的速度增加才能够大体上符合军用飞机发展的客观规律。

2. 海军武器装备建设的重点及费用增长规律

海军舰船成本增长与其他商用舰船相比具有一定的独特性。军用舰船的高成本很大一部分来源于设计与制造中,军用舰船的设计与制造任务是武器系统工程与制造中最为复杂的系统之一。军用舰船对于重工业制造与高超技术系统集成有很高的要求,复杂通信系统、控制系统、武器系统、传感系统等必须在一个大系统之中集成，协调运作。这些构成部分和子系统是多种高新技术的集成，包括电子、机械及软件。武器系统所用的技术是最先进的，往往处于未开发状态，在项目的开始阶段，技术的成熟度不高，应用经验不足。

军用舰船除了满足直接军事任务需求，还要满足"旅馆功能"。要为舰船上的军人提供住房食物等生活所需。为了保证船员的健康，还需要基础的医疗设施。所有这些功能必须能够持续较长时间，在海上执行任务需要的时间一般是好几个月，这就需要一定数量的库存。舰船的非军事任务需求使得其有别于其他的武器系统如坦克、飞机等。

军舰的制造过程很复杂。给定军舰的体积与复杂性指标，需要大量的设计、工程、管理、测试、生产原料才能够完成。军用造船厂拥有数以万计的劳动力，包括各方面的工程专家，如电子工程师、机械工程师、造船工程师等。现代军舰设计往往采用复杂的三维计算机辅助设计工具，只有受过良好教育的拥有高技能的高科技人才能够胜任。生产的进行还需要大量掌握高熟练度技能的技工，如电工、电焊工、管道安装工等。军舰上的系统很复杂，这些系统的测试要由测试专家来进行，这些测试工程师和技工需要很多年的历练才能够精通这些看似技术含量不高的技能。

军舰市场属于单独买家的市场，军舰只能够卖给政府。军舰产品是高度精细化的，其专用性程度很高，不同的使命任务要求的军舰不同。因此，以现有的军舰设计方案为基础进行修改很难达到要求，必须根据使命任务提出的要求重新进行设计。而在民用船舶领域，往往能够以一个已经成熟的设计方案为基础进行改进设计，满足民用需求。军舰的这种专用性使得其成本大大提高。军舰的生产速率比商用船只低，其生产周期更长，从 3 年到 10 多年不等。

耶鲁大学教授保罗·肯尼迪在其开创性的著作《大国的兴衰》中提出了一个广为接受的观念："一个国家的国家力量来自其经济力量；全球格局在战争时期更多取决于国家力量，在和平时期更多取决于经济力量。"[198] 从这个观念来上看，我国经济的快速发展需要相应的军事实力作支撑。从图6.4可以看出，我国海军军舰的数目在平稳中有所上升。但是，如果从战斗力来看，还存在着较大的差距。

按照美国学者的估计，将会成为全球第一大经济体。随之而来海洋利益、海外投资、航道安全等国家利益拓展对于海军军事能力提出了极大挑战。根据表6.16多国海军力量对比可知，我国海军武器装备建设亟需加强。总体上来讲，海军的蓝海能力将得到加强。我国海军的发展重点要放在防空和对海作战能力的提升，水下核威慑能力的加强。攻击潜艇、多任务水面战舰和第四代海航飞机、导弹核潜艇、航母战斗群等的发展都将能够提升我国海军在第一岛链及台湾海峡区域的海上优势。

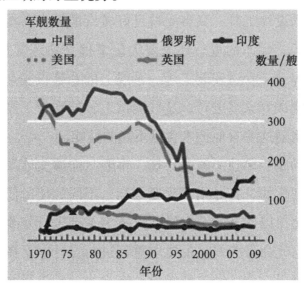

图6.4 中、美、俄等大国军舰数量变化态势

资料来源：伦敦战略研究所。

表 6.16　相关国家海军力量对比

国家＼武器装备	航母	驱逐舰	护卫舰	两栖运输船	海岸巡逻舰	直升机
中国	1	26	53	28	53	
美国	12	49	30	40	64	384
俄罗斯	1	14	38	22	51	120
印度	1	8	39	6	16	33
日本	0	45	12	10	16	143

注：单位为艘或架。

资料来源：《中国军力报告 2012》《世界各国国家力量手册》。

从前面的研究可知海军舰船的长期成本增长率为 6%～11%。我国海军在攻击潜艇、多任务水面战舰和第四代海航飞机、导弹核潜艇、航空母舰战斗群等方面的发展，必须以这个客观的成本增长率为基础来进行海军武器装备费用的预算规划。

3. 陆军武器装备建设的重点及费用增长规律

国家的战略利益拓展到哪儿，我军的国家力量必须保障到哪儿。陆军是具有最悠久历史的军种。如表 6.17 所示，我国陆军的整体国家力量从坦克、火炮的数量来看，并不弱。现代化的升级改造是陆军武器装备的发展重点。

表 6.17　各大国陆军武器装备数量对比

	坦克	火炮	直升机
中国	8000	10000 以上	500
美国	6620	5000 以上	4596
俄罗斯	22800	30000 以上	162
印度	3988	10000 以上	162
日本	980	5000	90

注：单位为辆或架。

资料来源：《中国军力报告 2012》《世界各国国家力量手册》。

从成本增长的规律来看，主战坦克等陆军装备的成本增长率相对于战斗机和军舰较低。因此在武器装备费用的规划之中要相应地体现这些成本规律。

根据武器装备发展变化中成本变化规律及我国和平发展过程中面临的威胁，我国的装备费用应保持两位数的增长幅度，同时要优化结构，根据武器成本增长规律，重点向空军武器装备和海军武器装备倾斜。

第二节　军事人力对防务资源的需求

一、现代国家力量的提升重在人力资本

军队的规模一直以来对于国家力量的提升具有举足轻重的作用。随着新军事变革的深入发展，提高军队战斗力越来越依靠掌握了先进科学技术知识的智能型人才，对于军人的科学素养要求越来越高，而对于数量的要求并没有那么严格。图 6.5 所示的我国军队规模的总体趋势也正说明了这一点。在"军队要忍耐"的时期过后，我国的军队员额仍然处于下降趋势。近年来，虽然我国的海洋利益空前提高，对于海空军国家力量提出了更高的要求，但是，军队的员额从总量上并没有增加，而是在现有规模的前提下进行国家力量结构调整，优化军兵种结构。

与此同时，战斗力的提升越来越依赖军人的科学素养。体能型军人在提升国家力量水平中的作用正在降低，掌握了高新技术的智能型军人对于军队战斗力的提升越来越明显。随着新军事变革的深入发展，世界各国皆把吸引高素质军事人才作为提高国家力量水平

的重要举措。我国依托军事院校、高等教育体系等"军民口"资源培养了一大批掌握高新技术的人才。这些受过高等教育，拥有了硕士、博士学位的军人正在国家力量提升中发挥着重要的作用。

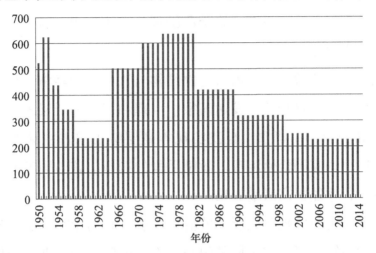

图 6.5　1950—2014 年我国军队规模

资料来源：综合姜鲁鸣、王文华的《中国近现代国防经济史》以及历年《国防白皮书》数据。

人力资本的提升是军事提升战斗力的重要途径，然而，由于军队的活动往往属于集体劳动，个人的努力程度往往比较难以甄别。这就给军事人力的激励带来了很大的挑战。一个军人的人力资本水平高低比较难以准确的加以甄别。往往导致"吃大锅饭""搭便车"等现象，最终"劣币驱逐良币"，能干愿干的拥有较高能力的军人个体也开始随波逐流，自身的价值难以更好地发挥，最终使得整体的军事人力水平处于较低的状态。

二、合理的激励是提高军事人力资本的关键

在以脑力劳动为核心的现代军事活动之中，个体的努力程度往往难以甄别，导致在军队的集体活动中存在"搭便车"的现象。合理的激励正是激发军人个体努力程度的关键，通过激发个体的主观

能动性，从而提高整个军事的军事人力资本水平。

对于军人行为激励应该遵循客观的行为科学规律。"基本需求层次理论"是被现代企业广泛应用到员工激励的重要理论。马斯洛需求层次理论由马斯洛在《人类激励理论》中提出，是行为科学的重要核心理论之一[199]。

社会中大多数个体的需求层次结构与该社会的经济、科技、文化、教育程度直接相关。发达国家中生理和安全等低层级需求占主导的人群较少，而尊重、自我实现等高层级需求占主导的人群较多；发展中国家则恰恰相反。激励手段的选择应该与国家的基本国情相符合，才能提高激励效果。

了解激励对象现阶段所在的需求层次，是运用需求层次理论进行激励的关键前提。在不同的组织、不同的阶段与时期，个体之间充满着差异性，这种异质性会不断变化。要进行高效的激励就必须真正把握个体未得到满足的需求内容，针对性地进行激励。

激励要区分层级，抓住核心需求。该理论把人的需求分为由低层次到较高层次的五个层级，这五个层级具有一定的优先次序。人们首先优先满足低层级的需求，逐次上升至高层级，但次序并非完全固化。在低层级需求满足之后，才会出现对于高层级的需求。要对个人产生激励，就必须首先分析清楚对象所在的需求层级，个体在不同的阶段不同的条件下有着不同的核心需求，核心需求占据着支配地位，对个体的行为起着决定性的作用。只有与核心需求层级相称的激励手段才能真正产生作用，低于或者高于对象所在的层级，都无法达到很好的激励效果。

激励要兼顾高低层次。个体的需求存在着层次结构，在不同的时期和不同的条件下存在着核心的需求，但是并不意味着有了高层次的需求就会使得低层次的需求消失。生理、安全、感情上的需要都属于较低层次的需求，但这不意味着在满足了尊重、自我实现等高层次的需求后就不再需要满足低层次的需求了。任何一种需求都不会随着更高层次需求的满足而消失。因此，激励手段不仅仅要抓住核心需求，而且还不能忽略已经满足的低层级需求。这样，才能够达到更好的激励效果。

激励要区分外部条件和内部条件。在人类的需求结构中，有一些需求对于外部条件的依赖性很高，如生理上的需求、安全上的需求和感情上的需求等；有一些需求对于外部条件的依赖性较低，主要依靠个体的内部因素才能满足，如尊重、自我实现等。对于不同类别的需求，要针对性地去满足，外部条件的改善无法直接满足内部需求；对于内部条件（思想、知识、心理等）的改善，也无法直接满足外部需求。只有把握这个区别，才能达到更好的激励效果。

军队是严密的组织，其基本的构成单元是一个个拥有思想，能够独立思维的个体。"水能载舟亦能覆舟"，人心与军心对于社会的发展与进步是至关重要的。

通过设计适当的外部奖酬形式，通过行为规范和奖惩规则，可以激发、引导、保持、归化组织成员的行为，以便有效地实现组织及成员个体目标的系统活动。主要是抓人心，激励是核心，激励的核心是人。

现代国家力量体系的高技术属性使得军事人力资本的衡量越来越困难。具备了高新科学技术素养的现代知识型军人的努力程度直接决定着一支军队的战斗力。表6.18对需求理论在军人激励中的运用进行了总结。只有把握激励的基本原理，在此基础上构建科学的机制体制，才能够吸引真正具备了高新技术的人才进入军队，才能够持续地激励这些高技术人才全力以赴地为国防与军队建设作出贡献。

表 6.18　需求理论在军人激励中的运用

需求层次	诱因	管理制度与措施
生理	薪水、良好的工作环境、福利待遇	工资、奖金、身体健康、医疗设备、休息时间、住宅设施、福利待遇
安全	职位的保障、意外的防止	雇佣保证、退休金制度、健康险制度、意外保险
社交	友谊、良好的人际关系、团体的接纳、与组织一致	协商制度、团体活动制度、奖金制度、娱乐制度、教育训练制度
尊重	地位、名分、权利、责任、与他人薪水之高低	考核制度、晋升制度、表彰制度、奖金制度、选拔进修制度、委员会参与制度
自我实现	能发挥个人特长的组织环境，具有挑战性的工作	决策参与制度、提案制度、发展制度

三、现阶段我国军人的激励程度较低

现代国家力量的提升重在人力资本的提升，而人力资本的提升需要有合理的激励机制。在市场经济的大环境下，市场通过价格来配置资源。能否有效激发军人的积极能动性对于提高战斗力意义重大。下面从总量和时序结构两个维度对我军军人工资待遇在发挥激励作用过程中可能存在的问题进行分析。

1. 从总量上看，与经济快速发展不相协调

军人工资有军人薪饷、军人薪资、军人工薪、军人薪水、军人薪金等别称。军人工资是国家以货币形式定期给予军人的一种劳动报酬，是军人物质文化生活保障的主要来源，是军人生活待遇中最重要的组成部分，是考察军人需求层次的重要现实依据。中华人民共和国成立以来，我军进行了 8 次薪酬改革，相比过去，部队待遇、生活水平的确有了很大的改善[200]。现役军官工资概括见表 6.19，现役军官月平均收入见表 6.20。

表 6.19　现役军官工资表

项目	副连 4 档 中尉 3 年 军龄 6 年	正连 6 档 上尉 2 年 军龄 10 年	副营 8 档 少校 1 年 军龄 13 年	正营 10 档 少校 4 年 军龄 16 年	副团 12 档 中校 3 年 军龄 19 年	正团 15 档 上校 3 年 军龄 23 年	副师 18 档 大校 3 年 军龄 26 年
军龄工资	60	100	130	160	190	230	260
职务工资	525	615	640	900	1110	1410	1860
军衔工资	400	455	560	620	660	980	1230
职业津贴	200	220	240	260	280	300	320
房租补贴	55	55	65	65	95	100	120
生活性补贴	1680	1660	1860	1960	2080	2200	2340
工作性津贴	600	620	660	800	860	920	1000
合计	3630	3925	4365	4665	5385	6140	6150

注：单位为元。

资料来源：陈勇．我军"发展型"薪酬福利制度研究［D］．北京：国防科技大学，2012。

表 6.20　现役军官月平均收入表

项目	副连 4 档 中尉 3 年 军龄 6 年	正连 6 档 上尉 2 年 军龄 10 年	副营 8 档 少校 1 年 军龄 13 年	正营 10 档 少校 4 年 军龄 16 年	副团 12 档 中校 3 年 军龄 19 年	正团 15 档 上校 3 年 军龄 23 年	副师 18 档 大校 3 年 军龄 26 年
月工资	3630	3925	4365	4665	5385	6140	6150
月均奖励工资	83	98	119	140	163	218	280
住房补贴	406	469	585	688	846	1062	1380
合　计	4120	4502	5069	5603	6405	6430	8810

注：单位为元。

资料来源：陈勇．我军"发展型"薪酬福利制度研究［D］．北京：国防科技大学，2012。

现役军官月平均收入表（不含基层主副官的岗位津贴、非全军统一的补贴）见表 6.21。

表 6.21 22 周岁至 55 周岁军人所有年份工资收入表

年龄	年工资/元	月工资/元	说　　明
22	45495	3610	副连一档中尉 1 年军龄 5 年，岗位津贴 100，12 × 3610 + 965 + 1200 = 45495 军龄 6 年
23	45625	3620	副连二档中尉 2 年军龄 6 年，岗位津贴 100，12 × 3620 + 985 + 1200 = 45625
24	45655	3630	副连三档中尉 3 年军龄 6 年，岗位津贴 100，12 × 3630 + 995 + 1200 = 45655
25	50669	4046	副连四档中尉 4 年军龄 8 年，岗位津贴 100，满 25 每月有住房补贴 406
26	60116	4638	正连一档上尉 1 年军龄 9 年，岗位津贴 165，住房补贴增加到 469
27	60236	4648	正连二档上尉 2 年军龄 10 年，岗位津贴 165，12 × 4648 + 1160 + 2100 = 60236
28	60366	4658	正连三档上尉 3 年军龄 11 年，岗位津贴 165，12 × 4658 + 1160 + 2100 = 60366
29	60496	4668	正连四档上尉 4 年军龄 12 年，岗位津贴 165，12 × 4668 + 1180 + 2100 = 60496
30	65308	5059	副营一档少校 1 年军龄 12 年，岗位津贴 265，住房补贴增加到 585
31	65440	5069	副营二档少校 2 年军龄 13 年岗位津贴 265，12 × 5069 + 1432 + 3180 = 65440
32	65560	5069	副营三档少校 3 年军龄 14 年岗位津贴 265，12 × 5069 + 1442 ｜ 3180 = 65560
33	65808	5089	副营四档少校 4 年军龄 15 年岗位津贴 265，12 × 5089 + 1452 + 3180 = 65808
34	63116	5603	正营一档少校 5 年军龄 16 年岗位津贴 350，住房补贴增加到 688
35	62226	5613	正营二档少校 6 年军龄 16 年岗位津贴 350，12 × 5613 + 1660 + 4200 = 63226
36	63356	5623	正营三档中校 1 年军龄 18 年岗位津贴 350，12 × 5623 + 1680 + 4200 = 63356

续表

年龄	年工资/元	月工资/元	说　明
37	63486	5633	正营四档中校 2 年军龄 18 年岗位津贴 350，12 × 5633 + 1690 + 4200 = 63486
38	83630	6405	副团一档中校 3 年军龄 19 年岗位津贴 400，住房补贴增加到 846
39	83850	6415	副团二档中校 4 年军龄 20 年岗位津贴 400，12 × 6415 + 2060 + 4800 = 83850
40	83980	6425	副团三档中校 5 年军龄 21 年岗位津贴 400，12 × 6425 + 2080 + 4800 = 83980
41	84110	6435	副团三档中校 5 年军龄 21 年岗位津贴 400，12 × 6435 + 2090 + 4800 = 84110
42	96480	6420	正团一档中校 6 年军龄 22 年岗位津贴 485，住房补贴增加到 1062
43	96600	6430	正团二档上校 1 年军龄 23 年岗位津贴 485，12 × 6430 + 2620 + 5820 = 96600
44	96630	6440	正团三档上校 2 年军龄 24 年岗位津贴 485，12 × 6440 + 2630 + 5820 = 96630
45	96860	6450	正团四档上校 3 年军龄 25 年岗位津贴 485，12 × 6450 + 2640 + 5820 = 96860
46	115560	8800	副师一档上校 4 年军龄 26 年岗位津贴 550，住房补贴增加到 1380
46	115680	8810	副师二档上校 5 年军龄 26 年岗位津贴 550，12 × 8810 + 3360 + 6600 = 115680
48	115810	8820	副师三档上校 6 年军龄 28 年岗位津贴 550，12 × 8820 + 3360 + 6600 = 115810
49	115940	8830	副师四档上校 6 年军龄 29 年岗位津贴 550，12 × 8830 + 3380 + 6600 = 115940
50	116060	8840	副师五档大校 1 年军龄 29 年岗位津贴 550，12 × 8840 + 3390 + 6600 = 116060
51	130180	9855	正师一档大校 2 年军龄 30 年岗位津贴 620，住房补贴增加到 1650

年龄	年工资/元	月工资/元	说　明
52	130300	9865	正师二档大校 3 年军龄 31 年岗位津贴 620，12 × 9865 + 4490 + 6440 = 130300
53	130560	9865	正师二档大校 4 年军龄 32 年岗位津贴 620，12 × 9885 + 4500 + 6440 = 130560
54	130840	9885	正师二档大校 5 年军龄 33 年岗位津贴 620，12 × 9905 + 4510 + 6440 = 130840
55	130940	9895	正师二档大校 6 年军龄 34 年岗位津贴 620，12 × 9915 + 4520 + 6440 = 130940

美军薪酬福利水平较高，与美国的经济社会发展相互保持协调。美国国会预算办公室（The Congressional Budget Office）估算了美军现役军人年均每人获得的补偿达到9.9万美元[①]。其中非现金补偿占比约为60%，包括医疗保障、退休金、子女保障、食物、住房、教育等。现金补偿占比为40%。美军的收入包括基本工资、补贴、特别补助和奖金。基本工资由军衔、任职年限和服役时间共同决定，详见表6.22。2002年，美军军官年均收入达到6.62万美元，是联邦公务员的1.2倍，是白领职员的1.5倍[201]。

表6.22　美军补贴、津贴概况

项目（住房津贴）	金额	备注
基本住房津贴	军官：13.2 ~ 50.6 美元/月 士兵：6.9 ~ 18.6 美元/月	
单身军人住房津贴	军官：526.1 ~ 960.9 美元/月 士兵：295.2 ~ 629 美元/月	

---

① 资料来源于美国军队主页，www.goarmy.com。

续表

项目（住房津贴）	金额	备注
已婚军人住房津贴	军官：615.2～960.9 美元/月 士兵：526.1～960.9 美元/月	
不定额住房津贴	军官：192.6～283.5 美元/月 士兵：149.6～256.1 美元/月	
高物价地区住房补助 两地分居补贴	250 美元/月	不分官兵
项目（服装补贴）		
入伍置装费	男：1165～1336 美元 女：1410～1609 美元	军种有别，男女有别
例行换装费	男：630～1310 美元 女：616～1354 美元	
便装津贴	294～881 美元	
项目（基本生活补贴）		
基本生活津贴	军官：192.64 美元/月 士兵：269.88 美元/月	
项目（其他津贴）		
战区津贴	225 美元/月	不分官兵
危险作业津贴 （诸如飞行甲板作业、 爆炸物排除等）	150～225 美元/月	视作业环境而定， 但不分官兵
出海津贴	军官：100～535 美元/月 士兵：50～620 美元/月	因军衔而异
勤务津贴	军官：414～10494 美元/月 士兵：161～6382 美元/月	因军衔而异
飞行津贴	125～840 美元/月	因军衔而异
潜艇津贴	军官：230～835 美元/月 士兵：65～425 美元/月	

项目（住房津贴）	金额	备注
潜水作业津贴	军官：240 美元/月 士兵：340 美元/月	
有害岗位作业津贴	150 美元/月	不分官兵

资料来源：陈勇．我军"发展型"薪酬福利制度研究［D］．北京：国防科技大学，2012。

改革开放使我国取得了史无前例的高速经济发展。在过去的大部分时间段内，军人的工资随着经济发展进行了调整，与经济的发展步调基本一致。

近年来，随着经济增长本质特征的改变，军人的工资与基本需求之间的缺口逐步凸显。

经济长周期理论表明，1980—2030 年的 50 年是一个完整的长周期。长周期的前半段是繁荣期，随后是危机期和萧条复苏期。从 2008 年国际金融危机开始到目前为止的经济波动，是世界经济长周期中危机酝酿爆发和扩张的体现，未来的世界经济将处于长周期的中后期，即衰退、萧条和复苏。

我国经济的发展是世界经济发展的重要组成部分，我国经济一直以来是世界经济的重要组成部分，近年以来对于世界经济的贡献逐步增大。这也意味着，中国的经济发展规律与世界经济发展的规律具有内在的联系，脱离不了世界经济的周期性波动。在世界长周期的调整过程中，中国的经济也会进行调整。2008 年世界金融危机后，中国的经济增长仍然被拉了起来。但是，必须看到，虽然我国的经济增长仍然可观，但是必须认清楚其内在的动力，依靠货币支撑的、以房地产拉动为主体的投资拉动型增长是不能持久的。"土地财政"在这种不健康的经济增长中扮演了重要角色，在城市改造中，地方政府拆迁大量的城市房屋，出售土地给房地产企业，拉动与房地产相关的钢筋、水泥、建材等上下游产业，制造出大量的经济增长点。在"房地产和地方政府利益共同体"的驱动下，为了经济数字的增长而增长，增长模式是低水平的重复建设，妨碍了资本进入高新技术行业，阻碍了高新技术的发展，对于社会经济的长期发展并无长期推动作用。

在这种经济增长模式下，军人工资与基本需求的缺口表现得尤为明显。军人的工资相对于满足基本需求的住房的价格显得微不足道，这使得军人的基本需求满足度大幅度降低。在军官群体中，30岁左右的军官大多处于尉官阶段，占据着军官总人数的很大比例。从社会人的角度来看，该年龄段的军官正是成家的年龄，"刚需房"作为军官的基本需求无法得到满足。仅仅依靠工资，军官是没有能力拥有自己的住房的，这将导致其基本生活需求得不到满足。在社会主义市场经济高度发达的现代社会，很可能因为物质条件，军人的婚姻受到影响。没有婚姻、没有家庭等因素使得军人的生活需求还停留在较低的层级。

分析至此，可能会有疑问，房价高是整个社会的问题，为什么仅仅强调军人群体，而不强调其他群体呢？这是因为军事部门的特殊性。

按照马克思关于军队的理论，军事部门的本质属性是消耗部门，物质生产不是其主要功能。对于生产部门来讲，以"卖地财政"为特征的经济增长能够通过高房价激发买房群体创造劳动价值的积极性，从而加快经济发展；但是这个规律不能够应用于军事部门。军事部门是非生产部门，是保障国家安全的部门，"吃皇粮"既是其经济属性的要求，也是功能属性的要求。军官的基本需求不能够得到满足，不会激发军官创造更多的劳动价值，因为军队部门属于非生产部门。

在基本需求得不到满足的情况下，军事部门本应着重强调的责任、使命、奉献、荣誉等高层次的需求就成了空中楼阁。按照行为科学的理论，在基本需求得不到满足的情况下，高层次的精神需求也得不到满足。这样，军人的物质维度和精神维度就都处于较低的满足状态，这就催生了军人私下做生意、炒股票、"买官卖官"、贪腐等现象。

2. 从时序结构上看，生命周期安排不合理

军人工资待遇的全生命周期特征是更好激励军人，提高军事人力资本的关键。军人在工作时期的收益远远低于退休时期的收益；而与其所在时期的开支需求不相协调。军队干部在"退休期"的薪酬福利总量远远超过"工作期"的薪酬福利总量。虽然 2006 年全军部队对在职干部增加了一块"工作性津贴"，但是退休干部的全寿命薪酬福利结构仍具有较强的退休后补偿性效应，从而导致个人贡献的时间分布与个人收入的时间分布不匹配。个人消费的时间分布与个人收入的时间分布不匹配，薪酬福利的投资功能和健康发展功能没有完全发挥出来。应进一步提高在职干部的工作性津贴水平，使退休干部"工作期"的薪酬福利总量约高于"退休期"的薪酬福利总量，从而既使个人收入的时间分布与个人劳动贡献的时间分布相匹配，也与家庭消费的时间分布相匹配。这样既调动广大在职干部的积极性，也增强军队与地方工资制度的兼容性，适应市场经济条件下收入分配规律发展的客观要求[202]。

根据我军现有工资标准计算，通过计算得出第一期的总收入为 2,946,384 元，第二期的收入总额为 3,081,500 元，如图 6.6 所示。进一步可以推算出我军一位军官不转业，一辈子在部队就职，共计可拿到将近 600 万元工资。其中在职期间（从 22 岁军校毕业至 55 岁）可以拿到 2,946,384 元，退休之后（从 56 岁至 80 岁）可以拿到 3,081,500 元。

总体上来讲，与经济发展和民众生活水平对比，与国际上其他国家部队的待遇标准相比，中国军队的待遇水平相去甚远。我军尚

未形成完整、稳定的军官工资待遇法律法规体系，导致军官薪资待遇增长、调控都缺乏法制保障，应该适时探讨建立健全《军官工资待遇法》等法律，使保障军人权益有据可依。提高部队的收入水平其实也提高了军人职业荣誉感，是体现社会地位的一个重要指标，也能够提升一定的士气。让军人有好的待遇也可以安心为国家和民族安全更好服务。

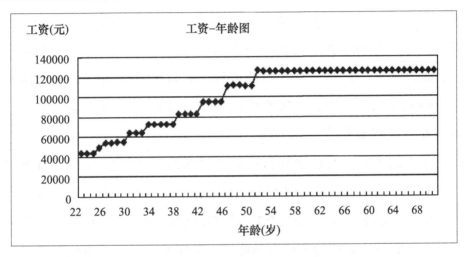

图6.6 军人工资的全寿命周期

四、提高人力资本要求防务资源与军队"战斗队职能"相适应

军队工资待遇的合理安排要符合军人"战斗队"的职能定位。与经济社会的其他部门不同，军人不参与生产性活动。根据亨廷顿的研究[203]，军队作为国家机器的重要组成部分具有如下特征。

首先，军人是社会分工的产物，军人的劳动具有专业性的特征。军队是合法使用暴力的国家机器，使用暴力就是军人的专业。有效率地组织并使用暴力是军队的专业性，是劳动分工的必然结果。任何军人不得从事其专业性之外的活动，否则就是不务正业，会腐蚀军队的整体战斗力，同时扰乱正常的社会经济秩序。

其次，军人要具有高度的责任性。保境安民是军人的职责。在党的指挥下履行军队的职责是军人的使命。军队作为国家系统的子系统履行保家卫国的职责，同时也拥有了在服役和退役期间享受正常生活待遇的权利。

最后，军队具有统一性。统一性要求军队强调下级服从上级，强调纪律，强调令行禁止，强调团队精神。自立性、多样性、竞争、平等交易也许能为经济生活带来活力，但对军队而言，它们是对统一性的腐蚀剂。适用于经济生活的原则，不一定适用于军队生活，反之亦然。这是显而易见的道理。一旦经济生活的原则潜移默化影响到军队生活中，其灾难性的后果短期内也许看不清，但遇到危机就会显露出来[204]。

军人的工资待遇必须符合军队"战斗队"的职能定位。当然应基本满足军人作为一位有骨有肉、有家庭、有朋友、有父母、有子女的社会人的需求。军队的生产更多类似团体性的生产活动，个体的贡献并不能够像地方部门那样容易甄别，即使要甄别其成本也很高。与生产性部门不同，军人的努力并不直接创造财富，生产性部门可以通过金钱的激励，使得个体加倍努力，创造更多的产值，而军队则不同。军人不以生产财富为目的，也就不存在通过金钱激励来创造财富的可能。简言之，生产部门可以通过较低的基本工作待遇，以基本需求的不满足来激励个体加倍努力，创造财富；而军队部门，这种机制发挥不了作用，恰恰相反，会使得军人不务正业，偏离中心工作。

五、提高人力资本要求防务资源与军人"全寿命发展"相适应

"养小不养老""献了青春献子孙"等熟为人知的关于军人的口头禅在一定程度上反映了军人在军队中面临的困境。一个社会人，

在年轻的时候在军队服役，为保家卫国奉献自己的青春；而由于科层制的部队属于严格的金字塔结构，能够到达团级、师级甚至更高级别的人数极少，很多人将以较低级别转业或者退伍进入地方系统。而在其进入地方系统之后，自己的相关素质不能够适应经济社会发展的要求，发展机遇几乎没有，待遇也随之降低。简言之，年轻献青春，年老保障忧，即"养小不养老"。"时间都去哪儿了？"每位军人人生最美好的几年时光都留在了部队，军事部门要的是他们最健康的几年。当退伍转业的时候，已经步入而立之年，很多企事业单位因为退伍军人只会操纵一些武器、只懂一些战略战术，其余的经济生产所需的技能恰恰不会，不能够依靠这些养家糊口，在经济部门的发展很受限。"献了青春献子孙"主要指的是军人作为个体对于家庭、父母及后代所带来的影响。所谓"不孝有三，无后为大。"我国是一个有着五千年历史的文明古国，源远流长的文化已经流淌在每一位华夏儿女的血脉之中。关于"孝"，军人由于其职业的特殊性，长期在边远地区，不能照顾父母，且由于其工资待遇的水平较低，照顾父母的金钱能力也存在较低的水平，是为"不孝"。关于"无后"，可以分为两类来分析，其一，关于军人的配偶。由于地域的偏远、工作的不分夜昼，大多数军人在配偶的寻找过程中存在着难度。其二，关于子女。子女的后天培养也存在着难题。父亲或母亲，甚至二人都是军人的家庭，父母会长期缺席子女的家庭教育，这使军人子女在这一方面会落后一些。从学校教育来看，我国的教育资源分布存在严重不均的情况，由于军队驻地偏远、军人经济实力不足以支持子女去大城市等因素，军人子女所接受的教育资源也将低于潜在的平均水平。

　　如何破解？在考量军人工资待遇时，应该把握全局，放眼未来，从个体的全寿命发展、从个体代际发展等角度来综合考虑，进行机制设计，使得"强军目标"与"个体目标"激励相容，使得高素质人力资本能够愿意参与到国防与军队现代化进程之中。

第三节　军事训练维持对防务资源的需求

训练维持费用于部队训练、院校教育、工程设施建设维护以及其他日常消耗性支出。目前，从公开的研究文献来看，关于军事训练维持费用的研究还处于起步阶段。对训练维持费用较为抽象的认识是，在和平年代我国的防务资源中，训练维持费的占比约为三分之一。

对于基层部队来说，军事训练维持费用涵盖训练场地配套设施建设、演习演练经费保障、训练器材购置使用等方面[205]。要积极评估建设成效，总结管理经验，加强分析研究，优化投向投量、聚焦保障重点、坚持勤俭练兵、加强科学管理等方面，提高训练实战化水平、提升基于信息系统体系作战。

一、军事训练是战斗力生成的基本途径

军事训练与军队战斗力之间具有着必然联系。军事训练是和平时期最基本的实践活动，是军人成长积累经验的基本途径，是战斗力生成的基本途径。古今中外的历史证明，从难从严从实战需要出发进行训练，是军事训练的本质要求，是提高国家力量的基本途径。没有严格甚至严酷的军事训练，在战争中取胜是不可能的。

总体上来看，我军的军事训练维持费用实际数值和名义数值一直处于稳步上升的趋势，如图 6.7 和图 6.8 所示。从军事训练维持费用占防务资源的总体比例来看，保持在三分之一左右，略有浮动，如表 6.23 所示。

图 6.7　训练维持费名义值变化趋势

资料来源：1950—1986 年数据源自《中国人民解放军财务简史》。1994 年的数据源自国务院新闻办公室 1995 年 11 月发布的《中国的军备控制与裁军》白皮书；其他年份数据源自历年国务院新闻办公室发布的《中国的国防》白皮书。

注：单位为亿元人民币。

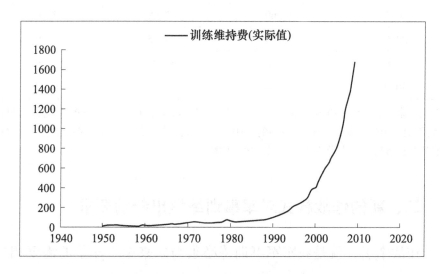

图 6.8　训练维持费实际值变化趋势

资料来源：1950—1986 年数据源自《中国人民解放军财务简史》。1994 年的数据源自国务院新闻办公室 1995 年 11 月发布的《中国的军备控制与裁军》白皮书；其他年份数据源自历年国务院新闻办公室发布的《中国的国防》白皮书。

注：单位为亿元人民币。

表6.23 1950—2012年中国防务资源项目结构

时间	人员生活费/%	训练维持费/%	装备费/%
1950—1954	34.96	34.20	30.84
1955—1958	42.23	22.95	34.82
1959—1965	38.24	31.69	30.06
1966—1966	29.36	34.21	36.42
1966—1986	26.89	35.60	36.51
1994	34.09	34.22	31.69
1996	35.89	32.69	31.45
1998	34.52	31.88	33.59
1999	32.38	35.32	32.30
2000	33.58	34.18	32.24
2001	32.01	33.69	34.30
2002	31.89	34.30	33.80
2003	32.50	33.60	33.90
2005	33.60	32.60	33.80
2006	33.66	34.05	32.19
2008	33.46	33.24	33.29
2009	34.04	33.63	32.23

　　资料来源：1950—1986年数据源自《中国人民解放军财务简史》。1994年的数据源自国务院新闻办公室1995年11月发布的《中国的军备控制与裁军》白皮书；其他年份数据源自历年国务院新闻办公室发布的《中国的国防》白皮书。

二、新的作战样式对军事训练提出新的要求

　　作战牵引，就是我军军事训练必须与未来军事斗争的需要相适应。它反映了作战与训练之间内在的、本质的联系，是训练活动中的一条最基本的规律。"仗怎样打，决定兵怎样练""训战一致、教养一致"从来都是军事训练的永恒法则，也是全面提高战斗力的必然选择。

在复杂多变的国际格局和新军事变革之中，一个国家的军队必须在军事训练中积极摸索和积累更多的作战经验。可以预见随着作战理念的变迁、武器装备的更新换代，军队的军事训练规模将会不断扩大，训练强度和训练标准会不断提升，训练的频率会增加，军事训练维持费会增长较快[206]。

联合作战、体系作战、网络中心战等新的作战理念的提出，将会增加军事训练费用的需求。提高军事训练实战化水平，关系到我军能不能打赢信息化局部战争、能不能有效履行使命任务，对于军队全面建设和军事斗争准备具有极为重要的作用。2014 年初出台的《关于提高军事训练实战化水平的意见》紧紧围绕实现党在新形势下的强军目标，对当前和今后一个时期军事训练作出战略部署和顶层设计。要突出使命课题训练，大力加强实案化训练、联合实兵演习、新型作战力量训练和战场适应性训练，提高部队复杂困难条件下遂行任务的本领。要打牢军事训练基础，坚持全面训练、严格分步细训，推行训练教学责任制，夯实战斗力根基。要发展符合实战的训练方法手段，普及各级对抗训练，加强基地训练、模拟训练、网络训练，严密组织考核、比武、拉动。要创设近似实战的练兵环境，成体系推进训练基地建设，配套部队训练场地，建强专业化模拟蓝军，让部队经受近似实战锻炼。要切实把军事训练摆上战略位置，严格落实党委训练责任，加强训练中思想政治工作，深化战斗力标准大讨论成果，加强后勤和装备保障，进一步改进训练作风，做到全部心思向打仗聚焦、各项工作向打仗用劲，形成齐心协力大抓实战化训练的良好局面，着力推动部队训练向实战靠拢、院校教育向部队靠拢。

三、我国训练活动的间接衡量

由于军事训练费用相关的详细资料很难找到，本研究试图从军事训练及军事演习的次数和规模来间接研究军事训练费用。

军事演习是军队训练活动在公众视野的展示。一场公开的军事演习背后往往蕴含着无数次部队官兵实地的演练，某种意义上是训练活动的成果。一个国家的军事演习活动所呈现出来的武器及军人往往体现着近期军队军事训练的主要内容。从更宏观的战略层面来看，军事演习还能够体现一个国家的战略意图，是一个时期国家大局的体现，这些战略意图共同构成了国际政治的风向标。

综合《解放军报》等公开媒体，统计了我国从 2011 年到 2014 年 9 月的军事演习，具体数据见表 6.24 ~ 表 6.27。纵观 2013 年，由总部和各军区、军兵种以及武警部队组织的军事演习演练活动就有近 40 场。中国更是与俄罗斯等国举行了多场联合军演，增强中国与其他国家应对共同威胁的能力的同时，增强了中国与其他国家之间的政治互信[207]。

在习近平主席"能打仗，打胜仗"的指示下，2014 年以来，我军的军事演习数量呈现直线上升的趋势。2014 年，为了提高军队履行多样化军事任务的能力，我军举行的师旅以上的实兵演习次数达到了 200 多场。紧贴实战需求，加强了多兵种联合训练的力度，在训练组织的过程中突出问题导向，推行监察制度，树立战斗力标准，从难从严施训的训风演风成了我军 2014 年的军事训练与演习的新气象。

表 6.24　2011 年度我军军事演习基本情况

日期	名称	地点
3 月 5 日 ~ 3 月 30 日	"雄鹰 – 1"中巴空军联合训练	巴基斯坦
3 月 8 日 ~ 3 月 12 日	"和平 – 11"多国海上联合军演	巴基斯坦卡拉奇近海域
6 月 5 日 ~ 6 月 16 日	"利刃 – 2011"中印尼特种部队联合训练	印度尼西亚万隆

续表

日期	名称	地点
6 月 5 日 ~ 6 月 15 日	"神鹰 – 2011" 中国白俄罗斯空降兵联合训练	白俄罗斯巴拉诺维奇
10 月 14 日 ~ 11 月 13 日	中国委内瑞拉特种作战分队联合训练	委内瑞拉
11 月 14 日 ~ 11 月 26 日	"友谊 – 2011" 中国巴基斯坦陆军反恐联合训练	巴基斯坦莱赫里地区
11 月 28 日 ~ 12 月 1 日	"合作精神 – 2011" 中澳人道主义救援与减灾实兵演练	中国四川都江堰

资料来源：新华社报道；国防部网站；2013 年国务院新闻办公室发布的《中国武装力量的多样化运用》白皮书；2019 年国务院新闻办公室发布的《新时代的中国国防》白皮书；2011 年美国国防部发布的《2011 年度中国军力报告》。

表 6.25　2012 年度我军军事演习基本情况

日期	名称	地点
4 月 22 日 ~ 4 月 26 日	"海上联合 – 2012" 中俄海上联合军事演习	中国山东青岛附近黄海海域
5 月 11 日 ~ 5 月 25 日	"蓝色突击 – 2012" 中泰海军陆战队联合训练	中国广东湛江、汕尾
6 月 6 日 ~ 6 月 14 日	"和平使命 – 2012" 上海合作组织成员国联合反恐军事演习	塔吉克斯坦胡占德市
6 月 3 日 ~ 6 月 15 日	"利刃 – 2012" 中印尼特种联合部队训练	中国山东济南
9 月 16 日	中美联合反海盗演练	亚丁湾中西部海域
9 月 10 日 ~ 9 月 25 日	"鸬鹚打击 – 2012" 联合特种作战演习	斯里兰卡东部海岸
10 月 29 日 ~ 10 月 31 日	"合作精神 – 2012" 中澳新人道主义救援减灾联合演练	澳大利亚布里斯班
11 月 16 日 ~ 11 月 30 日	中约特战分队反恐联合训练	约旦安曼
11 月 26 日 ~ 12 月 6 日	"神鹰 – 2012" 中白空降兵联合训练	中国湖北孝感
11 月 20 日 ~ 12 月 19 日	中哥特种作战联合训练	哥伦比亚波哥大
11 月 29 日 ~ 11 月 30 日	中美人道主义救援减灾联合室内推演	中国四川成都

资料来源：新华社报道；国防部网站；2013 年国务院新闻办公室发布的《中国武装力量的多样化运用》白皮书；2019 年国务院新闻办公室发布的《新时代的中国国防》白皮书；2012 年美国国防部发布的《2012 年度中国军力报告》。

表 6.26　2013 年度我军军事演习基本情况

日期	名称	地点
3 月 4 日～3 月 8 日	"和平－13"多国海上联合军事演习（中国、巴基斯坦、美国、英国、日本等 14 个国家）	巴基斯坦卡拉奇及附近海域
6 月 5 日～6 月 12 日	"海上协作－2013"中俄（罗斯）海上联合军事演习	日本海和符拉迪奥斯托克港海域
6 月 26 日～8 月 15 日	"和平使命－2013"中俄（罗斯）联合反恐军事演习	俄罗斯车里雅宾斯克
9 月 2 日～9 月 22 日	中巴"雄鹰－Ⅱ"联合空军演习	中国新疆和田
9 月 10 日～10 月 20 日	解放军"使命行动－2013"跨区机动战役演习	中国华东、华南地区
10 月 18 日～10 月 11 日	海军"机动－5 号"联合军演	西太平洋地区
10 月 20 日～10 月 25 日	沈阳军区"联合－2013"多兵种演习	中国内蒙古自治区科尔沁草原
11 月 5 日～11 月 13 日	"携手 2013"中印陆军反恐联合训练	中国四川峨眉山
11 月 6 日～11 月 11 日	中印尼"利刃 2013"联合反恐军事演习	印尼西爪省万隆苏莱曼空军机场
11 月 16 日	解放军"联合 2013D"实弹演习	中国渤海湾海域

资料来源：新华社报道；国防部网站；2013 年国务院新闻办公室发布的《中国武装力量的多样化运用》白皮书；2019 年国务院新闻办公室发布的《新时代的中国国防》白皮书；2013 年美国国防部发布的《2013 年度中国军力报告》。

表 6.27　2014 年度我军军事演习基本情况

日期	名称	地点
1 月 4 日	中俄地中海军演	塞浦路斯利马索尔港
2 月 11 日	"金色眼镜蛇"联合军演	泰国彭世洛府
5 月 5 日	中巴"雄鹰－Ⅲ"双边空军联合训练	巴基斯坦空军拉菲克基地
5 月 20 日～5 月 26 日	中俄"海上联合 2014"	中国东海海域

续表

日期	名称	地点
6月26日~8月1日	"环太平洋–2014"联合军演	关岛附近海域与夏威夷海域
6月	6场"跨越"系列红蓝对抗演习	中国内蒙古自治区朱日和基地
6月~9月	"火力–2014"系列十场陆军兵种部队跨区基地化演习	中国东北、华北、西北
8月24日~8月29日	"和平使命–2014"	中国内蒙古自治区朱日和训练基地
9月14日~9月16日	"海神–2014"海上作战支援	中国舟山附近海域
9月25日~9月26日	"联合–2014B"渡海登陆演习	中国渤海湾海域
9月26日	"卫勤使命–2014"	中国内蒙古自治区朱日和基地
11月24日~25日	"携手–2014"中印陆军反恐联合训练	印度浦那的奥恩德军营

　　资料来源：新华社报道；国防部网站；2019年国务院新闻办公室发布的《新时代的中国国防》白皮书；2014年美国国防部发布的《2014年度中国军力报告》。

　　由近年以来的公开资料可知，军演的频次在大幅度地提升，单次军演所涉及的国家力量规模逐步增大，所涉及的地域也在不断拓展，海陆空天电磁等多力量联合信息实战化对抗训练正处于关键性的阶段。

四、未来我军军事训练维持费用将会大幅提升

　　军事训练从机械化向信息化智能化转变，将对整个军事训练工作产生极其深刻的影响[208]。我军军事训练处于信息化起步阶段，需要对传统训练理论进行全面更新，为军事训练转变提供清晰导向。目前，我军主战装备信息化含量还不高，技术体制和信息平台

水平差异较大,且系统相对独立。

按照能打仗打胜仗核心要求,牢固树立随时准备打仗思想,深化军事训练改革。大力加强实战化训练,推进训练与实战一体化,不断增强信息化条件下威慑和实战能力[209-211]。仗怎么打兵就怎么练,打仗需要什么就苦练什么,部队最缺什么就专攻精练什么[212]。深入研究现代战争制胜机理,解决好训练内容、训练方法、标准要求、评估检验等问题。走以联合训练为引领、以战法创新为抓手、以集成训练和对抗训练为主要方式、以近似实战环境和科技手段为支撑的实战化训练路子[213]。

习近平主席在 2014 年 12 月 4 日全军装备工作会议上强调,要坚持实战化运用,各级指挥员要带头学装、知装、用装,教育引导官兵大胆操作和使用装备,真正让装备活起来、动起来,在体系运用中检验性能、发掘潜能,推动新装备成建制成体系形成作战能力和保障能力[214]。随着装备信息化智能化程度的加深,全新的作战理念将会深入指导现代军事活动。面对全新的武器装备和全新的作战理念,我军的军事训练规模和频度将会大幅度提升。与之相应,军事训练维持费用将会大幅度提升。

第四节　本章小结

保障我国和平发展的成果需要一支强有力的国家力量。我军正处于推进机械化信息化智能化建设融合发展的关键时期,防务资源确实需要比平常高一些。特别是信息化建设中,信息化装备的研发、试验和列装需要很高投入,人力资本的提升需要很高投入,通过实战化训练使军队形成体系作战能力更需要大量经费支持。本章从武器装备更新换代中成本增长的规律、军事人力提升对防务资源的需求、军事训练对防务资源的需求三方面具体分析了我国和平发展过程中防务资源应该遵循的规律。微观层面的分析与宏观层面的分析结论相互一致，我国防务资源最基本组成部分人员费、装备费、军事训练费都亟须提升，且重点向海空军倾斜。

| 第 七 章 |

促进和平发展的防务资源增长效应和福利效应

我国的和平发展既是经济总量大幅度提升的发展，也是社会福利不断改善的发展。防务资源是国防经济子系统规模的客观衡量。国防经济子系统内嵌于整个经济系统，对于国民经济的发展具有着多种渠道的影响。在我国和平发展过程中，特别要注重发挥防务资源的增长效应和福利效应，这样才能够提高军民资源利用效率，促进军民协同深入发展，最终推动我国的和平发展。

第一节 防务资源的增长效应：规模性和外部性

随着社会主义市场经济的深入发展，军民协同的深入发展，军事部门与民事部门的界限日趋模糊。在我国的和平发展之中，要发挥防务资源对于经济社会发展的促进作用。

一、引言

防务资源从理论上讲是指一切与军事行动相关的开支。经济增长则一般是指以 GDP 衡量的经济总量的变化。一个国家的资源是有限的，如何在"牛奶与大炮"之间进行合理分配以达到国家利益最大化是决策者需要关注的重大问题。研究防务资源与经济增长就是要对二者的关系进行深层次分析，以更有利于权衡取舍，达到资源的最优配置。一般认为，防务资源与经济增长的研究包含三个方面：防务资源对经济增长的影响是正还是负；防务资源通过哪些渠道来影响经济增长；防务资源除了对于 GDP 的影响，还对哪些社会经济发展指标发生影响及其途径。外部性通常指一种经济活动私人成本和社会成本不一致的现象，规模效应是指某种产品随着生产数量的增加导致平均单位成本的减少。用这两个概念可以分析国防部门支出对于经济整体产生的影响。

国内外对于防务资源与经济增长的研究已经有很多，但是各家观点莫衷一是，根据不同的理论，运用不同的样本数据，往往得出截然相反的观点。尤其由于中国国防经济学的发展相对滞后，使之对于中国防务资源与经济增长的研究不够成熟，大多数文献也集中在对 20 世纪相关领域的研究，对于新世纪尤其是经济转型过程中的深入研究还不成熟，如何利用先进的经济学理论研究中国的实际问题，是决策者和理论界共同关注的热点。

主要研究模型回顾。凯恩斯模型在 GDP 恒等式中引入防务资源，从需求和供给两个方面分析防务资源与经济增长的关系。结构主义观点把国民经济分为若干部门，每个部门的产量作为解释变量去分别回归，得出防务资源对各个部门的影响。外部性模型是把经济分为两个部门，即国防部门和非国防部门，通过研究国防部门的支出对于非国防部门的外部性，来研究二者的关系，主要集中在要素生产率及外部性两个重点上，通过二者反映防务资源对于经济增长的直接规模效应和外部性。公共产品模型通过对于防务资源的支付问题的研究得出防务资源与税率的关系。联立方程模型通过对增长率、储蓄率、防务资源、贸易差额，再外选一组外生变量来进行联立方程的回归，得出防务资源与经济增长的关系。格兰杰因果检验则是对二者的时间序列数据进行格兰杰因果分析，得出二者在时间上的决定关系。

二、防务资源规模效应和外部效应的经济机理

防务资源创造总需求。作为政府开支的重要部分，防务资源可以增加社会生产能力的利用率，这种作用尤其在经济中需求短缺的情况下发挥更为明显。在经济体中，需求疲软的经济环境下，防务资源可以提高对于现有资本存量的利用率，提高企业的利润率，促进经济的增长。

防务资源的"衍生"影响。从经济学术语来讲，这种影响是防务资源的外部性，从我国传统语言来讲，这种影响是防务资源的"增殖"效应。从制度演化的角度来看，军事部门是"强迫性"现代化的社会部门，军队中先进的制度要素逐步由军事领域传播至社会的各个领域，拉动整个社会的现代化进程。从经济溢出的角度来看，由军事部门力量完成的基础设施、先进技术等都会明显拉动民用经济的发展。当国家力量为民用工程服务、参与抢险救灾等非军事行动时，外部性发挥的更为明显。武器装备的研发设计生产的整个国防工业基础从产业内部关联、技术两用等方面促进整个国家工业的发展。

假设中国的经济体抽象为军用部门和民用部门两个部门，分别按照古典生产函数进行经济运行，军用部门对于民用部门有外部性作用，同时军用部门对于整个经济体有规模效应。具体来讲这两种渠道是：国防部门具有较高的投入生产率，因此作为投入的既定资源总产出的增加就被转移到更具有生产力的国防部门了，该机理称

为规模效应；国防对其他经济部门产生边际外部影响，这被定义为外部性。

三、理论模型

1. 数学模型

防务资源通过外部性效应和规模效应两个机制影响经济增长，从新古典的生产函数出发，引入两部门的生产函数，总的经济体即是两部门经济的总和。在民用部门的生产函数中引入了除了要素之外的防务资源的外部性影响，联立两个部门的生产函数。

把整个经济体抽象为军事部门和民用部门两个性质不同的经济子系统。劳动 L 与资本 K 是经济中两个基本的生产要素。军事部门的经济子系统规模 M 对于民用经济子系统的规模 C 具有一定的影响。

军事部门经济子系统的生产函数为：

$$M = M\ (L_M,\ K_M)$$

民用部门经济子系统的生产函数为：

$$C = C\ (L_C,\ K_C,\ M)$$

整个经济体系统的总产出 Y 为两个子系统总产出的加总：

$$L = L_M + L_C$$

$$K = K_M + K_C$$

$$Y = M + C$$

为了分析军事开支的影响，所以要抽象两个部门间的互动关系。假定两个部门经济子系统中投入要素的边际生产率不同，假设差值为 δ，不妨设该数值大于零。下标表示对该下标所表示的生产要素的偏导数。

$$M_K / C_K = M_L / C_L = 1 + \delta$$

一般来讲，军事部门的要素生产率系统地高于民用部门。以军事部门要素生产率与民用部门生产率之间的差值为基础，可以构建函数刻画军事部门对民用部门的规模效应。防务资源对经济体中总产出的影响可以通过两种渠道去实现。从数学公式的角度来看，如果民用部门子系统总产出 C 对防务资源的导数为正，那么就意味着防务资源能够促进经济增长。另一种则是通过较高的要素生产率来影响民用经济。

对上述生产函数进行整理，可以得出总产出的增长函数：

$$dY/Y = \beta dL/L + \alpha I/L + (dM/M)\theta + (dM/M)(M/Y)[\delta/(1+\delta) - \theta]$$

$$\beta = C_L L/Y$$

$$\theta = C_M/(C/M)$$

其中，民用部门劳动的边际产出和总系统中劳动的单位产出成正比，比值常数记为 β。民用部门的资本边际产量为常数，记为 α。投资是资本的变化。民用部门产出对防务资源的弹性系数来刻画防务资源的外部性，把该弹性记为 θ。这样就可以分别估算军事部门经济子系统对民用生产部门经济子系统的外部性和二者之间要素生产率差值。

这个经济学模型建立了分析军事部门经济子系统可能影响总产出和经济增长的两种合理机制（即外部效应与较高的要素生产率）的框架。以该框架为基础就可以从计量经济学的角度，进一步建立结构形式模型来估算军事部门对民用部门的影响。

引入扰动项和常数项，可以反映随机扰动因素和中性的技术变化，得到以下的计量模型。

$$dY/Y_{-1} = \alpha_0 + \alpha(I/Y_{-1}) + \beta(dL/L_{-1}) + [\delta/(1+\delta) - \theta]$$

$$(dM/Y_{-1}) + \theta(dM/M_{-1}) + \mu$$

模型中，第一项是常数项，即截距项，经济含义是反映中性的技术变化。第二项的系数表示的是其他量都不变的前提下，投资对于经济增长的影响。第三项的系数反映的是劳动力的变化率对于经济增长的影响。第四项反映的是防务资源的直接要素挤出效应。第五项的系数反映的是防务资源对于经济增长的外部性影响。通过最后两项的经验研究，可以求得代表外部性的参数 θ 和要素生产率差额的参数 δ。

2. 假说设定

从古典经济学生产函数的经济含义来讲，所有的要素投入对于产出都应该有正的影响，即要素的产出弹性为正。以下根据生产函数的经济含义结合中国实际，对于模型的各个参数予以预测。

1968 年到 2012 年我国已经改革开放了 30 多年，我国的经济体处于市场化及工业化的进程当中，该转型过程的显著特点是以物质资本为推动的经济快速增长。因此本书推测投资对于经济增长的影响应该为正。即提出第一个假说：其他部门的投资的产出弹性为正，模型中的参数表示为，$H_1: \alpha > 0$。

劳动力对于经济增长的影响，结合中国实际来考查的话，容易得知，中国计划生育政策对于劳动力的影响效果还没有发挥出来，因为劳动力是年龄达到法定年龄并且具备劳动能力的人口，改革开放 30 年期间的主力劳动力大多为 60 年代之前出生的人，计划生育的人口政策对于劳动力的限制没有发挥出来。人口红利在改革开放的 30 年发挥着重要作用。除了数量上的影响还有质量上的显著提升，即人力资本和劳动力资源的巨大变化对于经济增长的影响为正。由此可以推测出劳动力的产出弹性也为正。即模型中劳动力的回归系数应该为正。$H_2: \beta > 0$。

防务资源对于经济增长的影响很难判断，由于有两个效应，并且这两个效应的正负，绝对值都不好直接判断，下面给出一个不太准确的猜想式解释。猜想一：根据这段时期防务资源的特点，国防工业主要是自力更生、艰苦奋斗，以自我研发、自我进步为主，不是依靠进口依赖的战略，而是从属于国民经济之中，防务资源主要用于国内资源的消费，因此，规模效应推测为正。但是考虑到从国外引进的各种技术装备的消费，规模效应也可能为负。猜想二：经济体的两部门之间的壁垒由在计划体制下的泾渭分明逐步转向市场经济体制下的要素可以部分流动，逐步实现两个部门之间体制性障碍的减少。外部性为正为负不好判断。

本书给出这样的假设：规模性应为正，外部性效应为负。

$$H_3: \delta/(1+\delta) - \theta > 0; \quad H_4: \theta < 0$$

至于两部门的边际生产率的比较，计划时代以"两弹一星"为代表，很快建立起来了国防重工业基础，该阶段国防系统内的边际生产效率显然要高于民用系统的。改革开放以来，随着我国经济发展的逐步转型，两部门边际效率的比较可能是国防系统的效率低于外部市场的效率。本书姑且假定国防部门的边际生产效率低于民用部门。

$$H_5: \delta < 0$$

四、实证分析

1. 数据介绍

GDP 数据来自《中国统计年鉴》的国民经济核算一栏的国内生产总值。GDP 平减指数来自《中国统计年鉴》的国民经济核算一栏的国内生产总值指数，经过换算得到。投资来自《中国统计年鉴》的资本生成。劳动力来自就业人口数目。防务资源来自《中国统计年鉴》的财政支出一栏，并且根据理论界的研究做出了调整，即考虑了名义国防费之外的其他来源，如之前的曾允许军队经商的收入，或隐性的防务资源等，假定 1985 年以前及 1998 年以后其他来源为官方名义国防费的 30%，1985 年到 1996 年其他来源从 30% 递增到 50%。根据可查询到的可靠数据，整个回归数据覆盖区间为 1952—2012 年。另外，为了更好地比较研究，根据数据的可得性，特地采用 1989—2012 年斯德哥尔摩国际和平研究所的防务资源数据进行了对比研究。数据属于时间序列数据，对于模型所用数据的稳定性分析，结果表明所用五组回归变量整体上不满足平稳性要求，但是在分区间进行分析的时候满足了平稳性的要求。

分区间分析的说明。1978 年改革开放作为一个特殊的节点，在分析的过程中按照该节点进行了分段。1979 年爆发了对越自卫反击战，这一年的防务资源属于奇异点，因此在分阶段回归的时候特意剔除了 1979 年。在改革开放之前发生的战争冲突次数较多，考虑到新中国成立初期的特殊情况，并没有对这些年份进行特殊的处理。1989 年统计局的劳动力数据有了一个突变，这个突变导致劳动力的时间序列数据不满足平稳性要求，因此，分段的时候，要把 1989 年这个节点考虑进去。1998 年左右中央政策发生了较大的变化，"军队要忍耐"的战略方针有了变化，因此这也是一个重要节点。直接进入计量模型的是时间序列的差分数值，因此每一个特殊的时间点，都将影响两年的数据。考虑到样本量的大小，不能够把区间划分得过于小。防务资源在 1998 年左右并没有发生突变，因此，根据平稳性的要求来划分各个时间段。综合上述分析来看，统计局来源的数据时间段划分为 1991—2012 年比较合适；斯德哥尔摩国际和平研究所来源的数据 1995—2012 年比较合适。另外，本书主要研究的是防务资源的规模效应和外部性效应，在一定程度上不考虑劳动要素系数的显著程度，从这个角度来讲，可以不考虑 1989 年劳动力数据的这个极端点。

2. 模型结果

斯德哥尔摩国际和平研究所的防务资源数据是 10 亿元人民币为单位，我国统计局数据是亿元人民币为单位。因此在涉及防务资源的规模效应系数的比较上要注意这个 10 倍的差距，在统计表格中进行了调整。采用怀特法进行异方差的消除，最终模型的估计结果见表 7.1。

表 7.1　防务资源的规模效应与外部效应回归结果

数据说明	时间范围	自变量	投资	劳动力	规模效应	外部效应	边际生产率差值
统计局数据	1952—2012	系数	0.44	0.81	4.33	−0.01	−1.301204819
		t 值	3.66	1.12	1.40	−0.09	
	1952—1978	系数	0.55	6.610	−13.688	0.789	−0.928052368
		t 值	4.26	2.08	−5.26	0.59	
	1980—1998	系数	0.284	−0.282	9.550	−0.326	−1.121595331
		t 值	18.32	−4.69	3.38	−3.54	
	1998—2012	系数	0.15	2.05	68.59	−0.79	−1.01496006
		t 值	8.26	2.55	2.48	−2.49	
	1991—2012	系数	0.18	2.98	54.44	−0.76	−1.018982536
		t 值	6.92	2.68	2.06	−2.31	
SIPRI数据	1989—2012	系数	0.66	−4.23	31.324	−0.70	−1.033656414
		t 值	0.66	−5.36	1.66	−2.01	
	1989—1998	系数	0.52	−3.33	38.465	−0.78	−1.026251669
		t 值	6.51	−15.08	6.56	−6.19	
	1998—2012	系数	0.14	2.30	61.861	−1.13	−1.016641625
		t 值	6.56	2.61	2.26	−2.35	
	1995—2012	系数	0.15	2.46	48.61	−0.91	−1.021413266
		t 值	6.84	2.84	1.96	−2.06	

续表

数据说明	时间范围	自变量	投资	劳动力	规模效应	外部效应	边际生产率差值
统计局数据（调整）	1952—2012	系数	0.45	0.81	3.36	-0.02	-1.426350426
		t 值	3.66	1.16	1.34	-0.10	
	1952—1978	系数	0.55	2.08	-4.06	0.59	-0.776286353
		t 值	4.26	5.06	-0.96	1.86	
	1980—1998	系数	0.28	-0.26	7.70	-0.35	-1.156480315
		t 值	16.84	-3.34	2.62	-2.31	
	1998—2012	系数	0.15	1.96	67.88	-1.04	-1.015188335
		t 值	8.16	2.84	2.33	-2.26	
	1991—2012	系数	1.16	2.36	52.59	-0.89	-1.019623866
		t 值	6.26	2.35	1.86	-1.99	

统计分析的结果表明，大部分统计显著性比较满意。调整后的整体拟合优度表示模型在多大比例上解释了实际的经济数据的波动关系，整体上看，大多数结果是可以接受的，说明各被解释变量和解释变量之间确实表现出一定的线性关系。大部分解释变量的 t 检验结果显著度可以接受，表明了解释变量对于被解释变量的解释效果明显。这说明该模型整体上是比较合理的。学术界胡鞍钢对于 1960—2000 年期间防务资源的研究与本书的结果类似[215]。

（1）劳动和资本

统计检验结果表明，整体上来看基于数据的实证结果与基于经济理论推理的假说是一致的。资本和劳动要素的系数都为正值，反映了资本、劳动力这两个生产要素对于经济增长的贡献都是正的，符合新古典经济学的逻辑，也符合实际经济的直觉，与假说是一致的，验证了假说的正确性。劳动要素系数更大则在一定程度上说明了我国教育系统对于基于劳动力的人力资本要素的显著提升作用。然而，在分区间分析时，发现劳动要素的系数与经济学直觉不相符合。对于劳动力数据，1989 年和 1990 年有一个明显的突变，当数据量足够多时，这个突变不影响总体情况。分区间分析的时候，样本空间将会减少，劳动力的这个突变，直接影响到回归的结果。因此，为了考察劳动力要素的作用，把 1989 年这个时间节点考虑进去再重新划分时间区间，就得到了较为理想的结果。国防科研生产体系的改革，制度性障碍逐步减低，资本要素对于经济的推动作用得以发挥，使得系数提高。劳动力要素的经济作用得以发挥，体现为制度性障碍逐步减低和以人力资本为表现的劳动力质量的逐步提升两个原因，这也是为什么提升的倍数比资本要高的原因所在。

（2）规模效应和外部性效应

当考量防务资源对于经济增长的规模效应与外部性效应的时候，发现模型的结果在不同的时期具有不同的结论。从整体区间的回归结果可知，防务资源具有正的规模效应，负的外部效应，系数的显著度并不高，这一定程度上说明该线性模型对于现实世界中防务资源的相关规律解释力不高。这也是可以理解的，新中国成立初期的 20 年左右，防务资源的影响因素较多，降低了该模型的适用性。

考虑到前 20 年我国特殊的国际国内环境对防务资源的影响会降低模型的适用程度，因此着重分析和平与发展为主题的时代。由改革开放之前区间的回归结果可知，模型的解释度较低，说明该阶段防务资源与经济发展二者的关系是较为复杂的。

改革开放之后，模型的解释能力大幅度提升。特别是 20 世纪 90 年代以来，我国经济社会发展渐入平稳上升的状态，该模型对于防务资源和经济发展的解释能力大大增加。防务资源的规模效应的系数为显著的正值；外部效应为显著的负值。二者的系数都显著地不等于 0，95% 置信区间不包括 0 在内。这与理论预测是相符合的。

改革开放后的30多年中，我国的经济在一个较为平稳的国际国内环境中增长，防务资源由于没有经受备战或战时状态的影响，波动较为平缓，使得模型的适用性较为可信。

防务资源规模效应具有较大的正值说明防务资源规模变化相对于 GDP 的比值对于经济增长的影响为正。图7.1针对表7.1不同的数据来源和不同的时期进行了归纳。我国的防务资源规模相对于国内生产总值增长还处于较低水平。要素的边际生产率一般来讲是具有边际递减的规律。随着军事部门生产率的提升，将会使其对于民用部门的规模效应更加明显。纵向对比正好验证了上述猜想，可以发现军事部门对于民用部门产出的影响程度在不断提高。

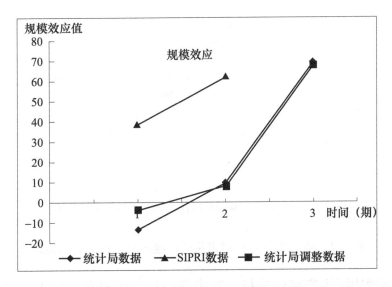

图7.1 我国军事部门对民用部门经济子系统规模效应的变化趋势

防务资源外部性为显著的负数则说明民用部门产出对防务资源的弹性系数为负。图7.2对统计结果进行了形象化展示。我国军事部门对于民用部门的拉动作用还没有得到充分的发挥，这与我国长期以来军民两个大系统之间相互独立运作的现实情况是相符合的。计划经济体制下两部门严格分开，防务资源对于民用部门的拉动作用为负，说明挤出了民用资源，而非拉动了民用资源（国防部门的发展对民用部门总体几乎没有正的效用，甚至是相反的效应为主，即国防部门从民用部门挤占了更多的资源）。随着改革开放、军民协同的深入发展，国防科研生产体制的改革，两部门之间的制度性障碍在逐渐降低，防务资源拉动民用部门生产的效果将会进一步提高。另外这种变化还与我国由依靠苏联的技术引进转变为自力更生依靠自己（消费国内）有一定的关系。科学创新、技术的"溢出效应"也是可能的因素。

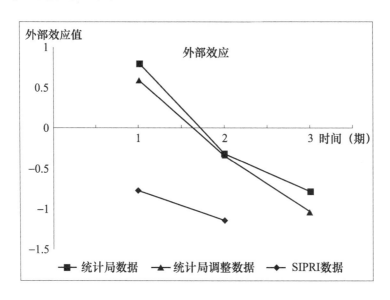

图 7.2　我国军事部门对民用部门经济子系统的外部效应

要素边际生产率的分析。军事部门属于国有部门中改革步伐比较慢的部分，由于其承担使命任务的特殊性，这些部门一直以来享受着国家在金融、原料、补贴、政策等方面的特殊优惠，其要素边际生产率低于民用部门的要素边际生产率。国防部门的生产率相对民用部门较低，与假设 4 的结论一致。随着国有企业改革的深入发展，军工企业的要素生产率将会不断提升。图 7.3 所示的趋势正验证了上述假说。要素生产率差值的变化可以看出，随着经济的转型，民用部门和国防部门的要素生产率都在提高，但是国防部门提高的速度更快，所以导致差距的减小，但是仍然处于落后于民用部门的状态。

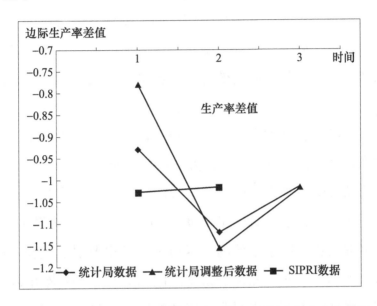

图7.3　我国军事部门与民用部门经济子系统要素生产率差值

五、我国的防务资源能够助推经济增长

中国防务资源的规模效应为正向。模型拟合结果二者为显著的正系数。虽然防务资源属于政府消费，生产要素会从民用部门向军用部门转移，然而政府购买可以创造总需求，军用部门子系统的生产也能拉动整个经济系统的发展。军事系统的经济是整个经济体的一部分，军用部门的生产本身属于社会总生产的一部分。从另一个角度来讲，防务资源规模增大会产生"挤出"效应，导致生产要素从民用部门向国防部门转移。根据模型的计量结果来看，我国防务资源对经济增长具有促进作用。尤其是改革开放以来，我国的防务资源一直处于较为合理的水平，并不存在"挤出"效应。从防务

资源的外部性来看，现阶段我国的防务资源还存在着增长的空间，并不用担心防务资源的增长会阻碍经济的发展。

军事部门的要素边际生产率低于民用部门。按照胡鞍钢研究，长期以来我国军用部门和民用部门之间壁垒深严，条块分割，使得国防部门在科学研究、基础设施建设等方面的投资对民用部门几乎没有副产品，甚至是反向的效应，导致更多民用部门的要素流向国防部门。随着市场经济的深入发展，军民协同程度的加深，部门之间的制度性障碍将会逐渐降低，使得基础设施、技术溢出，人才溢出，需求拉动的阻碍性因素得以逐步减低乃至消除。

尽管从数值上来讲，外部性系数的负值的绝对值要远远小于规模效应的正系数，从总体上防务资源对于经济的影响仍然是正的；但是军事部门长期以来较低的要素边际生产率要引起重视。加强军用部门和民用部门两个经济子系统之间的联系，加强军事部门的改革力度，降低两个部门之间要素流动的壁垒，进一步加大国防工业主体的市场化进程，改革武器装备科研生产体系，加快要素在子系统之间的流动性，才能够提高资源利用率，促进整个经济体的健康发展。

说明我们在处理国防部门和民用部门之间的关系以及改革过程中得到了一定的进步与成就。然而应该看到正的外部性的系数的绝对值要比负的规模效应的绝对值小很多。应该进一步加大国防部门的改革力度，加强国防部门和民用部门之间联系。包括加大国防工业的市场化程度，改革国防采办系统，改革国防科研体制，使得"溢出"效应可以较好地发挥，让更多国防科研成果向民用部门扩散，同时民用部门的优势资源向国防部门引入，切实落实军民协同式的发展战略。

两部门外部性模型对于新世纪中国国情的适应性已经比20世纪

有了很大提高，从理论上讲，是可以严格给予证明的。然而也应该看到本书引用的理论界结论的准确性问题，特别是对于中国改革开放以前的研究，该阶段防务资源受国际国内许多特殊因素的影响，波动较大。本书站在巨人的肩膀上，借鉴前人的思想，研究了改革开放以后直到 2012 年的情况，该阶段国内外环境较为稳定，经济转型，市场化程度不断加深，数据可以经过严格平稳性检验，使得本书的两部门实证分析宏观结论是比较可靠的。

进一步对于不同产业的影响还有待进一步应用多部门多行业的模型进行研究，另外除了线性拟合还应该应用非线性关系、生命周期、动态经济系统的思想加以定量的研究。

第二节　防务资源的福利效应：改善收入差距

防务资源的福利效应是近年以来国际学术界国防经济学研究的前沿问题。改革开放以来，我国的经济发展取得了长足的成果，"一部分人先富起来了"。然而，"先富带动后富"却还未实现，民生问题成为我国可持续发展的重要问题。我国的和平发展必须使得全体人民共享发展的成果。防务资源的福利效应恰恰是研究经济社会发展过程中防务资源对于民生问题影响的。本章采用国防经济学术界防务资源福利效应领域的最前沿方法，研究了我国防务资源的福利效应。

一、防务资源与收入之间的关系

纵观全球，日益扩大的国家之间及国家内部的收入差距，各国不断增加的防务资源，已经成了当今世界两大重要且又相互关联的主题。安全和发展是国家两大基本战略目标，在国家战略全局中，是共生共亡、枯荣与共的关系，是相互支撑、相互促进的关系。统筹国家安全与发展，基本手段是协调两大建设、战略目标是实现富国和强军的统一[216]。防务资源是国防建设的资源投入，国防建设是强军的基本经济活动，为国家的发展提供安全保障。社会收入差距是衡量小康社会的一个重要指标，是国家经济发展成果的重要方面。统筹国防建设与经济建设，实现富国和强军相统一，建成小康社会，实现中国梦，必须把握防务资源与收入差距之间的客观规律。

目前我国的贫富差距现状不容乐观。穷人太穷，富人太富，中产阶层尚未形成是现阶段我国社会的贫富格局。根据世界银行统计，我国基尼系数在1995年达到0.415，2001年上升至0.446，超过国际警戒线0.4，在全球排名第35位[217]。根据《社会管理蓝皮书——中国社会管理创新报告》，2010年基尼系数达到0.438，并且自20世纪90年代以来每年以0.1的百分点连续提高，有进一步扩大的趋势[218]。根据联合国开发计划署的统计数字，截至2011年，中国的基尼系数为0.45，占总人口20%的最贫困人口占收入的份额只有4.6%，而占总人口20%的最富裕人口占收入的份额高达50%。各占总人口20%的最高和最低收入两大群体，收入差距已达33倍[219]。中国国家统计局2011年6月的调查显示，占中国人口10%的最富有人群掌握着国家45%的财富，而占人口10%的最贫困人口只拥有国家1.4%的财富[220-221]。国家统计局有关调查报告显示，我国10%最富裕家庭拥有的财产已经占城市家庭总财产的45%，而10%最低收入家庭所拥有的财产只占1.4%[222]，并且城市居民的金融资产已经呈现向高收入家庭集中的趋势，从户均拥有金融资产的指标来看，最高的20%家庭拥有的金融资产已经占城市家庭金融总资产的66.4%。而最低的20%家庭拥有的金融资产只占总资产的1.3%[223]。《中国家庭金融调查报告》指出，"中国家庭储蓄分布极为不均，55%的家庭没有或几乎没有储蓄，家庭储蓄主要集中在高收入家庭，收入最高10%的家庭的储蓄率为60.6%，其储蓄金额占当年总储蓄的64.9%；收入最高5%的家庭的储蓄率为69.02%，其储蓄金额占当年总储蓄的61.6%，收入最高10%的家庭的财富占社会财富的比例高达86.69%[224]。在城市，这一比例更高，达到89.50%。数据显示，我国家庭财富占有的贫富分化程度在进一步发展"[225]。据有关专家估计，2009年我国百万美元的富豪人数达到66万户，居世界第三；资产超过10亿美元的富翁人数仅次于美国，名列世界第二。另一方面，我国现在有1.5亿人口每日收入不足1美元，属于绝对贫困。有31%的人口即4亿多人口每日收入不足2美元，属于穷人[226]。

防务资源是保证一国国防能力的资源，是抽象意义上一国国防能力大小的经济衡量。随着中国经济的发展，越来越多的资源投入了国防领域[227]。一方面，防务资源产生的国防能力为我国的发展提供了安全保障；另一方面，防务资源作为财政支出的重要部分，存在着与民生相关支出的竞争关系，势必挤出一些改善收入差距的资源。图7.4中数据较为清晰地表明了该现象。

防务资源与收入差距二者之间有着什么样的关联？学术界对于该问题的研究很少。尽管有关防务资源与经济增长相互关系的研究已较为成熟，但是关于收入差距和防务资源之间相互关系的研究，即使是国外也处于起步状态。目前还没有公开出版的文献对于中国的防务资源与收入差距之间关系进行研究。并且当考虑到二者之间的关系时，容易出现这样一种较简单的论断，"由于防务资源属于财政支出的重要部分，势必挤出可用于再次分配的财政资源，扩大了收入差距"[229]。事实上，防务资源与收入差距之间的相互作用机理，并不仅仅局限于此。为了破除这样简单直接的论断，科学把握规律，总结经验更好指导未来的国防资源配置，本章展开了防务资源与收入差距二者关系的研究。采用修正城乡加权法的基尼系数和调整了的防务资源数据，来研究二者的关系，并结合中国国防建设的实践对模型结果进行经济解释，分析了中国经济发展中与防务资源相关国防建设活动对收入差距的作用机理。

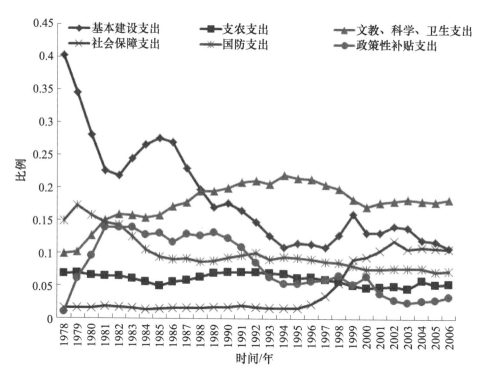

图 7.4　防务资源及财政相关项目支出占财政总支出比例

　　艾德姆采用 1963 年至 2006 年之间的时间序列数据研究了防务资源与收入不平等之间的关系。鉴于中国还没有关于防务资源与收入差距之间关系的研究成果，本章借鉴艾德姆的研究框架[229]，展开对于中国 1980 年至 2010 年之间，防务资源与收入差距之间关系的研究。

二、防务资源福利效应的经济机理

1. 理论基础

关于防务资源与收入差距二者关系，理论界没有统一的结论。但二者之间可能的联系可以从以下四个角度来看待。第一，根据传统的凯恩斯主义，防务资源作为政府支出的一个很重要的组成部分，能够拉动总需求，提高经济中的就业。相对高收入阶层，低收入阶层从这种经济的拉动中获益较多。所以，防务资源的增加有助于缩小收入差距。第二，从微观理论来讲，国防及国防相关行业的劳动力报酬要比其他部门高，所以防务资源的增加加剧了行业间的工资差距。第三，防务资源的具体结构很复杂，因此可能产生不同的结果。比如，当防务资源用于支付相对不熟练的劳动力时，就可以缩小收入差距；相反，当防务资源用于支付相对熟练的劳动力时，就会进一步扩大收入差距。第四，防务资源的挤出效应。国家可以通过转移支付来再次分配已达到缩小收入差距的目标。而国家的财政预算是有限的，防务资源作为财政预算的一部分，势必会挤出本来可以用于缩小贫富差距的转移支付的资源，使得收入差距扩大。

2. 现实分析

从中国的经济发展实际情况和国防建设的实践来看，防务资源与收入差距之间的作用机理不局限于现有理论所归纳的几个部分，其具体情况更为复杂，上面描述的理论规律在中国现实中哪些发生了？具体情况是什么？先总体介绍中国防务资源的基本构成及收入差距的总体情况，然后展开防务资源与收入差距二者关系的论述。

根据《中国国防白皮书》，中国的防务资源主要由人员生活费、训练维持费和装备费三部分组成，各部分大体各占三分之一。根据《中国国防白皮书》可知："人员生活费用于军官、文职干部、士兵和聘用人员的工资津贴、住房保险、伙食被装等。训练维持费用于部队训练、院校教育、工程设施建设维护以及其他日常消耗性支出。装备费用于武器装备的研究、试验、采购、维修、运输和储存等。国防费的保障范围包括现役部队、预备役部队和民兵，同时也负担部分退役军人、军人配偶生活及子女教育、支援国家和地方经济建设等社会性支出。"[230]

我国的经济分层差距的变迁大体上可分为两个阶段，即 1979 年改革以前的阶段和 1979 年改革以后的阶段[231]。这里的经济分层与收入差距的含义一致。总体上，前一阶段收入差距小，后一阶段收入差距大。本书研究的数据起点是 1980 年，涉及后一阶段。该阶段的总体特点是收入差距逐渐拉大。

在总体介绍了防务资源和收入差距的基础上，下面对二者的相互作用进行论述。

财政挤出效应。从总体上来讲，防务资源是财政通过对国民收入的再分配形成的。防务资源受国家财政的制约，与"三农"、教育、科技、卫生医疗、社会保障等民生支出存在着"彼消此长"的关系。在一定的财政收入规模下，防务资源的增长是以民生支出的降低为代价的。在我国的收入分配中效率和公平是两个重要的因素，初次分配往往是效率优先①，因此，再次分配对于降低收入差距，增强公平具有重要作用。防务资源的财政挤出，使得可用于降低收入差距的再次分配资源降低，此为基础，可以得出防务资源降低收入差距的结论。

人员生活费对收入差距的改善作用。一直以来，我国的国防和

---

① 文中所指的经济政策都是特指研究所涉及的时间区间内的政策。

军队建设落后于西方发达国家。在本书分析的时间跨度（1952—2012）内，我国基本处于向机械化转型的过程中，军队人员中高中毕业、初中毕业甚至小学毕业的人员占比例不容忽视。这些低技能劳动力在服役过程中按照社会平均报酬获得收益，该收益往往比其在军队之外工作的收益要高。从这个角度来看，防务资源的人员费改善了该部分低收入群体的收入，在一定程度上降低了收入差距。

装备费对收入差距的改善作用。该作用是通过国防产业布局及军工企业间接产生的。在我国装备采购体制下，一直以来，我国装备的提供方主要是行政色彩很浓厚的军工企业[232]。装备的研究、试验、采购、维修等都是由军工企业负责，装备费的多少，直接决定着军工企业的收入。随着经济体制的改革，这些军工企业通常背负着很大的行政包袱，要承担很大的社会职能。军工企业承当的社会职能和政策包袱，改善了低收入群体的收入，降低了收入分配不均。因此，装备费通过军工企业间接改善了收入差距。

军人户籍及转业政策是二元体制的突破口，降低了收入差距。在户籍制度等因素的作用下，一定时期内我国经济处于二元经济的格局。在城乡分割的户籍制度下，军人户籍的特殊性，保证了人才的自由流动。军人不受户口制度的限制，可以在城乡自由流动，形成了其独特的突破二元结构的人才交流渠道。这使得无论城乡青年，都有机会在同一个舞台竞争。并且在中国的传统宗亲文化中，个人的发展会带动家属亲戚等圈子（如家属随军）的发展，一定程度上放大了该机制对于人才流动的推动作用。进一步，长期来看，军队转业人员的技能效应，军人模范作用，思想观念的传播等都会成为改善收入差距的因素。在很长一段时期内，当兵几乎成了农村青年改变自身命运的唯一途径，也确实有很多农村青年通过当兵的途径，走出农村，在大城市发展。这种独特的二元经济下开辟的唯一的流动渠道，赋予了低收入群体更好的发展机会，降低了机会不公平程度，改善了收入差距。

国防研发、军事技术的溢出效应。武器装备是高新技术的物化，高新技术是生产力提高的推动力，国防研发产生的技术成果不仅仅可以提高武器装备性能，而且往往对社会民用生产力的提高产生巨大推动作用。肖裕声统计认为，1983 年转移军民技术 400 项，1984 年转移 8000 项，成交额 4.3 亿元，1985 年转移 20000 项，成交额 10 亿元。技术的发展提高了整个国家的生产力，财政收入随之提高，可用于改善收入差距的资源增加，从而降低收入差距[233]。

边远军事基地的区域拉动效应。军事基地由于其特殊的国防属性，很多都建在经济发展落后的地区。军用基础设施如公路、铁路、医院等为当地经济发展提供了较好的基础。军事基地还可以为当地经济制造需求，增加就业。三线建设是中国工业结构调整的重大举措，改变了中国的工业分布格局，降低了区域之间的发展不平衡。三线建设的项目"大分散、小集中"，少数尖端项目"靠山、分散、隐蔽"，有的甚至进洞。在很多发展落后的地区形成了一大批相对当地发展水平较先进的国有企业，极大地推进了西部地区的经济发展，降低了发展的不平衡。新疆建设兵团、海南农垦和黑龙江农垦等也为当地的发展提供了动力。这与古代"屯边"的思想相接近，既完成军事任务又促进经济发展。研究表明，中国整体收入差距的很大一部分源自地区之间的差距和城乡之间的差距[234]。国防建设的这一系列部署，都极大带动了落后地区的发展，从而缩小了整体收入差距。

当发展处于"市场社会"阶段，即使防务资源较少，政府也不会把减少的资源用于改善收入不公。卡尔·波兰尼指出，人类社会的发展必然经历"伦理经济""市场社会"到"社会市场"[235]。一个"脱嵌"的、完全自我调节的市场力量是十分野蛮的力量，因为当它试图把人类与自然环境转变为纯粹的商品时，必然导致社会与自然环境的毁灭。中国的改革开放进程中，必然也经历这样的阶段。在中国转向市场社会时，经济试图脱嵌于社会，并进而支配社会。从大历史的角度看，从伦理经济向市场社会演化对中国而言是一次前所未有的转型。在转型过程中，市场会"脱嵌"于社会，这个时期会只追求经济增长，而忽视了分配公平。研究表明，直到1990 年代中期之前，中国一直只有经济政策没有社会政策，正体现了这一论断[236]。

综上所述，从理论和现实两个层面分析了防务资源与收入差距之间的关系。当然，收入差距要受到其他很多因素的影响。但这不妨碍我们进一步研究防务资源与收入差距之间所存在的联系。从上可知，防务资源既有降低收入差距的因素；又有增加收入差距的因素，现实是复杂的。到底哪一种作用为该时期的主旋律，下面用计量经济学的方法对该疑问进行解答。

三、数据与方法

1. 方法

为了揭示防务资源与收入差距两个变量之间存在的长期关联，采用恩格尔 – 格兰杰提出的两步法。假设有两个随机时间序列 X 和 Y。格兰杰方法通过计算 X 变量的滞后值能够在多大程度上解释 Y 变量的当期值，来揭示 X 是 Y 的格兰杰因，Y 是 X 的格兰杰果（即 X 导致 Y）。也即如果 X 有助于预测 Y 的值，那么 X 是 Y 的格兰杰因。用计量经济学的术语来讲，如果在 Y 对 X 回归的结果中，X 的滞后项的系数是统计意义上显著的，那么 X 是 Y 的格兰杰因。

第一步，平稳性检验。采用单位根检验的方法来确定时间序列数据的平稳性。

第二步，协整检验。用普通最小二乘法来估计两个序列是否协整。

$$DE_t = \alpha_0 + \beta_0 INEQ_t + \mu_t \qquad (7-1)$$

$$INEQ_t = \alpha_1 + \beta_1 DE_t + \mu_t' \qquad (7-2)$$

其中 α_0 和 α_1 是常数，μ_t 和 μ_t' 为误差项。

第三步，格兰杰因果检验。采用误差修正模型（Error Correction Model，ECM）基于变量的误差项之间系数的显著程度，进行格兰杰因果检验。误差修正模型不再是仅仅利用变量的水平值或变量的差分建模；而是有机地把二者结合起来，充分利用数据的信息。误差修正模型如下：

$$\Delta DE_t = a_0 + b_0 \mu_{t-1} + \sum_{i=1}^{m} c_{0i} \Delta DE_{t-i} + \sum_{j=1}^{n} d_{0i} \Delta INEQ_{t-j} + e_t \qquad (7-3)$$

$$\Delta INEQ_t = a_1 + b_1 \mu_{t-1}' + \sum_{i=1}^{q} c_{1i} \Delta INEQ_{t-i} + \sum_{j=1}^{r} d_{1i} \Delta DE_{t-j} + e_t'$$

$$(7-4)$$

方程中，$\mu_{(t-1)}$ 和 μ_{t-1}' 是残差的滞后项，残差是由协整检验中方程（7-1）和（7-2）回归所得。Δ 表示差分，通过对变量进行差分使得时间序列数据满足平稳性。根据误差修正模型，如果两个变量协整，那么在两个变量之间至少存在一个方向的格兰杰因果关系。如果 b_0 和 b_1 统计上显著，那么时间序列 DE 是 INEQ 的格兰杰因；INEQ 是 DE 的格兰杰果。

2. 数据

防务资源数据采用历年统计局公开发布的《中国统计年鉴》及《新中国55年统计资料汇编》的数据，借鉴刘涛雄和胡鞍钢的方法对数据进行调整[237]。衡量收入差距的基尼系数采用田卫民利用托马斯·王凡提出的"非等分组"的基尼系数计算方法，计算的城镇居民收入基尼系数和农村居民收入基尼系数[238]，在此基础上结合桑德鲁姆"分组加权法"和李子奈"修正城乡加权法"[239]，计算的全国居民收入基尼系数。数据选取的时间跨度为1980—2010年。

四、实证分析

1. 单位根检验

为了检验防务资源与收入差距之间的格兰杰因果关系，我们首先根据菲利普斯－佩龙（PP）法采用麦金农单边概率估算数据，进行单位根检验，判断时间序列数据的平稳性。下表列出了时间序列数据的PP检验值以及检验"存在单位根"这一原假设时相应的 p 值。表7.2 所示检验结果表明，在各种情况下，防务资源数据和收入差距数据均不平稳，其相应的一阶差分数据则都是平稳的。这说明，二者均为同阶单整（1）。

表7.2　单位根检验结果

变量	不含趋势项和漂移项	含漂移项	含趋势项	检验结果
DS	0.9832	0.9866	0.6514	不平稳
INEQ	0.9319	0.8448	0.2326	不平稳
D（DS）	0.0001	0.0003	0.0006	平稳
D（INEQ）	0.0002	0.0022	0.0125	平稳

2. 协整关系检验

DE 和 INEQ 均为一阶单整，因此，可以运用恩格尔－格兰杰两步法检验二者之间是否存在协整关系。先估计体现防务资源和收入差距两组数据之间的长期均衡关系，然后对残差进行平稳性检验。如表7.3 所示，结果表明回归残差是平稳的，由此可以得出防务资源和收入差距两组数据之间存在一阶协整关系 CI（1，1）的结论。这说明，防务资源数据和收入差距数据存在着长期的均衡关系。

表7.3 回归残差的单位根检验结果

变量	不含趋势项和漂移项	检验结果
残差	0. 1113	平稳

3. 格兰杰因果关系检验

由于防务资源数据和收入差距数据存在一阶协整关系 CI（1，1），对二者的因果关系不能通过 VAR 模型而应该通过向量误差修正模型。结果如表7.4所示。

表7.4 格兰杰因果检验

原假设	F 统计值	p 值
防务资源不是收入差距的格兰杰因	0. 045	0. 8334
收入差距不是防务资源的格兰杰因	2. 185	0. 1509

计量结果无法拒绝"防务资源不是收入差距的格兰杰因"，而在15%的显著水平上拒绝原假设"收入差距不是防务资源的格兰杰因"，因此，收入差距是防务资源的格兰杰因，即收入差距引领防务资源；反之，防务资源并没有引领收入差距。计量结果表明，从长期来看，防务资源数据与收入差距不平等数据之间存在单向的格兰杰因果关系。这个数据否定了理论探讨部分"防务资源挤出财政支出而扩大贫富差距"的观点。然而，长期的均衡关系反映的经济含义在短期并不一定成立。

4. 误差修正模型

传统的经济模型通常表述的是变量之间的一种"长期均衡"关系，而实际经济数据却是由"非均衡过程"生产的。因此，可以用数据的短期非均衡过程来逼近经济理论的长期均衡过程[240]。

为了检验防务资源数据与收入差距数据之间的短期关系，按照式（7-3）和式（7-4）进行误差修正模型的检验。结果见表7.5。误差修正模型能够反映变量之间的短期动态关系[241]。回归滞后项根据 AIC 准则来选取。误差修正模型的回归结果反映了变量之间从短期的不均衡状态向长期的均衡状态调整的力度，称为"误差调整系数"[242]。模型中，差分项反映了短期波动的影响。短期变动可以分为两部分：一部分是短期因变量波动的影响；另一部分是偏离长期均衡的影响[243]。误差修正项的系数为负值，当短期波动偏离长期均衡时，以 -0.8432 的调整力度把非均衡状态拉回到均衡状态，说明两变量之间的关系不仅在长期成立，在短期仍然成立。从短期来看，被解释变量的变动是由较稳定的长期趋势和短期波动所决定的，短期内系统对于均衡状态的偏离程度的大小直接导致波动振幅的大小。从长期来看，协整关系式起到"引力线"的作用，将非均衡状态拉回到均衡状态[244]。

表7.5　误差调整系数

变量	误差项
系数	-0.8432

5. 脉冲响应函数

在 VEC 模型估计的基础上计算脉冲响应函数。如图 7.5 所示，对 DE 一个标准差的冲击迅速影响当期及之后的 DE 且持续时间长，10 年之后的响应幅度仍然显著；INEQ 的响应程度逐渐增大，4 年之后趋于平稳状态，不再增加。对 INEQ 一个标准差的冲击，DE 的响应逐渐增大，4 年后趋于平稳状态，不再增加；INEQ 的响应当期达到最大值，逐渐减小，5 年之后达到最小，之后趋于平稳状态。可见二者之间存在着反向的影响关系。

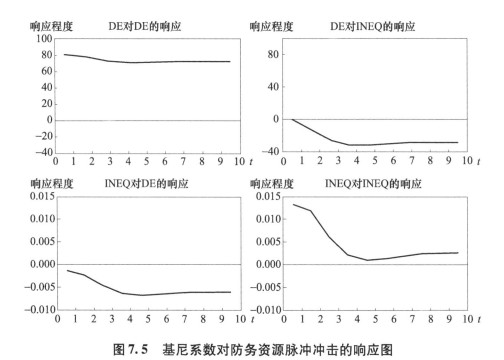

图7.5　基尼系数对防务资源脉冲冲击的响应图

五、我国的防务资源有助于改善收入差距

目前经济学理论中还没有关于防务资源与收入差距之间互动关系的成熟理论模型。本书采用协整分析和格兰杰因果检验，研究了二者之间可能存在的关系。

防务资源与收入差距两个变量之间存在着长期的均衡关系，并且滞后期的收入差距数据能够有助于解释当期的防务资源数据，收入差距是防务资源的格兰杰因，说明防务资源并没有因为挤出效应而导致收入差距扩大。这一方面与中国国防费本身规模合理有关；另一方面与中国社会从"经济社会"到"社会经济"的转型有关。

从脉冲响应函数来看，防务资源的增加会降低收入差距。数据分析验证了前面的猜测，可见，现实中防务资源改善收入分配不均的作用占主导地位。防务资源中有一部分资源确实改善了低收入人群的收入，从而降低了收入差距。从我国军队人员的整体知识技能综合水平来看，其中存在着一部分低技能人群，这些人如果是在其他部门，可能很难获取在军队服役期间的收入，这个机制通过人员维持费来传递。该费用接近防务资源的三分之一，再考虑到20世纪军队高学历人员比例比较低，低收入能力人群的比例相当可观，因此通过该机制降低收入差距的作用不可忽视；防务资源的一大部分是用来采购军工企业所生产的装备，一直以来军工企业都属于经济体制改革中较为保守的部门，其不仅仅是利润最大化的企业，而且一直以来发挥着重要的社会功能，不能够按照效益来解雇不需要的职工，还要承担高额的养老、退休等保障功能。防务资源中的采购费用通过军工企业发挥社会职能，增加了低收入能力人群的收入，降低了收入差距。另外区域效应、技能效应等因素也发挥着重要作用。当收入差距增加时，会使得防务资源降低，这体现在财政部门等决策部门在面临较大的收入差距时，把更多的资源投入到改善分配不平等的开支之中，从而可用于国防建设的资源降低，防务资源降低。

第三节　发挥防务资源的经济效应，助推我国和平发展

军事经济活动作为经济活动总系统的一部分，势必对整体经济发展产生影响。其中，防务资源的增长效应和福利效应对于和平发展具有着巨大的推动作用。

一、进一步提高防务资源增长效应，促进我国和平发展

我国的和平发展意味着经济总量的稳步提升，经济总体水平的

提升是经济社会其他发展指标得以提高的基础。决策部门在考量防务资源时，不仅仅要考虑到"军事需求"这个牵引防务资源的核心因素，而且还要考虑防务资源可能带来的潜在经济增长效应。

从总体上来看，要在进一步深化军民协同发展中切实提高防务资源的增长效应。在顶层设计方面，要把国防经济发展与国民经济发展纳入国家五年发展规划之中，统筹国防经济活动和国民经济活动，使得二者协调发展。在体制机制建设上面，要理顺妨碍发挥防务资源增长效应的制度藩篱，构建激励相容的制度，激励各方行为主体，促进防务资源增长效应的发挥。制定相关法律法规，依法来合理牵引个性为主体的经济活动，使得能够发挥防务资源增长效应的经济活动有法律保障。

进一步发挥防务资源创造总需求的乘数效应。作为政府开支的重要部分，防务资源可以增加社会生产能力的利用率，这种作用尤其在经济中需求短缺的情况下发挥得更为明显。在经济体中，需求疲软的经济环境下，防务资源可以提高对于现有资本存量的利用率，提高企业的利润率，促进经济的增长。

进一步发挥防务资源的溢出效应。从经济溢出的角度来看，由军事部门力量完成的基础设施、先进技术等都会明显拉动民用经济的发展。当国家力量为民用工程服务、参与抢险救灾等非军事行动时，外部性发挥更为明显。武器装备研发设计生产的整个国防工业基础从产业内部关联、技术两用等方面促进整个国家工业的发展。

二、进一步发挥防务资源福利效应，助推我国和平发展

我国的和平发展是社会整体福利提高的发展，是全社会人民共同分享发展成果的发展。决策部门在考量防务资源时，不仅要考虑到满足"国防需求"这个因素，也应该考虑防务资源的经济效应，

尤其是对于收入差距的这种改善效应。面对日益严峻的收入不平等局势和安全需求的不断增加，要能够善于把握二者的关系，优化防务资源的结构，理顺防务资源的渠道，使得在新的发展阶段中，防务资源改善收入差距的作用能够继续更加顺畅地发挥，从而更好地统筹国防建设与经济建设，深化军民协同发展路子，更早实现富国与强军，实现强军梦和中国梦。具体来讲，在相关决策中应该注重以下几个与收入差距密切相关的方面。

更好发挥防务资源需求拉动在经济周期上升期对收入差距的改善效应。往往在经济周期的低谷，国家会采取积极的财政政策，增加投资，促进经济上升。在这个过程中，相对高收入阶层，低收入阶层从这种经济的拉动中获益较多。在防务资源中有很大一部分属于投资支出，在这些政策的制定过程中，应该注重理顺相应的渠道，使得该机制可以更好地发挥效用。

注重发挥防务资源通过人力资源渠道改善收入差距的机制。防务资源用于支付相对不熟练的劳动力时，就可以缩小收入差距。一些国防建设的基础设施和某些类型军事活动，对于劳动力素质的要求并不是很高，就应该使用相应素质的劳动力，释放高素质的劳动力使之去从事更高劳动力素质要求的活动。对于人力资源合理配置，使得人尽其才，不仅提高了经济效益，而且可以改善收入差距。

在经济结构调整和产业升级过程中，注重通过国防工业布局改善地区发展差距，从而降低收入差距。我国经济发展方式的转变和经济结构的调整是国防工业布局变化的大背景。国防建设过程中，尤其从机械化向信息化转变的过程中，也存在着相关国防产业的转型与升级，国防工业基础整体布局会随着国防建设的要求而演化[245]，在这个过程中应该进行理性的构建与引导，在顶层设计中统筹国防与经济两方面，发挥国防建设的经济效益，尤其是改善区域发展不平衡的效益，有利于缩小地区间收入差距，更好更快地建成小康社会。

在军民协同发展战略的指导下，进一步加强军用高新科技成果的转化。军用高新技术在产业化的过程中，物化为商品，进入市场流通，能够创造更多效用，带来经济效益，最终成为经济增长的驱动要素，提高社会的整体福祉。

第四节　本章小结

本章重点分析了我国防务资源的增长效应和福利效应。防务资源作为财政支出的一部分，其经济效应对于我国的和平发展具有着促进作用。基于现代经济学理论，分别构建了防务资源增长效应和福利效应的理论模型，采用计量经济学的方法对假说进行了验证。在适当的条件下，军事经济活动对于整体经济发展具有正的影响。在我国的和平发展中，一定要更好地发挥防务资源的经济效应。

第 八 章

兼顾发展与安全合理确定防务资源

我国的和平发展对于防务资源提出了新的要求，防务资源同时又通过其经济效应助推着和平发展。合理的防务资源必须同时考虑这两个相互影响的因素，既要满足和平发展的军事需求，又要满足和平发展的经济需求。

第一节　适度提升防务资源规模

我国的国际地位已经得到了很大提升，随着不断发展，我国将在国际舞台上扮演更加重要的作用。只有足够的国防建设投入才能够保障与我国国际地位相称的国家力量体系。

然而，现阶段我国的防务资源水平与我国的国际地位并不相称。从横向来看，我国的防务资源迫切需要提高到国际防务资源的平均水平；从纵向来看，我国的防务资源迫切需要弥补"忍耐期"缺口。

一、防务资源要提高至国际平均水平

要以防务资源相关指标的国际平均水平为主要参照，逐步提升我国防务资源水平。我国每平方千米的国防投入和美国每平方千米的国防投入具有极大差距，美国是中国的几十倍。日本每平方千米

的国防投入相当于中国的 1/26，而日本的国防费比我国多，其每平方千米国防投入接近我国的 80 倍[246]。如果用军人人均国防费支出标准衡量，我国与国外的差距更大。2006 年，中国军人人均国防费支出数额是美国的 4.49%，日本的 11.3%，英国的 5.31%，法国的 15.66%，德国的 14.33%[247]。冷战结束后世界国防费占全球生产总值的平均比重在 2.5%～2.6%，其中 2004 年全球国防费开支占全球生产总值的比重为 2.6%[248]。2014 年全球防务资源占全球生产总值的比重提升到了 3%。我国 2014 年防务资源增加了 12.2%，提高到了 8082 亿元人民币，约合 1316 亿美元，增幅比上一年高 1.5 个百分点。与世界其他国家相比，2014 年我国国防预算占 GDP 总量的比重仅为 1.4%，远远落后世界 3% 的平均水平。也就是说，我国的防务负担仅仅是世界平均水平的一半左右。如此大的差距，说明在军事变革这一决定国防和军事实力的特殊竞争中，我国在资源保障条件方面处于落后地位。经济社会发展是具有一定规律的，我国的防务资源不仅要结合实际国情，而且还要参照国际经验。在未来的时间段内，逐步达到国际社会防务负担的平均水平。

二、防务资源要弥补"忍耐期"缺口

我国的防务资源历史欠账太多，必须尽快补偿。特别是从 1996 年到 2000 年的"九五规划"期间，我国防务资源占 GDP 的比重平均仅为 1.21%，占财政支出的比重平均为 8.33%。以 1950 年人民币不变价格计算，1980 年中国的实际国防费开支是 131.95 亿元人民币，而到 1996 年才 135.6 亿元。也就是说，尽管中国的经济规模在近 20 年的时间里已翻了两翻，但中国的实际国防费开支仍徘徊不前。有专家计算，从 1986—1999 年，总计国防费投入缺口约有

4232 亿元人民币[249]。因此，在未来的时间内，我国的防务资源要在参照国际经验的基础上体现补偿功能。

三、防务资源要与新军事变革相适应

新军事变革往往伴随着军事建设各个方面的全方位提升，这对于防务资源提出新的要求。一般来讲，一个地区的军事建设可以按照军人人均防务资源的数额分为四类。一类是军事超强型，军人人均防务资源一般达到 20 万美元以上，符合这一条件的目前只有美国；二类是军事强大型，军人人均防务资源 6 万美元以上，英国、法国、德国、意大利等国属于这一范畴；三类是军事快速发展型，军人人均防务资源一般在 2 万美元以上，以色列、韩国均在这一资源线以上；四类是军事维持和略有发展型，军人人均防务资源一般为 2 万美元以下。信息化建设是中国特色军事变革的立足点，而世界公认军队建设由机械化开始向信息化转变时，军人人均防务资源需要达到 2 万美元以上，也就是军事建设应该尽快从第四类向着第三类转变。我国的军人人均国防费应尽快提升至 3.5 万～4.5 万美元（以 2005 年不变值计算），从而达到"军事快速发展型"军队的标准[250]。只有防务资源满足了"军事快速发展"的要求，才能使得我国的军事建设在新军事变革的浪潮中不落伍。

第二节　科学优化防务资源投向投量

防务资源活动本质上是经济资源的行政性配置。必须把有限的资源配置到战斗力贡献度最高的方向才能提高防务资源绩效。要加强绩效观念，科学合理地确定防务资源的结构问题，确保每一元钱的防务资源都切实用在了刀刃上。

一、优化装备费、人员费、训练费比例

一直以来，我国防务资源中装备费、人员费、训练费的配置维持在1∶1∶1的比例，并存在着轻微的上下波动。长期以来通过实践形成的这种状态是有其科学依据的。人员、装备、训练是生成战斗力的基本要素，三者缺一不可。三个元素对于战斗力提升的边际贡献度达到相等的时候，就是防务资源结构配置的最优状态。而战斗力边际贡献度衡量数据具有较高的不可得性，这种情形下，唯有遵循长期历史实践中产生的规律，才是最优的决策。在我军的信息化变革浪潮中，信息化武器装备的设计、研发、试验和列装需要大量经费投入，军事人力资本的提升需要大量经费投入，通过实战化训练使列装的新型武器装备系统形成体系作战能力更需要大量经费支持。因此，在我国的和平发展过程中，防务资源的功能性结构将大体维持一直以来各占三分之一的基本格局，每一个分量的绝对值也将随着国家利益的拓展有所增加。

二、防务资源要向新型作战力量倾斜

我国和平发展中的国家利益越来越依赖航路的安全和海外投资的安全。海洋权益和海外投资在国家利益中的作用越来越突出。这就要求提高我国军队的航路保障能力和远程投送能力。目前我国的国家力量结构并没能够很好地与这一需求相符。根据《中国武装力量的多样化运用》白皮书，我军"大陆军"的格局特别明显。要满足和平发展中航路保障和远程投送的要求，必须加大海空军的比例，重点发展航母、大型运输机、新型战斗机等核心武器装备。必须根据国家利益结构的演化，切实优化我军的结构，把防务资源投向重点方向，切实把防务资源分配到战斗力贡献度高的方向，提高

防务资源绩效。

三、防务资源要向基层一线倾斜

驻边远艰苦地区部队往往是最接近战争的群体，是战斗力提升的直接主体。要从严管控一般业务性和行政消耗性开支，使得经费保障向基层倾斜向战斗力聚焦。切实保障基层一线官兵的战备训练、生活维持和职业发展。要把边远艰苦地区部队的保障融入区域经济发展的大局之中，切实在军民协同发展道路之中实现部队保障与区域发展的双赢。不仅要采用军事人力资本全寿命的视角来看待边远一线基层官兵的待遇问题，还要把"代际发展"的观念落实到边远一线官兵的保障工作之中。不仅要保障边远基层官兵的短期利益，而且还要关注边远基层官兵的长期发展。

第三节　建立与军事需求相适应的防务资源增长机制

防务资源是一个流量的概念，要与军事人力资本激励、武器装备更新换代、训练活动的客观需求相适应，建立科学的防务资源增长机制。

一、人员费增长要适应人力资本激励机制

国防首先是人的问题，在今天市场经济大潮下，怎么稳住军队的人，怎么给军队的官兵相应的待遇，这是很大的问题。我军是人民军队，是中华人民共和国的武装力量，是人民民主专政的坚强柱石。紧紧地和人民站在一起，全心全意地为人民服务，是中国人民解放军的唯一宗旨[251]。军队工薪福利的确定必须适应市场经济大

潮的要求，抓住人力资本激励这个核心的问题，从马克思政治经济学、心理学等学科的视角科学地综合衡量"军心"。从人的需求层次理论可知，基本生活需求是精神需求的基础。军人作为社会人，如果不能依靠工薪福利解决军人的后顾之忧，则军人可能为了生计从事生产性活动而腐蚀战斗力。

防务资源增加要与通货膨胀相协调。物价上涨指数衡量了货币购买力的变化情况，反映了官兵生活等方面的成本变化情况，防务资源随着物价作调整，才能保证官兵的福利保障不被通货膨胀侵蚀。如果防务资源增加了12.6%，物价上涨指数占到3%~4%，实际上抵消以后就完全没有那么多。自2010年以来，我国的通货膨胀状态持续，这对防务资源有很大的抵消作用。此外，伴随中国由计划经济向市场经济不断转变，国防组织体系中的人力资源成本也会相应提高。在中国社会人力资源成本整体增加的趋势下，军队人员低开支的成本优势正逐渐消失。

国家和社会对军人的重视程度不仅应该体现在荣誉上，也应体现在物质层面。只有物质上的丰富才能使得军人放下包袱，更加全心全意为国服务。

二、装备费增长要适应装备成本增长规律

武器装备是高新科学技术的物化，其成本增长是有一定规律可循的。军用飞机的成本年均增长率为6.6%~11.6%。空军装备属于资本密集型，是高技术的结晶，需要长期地研发与积累。要实现空军装备的更新换代就必须首先在防务资源预算中切实的按照客观规律进行拨款，在市场上通过资金保留高端科技人才、管理人才，最终保证空军装备的现代化。按照战斗机的成本增长规律，用于军用飞机的采全寿命采办费用必须以每年10%左右的速度增加才

能够大体上符合军用飞机发展的客观规律。海军舰船的长期成本增长率为6%～11%。我国海军在攻击潜艇、多任务水面战舰和第四代海航飞机、导弹核潜艇、航空母舰战斗群等方面的发展，必须以这个客观的成本增长率为基础来进行海军武器装备费用的预算规划。

三、训练费用增长要适应训练活动的规律

在和平年代，训练场就是军人提高本领、磨砺意志的战场。在第三次工业革命推动下发生的新军事变革正在改变着现代军事活动的面貌。我军目前还处在武器装备信息化智能化双重跨越的阶段。在新的武器装备、新的作战理念、新的战场环境中如何能够保障我军的战斗力提升是我国和平发展中面临的十分严峻的问题。答案只有一个，那就是把准现代军事训练的客观规律，以作战需求为牵引，加强军事训练费用的保障力度，提高我军的军事训练规模及强度，扎扎实实使得我军新列装的武器装备在全新的作战理念下以最快的速度形成最高的战斗力。

第四节　防务资源要与全面深化改革相适应

无论是我国的经济建设还是国防建设都处于深化改革的大背景之中。财税体系是防务资源筹措的直接渠道，国防工业基础直接决定着一个国家防务资源能采购到的武器装备水平，军事变革则影响着防务资源的总体需求。防务资源必须要与这些方面的变革相适应才能够保障我国的和平发展。

一、防务资源要与财税体系改革相适应

在人类历史上，财税体系本就是源于防务资源的筹措才逐步发展起来的。一个国家的财税体系不是一成不变的，而是随着经济社会的发展而不断演进变化。筹措防务资源是财税体系最原始的核心任务。随着财税体系的发展，防务资源相关的体系也必须不断演化。随着市场经济的逐步完善，我国的财税体系不断调整和完善，已经形成了适应社会主义市场经济发展要求的现代财税体制。中央与地方的财权和事权在这个过程中不断调整完善，日趋合理。但是，必须清醒地认识到，在不同的发展阶段，国家财力的分配是不同的，中央税、地方税、中央地方共享税的划分是变化的，中央政府的可用作转移支付的财源是不同的。防务资源来源于中央政府的财政支出，在整个财税体制的演化过程中，防务资源的相关体系必须适应整个财税体系的改革。只有这样，才能确保防务资源满足国防建设的需要。

二、防务资源要与国防工业改革相适应

国防工业发展的水平很大程度上决定着采办同样性能指标的武器装备所需的防务资源的多少。在青铜时代采购一单位青铜装备和在现代社会采购同样性能指标的青铜装备所需的防务资源之间存在着天壤之别。在我国国防建设过程中，考虑防务资源的数额时，要清醒地认识到整个国家经济发展的有机结构，才能够合理确定防务资源的数额。不能仅仅基于以数字为基础的国内生产总值来确定防务资源。显然，一个以"房地产"为主要构成的经济体和一个以"高科技产业"为主要构成的经济体对于国防建设的支撑程度是不同的。同样的防务资源在这两个不同的经济体中，能够采购到的基

于装备的"战斗力"是大不相同的。国有企业作为我国装备采购市场的核心力量，其发展与改革将会对防务资源产生重要影响。在防务资源的预算中，必须把握我国经济发展的有机构成，把握国防工业的发展阶段，才能够科学合理地配置防务资源。

第五节　防务资源要发挥"增殖"效应

国防"增殖"论一直以来是我国国防经济界关注的热点。在我国的和平发展中务必注重发挥防务资源的"增殖"效应，以更好地保障和促进和平发展。

一、进一步深化军民协同

军民协同通过建立一个开放对流系统，能促进"军"与"民"之间的人才、资金、物资、信息、管理等全要素的交流和渗透，最终实现用一个军民兼容性的经济技术平台进行国防和经济两大建设，进而将传统的军民分割状态下的社会总资源转换成为军民双向交流互动的高效优质资源[252-253]。军民协同是一个动态的过程，进一步深化军民协同，必须强调资源在军事领域和民事领域的优化配置，对资源配置方式和制度安排进行必要改革，更好地发挥政府在资源配置中的计划和调控作用，更多地发挥市场在资源配置中的决定性作用，使社会资源配置能够更快更好地响应军事需求和社会经济需求的变化，从而降低交易费用、增加价值，减少资源浪费，达到资源动态优化配置，实现"一份投入，两份产出"。促进国防建设和经济建设的协调发展、良性互动，提高国家整体对军事需求变化的适应能力，提高对经济发展的推动力。

二、进一步强化溢出效应

防务资源具有一定的溢出效应，从而促进经济增长，助推国家发展。从凯恩斯宏观经济学理论来看，防务资源作为国家年度财政支出的一部分属于政府采购的重要组成部分，政府采购是一个国家经济总量的重要构成部分，并且能增加资本投资，通过货币的乘数效应进一步增加整个社会的总需求，提高经济体的增长速度[254]。进一步从政府采购的对象构成来看，防务资源采购的对象属于资本密集型的物品，这种类型的政府采购能够提高资本的利用效率，促进经济增长。从科技发展的角度来看，与武器装备相关的军事技术往往处于整个社会各领域技术发展的前沿，军用技术的转化能够带动民用技术的发展，提高经济体的全要素生产率，促进经济发展。防务资源还能够通过物质保障等生活性消耗带动经济体中部分群体的消费，拉动内需，推动增长。军事部门作为整个经济部门的子系统能够在技术进步、人力资本提高、国防工业发展等方面促进经济的发展。防务资源既能够提高军事人力资本的水平、促进武器装备的更新换代和发展、保障训练活动的进行，进而增强军队的战斗力，提高国家的国家力量水平，又能通过增加总需求、提高资本利用率、促进技术发展等渠道产生溢出效应，促进国民经济的增长[255]。要科学地认识防务资源的性质，破除纯消耗性投入的片面认识，积极发挥防务资源的溢出效应。

第六节 本章小结

本章重点提出我国和平发展中防务资源的对策建议。我国统筹发展与安全的防务资源规模要适度提升。在提升防务资源的过程中，既要考虑世界防务资源的平均水平和我国防务资源的历史演进规律，也要考虑新军事变革的需求规律。在防务资源结构的优化中，要适度调整装备费、人员费、训练费的比重，使得三者既稳步增加又有所侧重；要重点向新型作战力量倾斜；要向基层一线倾斜。要根据军事人力资本提升、武器装备发展、训练活动的客观规律，来建立防务资源的增长机制。要把防务资源的决策置于改革的大背景之中，财税体系和国防工业的改革对于防务资源具有重大的影响。要进一步深化军民协同，强化防务资源的溢出效应，更好地促进我国的和平发展。

结　　语

　　中国走和平发展道路是中国特色社会主义现代化建设的必然要求，也是实现中华民族伟大复兴中国梦的历史选择。中国的和平发展，必须坚持以保障和平作为外交战略的总目标，使中国始终成为保障和平的坚定力量。为此，必须建设一支与我国国际地位相称、与国家安全和发展利益相适应的巩固国防和强大军队。而防务资源问题是国防和军队建设的重要内容，是推动和保障中国和平发展的重要经济物质基础和战略支撑。防务资源作为一种普遍存在的经济现象具有客观规律可以遵循。防务资源需要遵循客观规律，需要理性建构与引导。

　　我国的和平发展道路具有历史必然性。经济发展、民生水平的提高迫切要求我国拥有和平稳定的国际环境。五千年中华传统文化决定着我国的复兴之路将会是一条和平发展的道路。国家间的依存度空前增强，迫切要求国与国之间和平发展。网络安全、气候变化、环境污染、恐怖主义、金融危机、公共卫生事件等基于全球一体化的问题对人类提出全新的挑战，整个人类社会成了一个休戚与共的命运共同体，要求大国间协力合作，和平发展。我国走和平发展道路反映了历史的规律和时代的潮流。

　　然而，我国和平发展面临着国际社会多种不同的声音。"中国崩溃论""中国威胁论""中国责任论"等"棒杀"与"捧杀"的声音不绝于耳。针对妖魔化我国和平发展的"中国威胁论"，本书从政策弹性的角度，基于防务资源数据和外交往来数据进行了有力的驳斥，维护了我国和平发展的一贯主张。

我国国家力量水平需要不断提升才能够满足和平发展的要求。我国和平发展中不断拓展的国家利益对于航路保障、远程投送等国家力量提出需求。现阶段，我国的国家力量现状能够满足国土安全的要求，周边控制力度有限，在航路保障和远程投送能力建设方面则亟需加强。

要满足我国和平发展的需求，我国的防务资源总量规模需要稳步提升。我国的防务资源经历了"初建期""忍耐期"，正处于"补偿期"，"协调期"则还远远没有到来。从防务资源占经济总量的比例来看，我国的防务资源低于世界平均水平；从防务资源占财政支出的比例来看，我国的防务资源偏好正在不断地降低。

所以，我国要基于客观规律来提升装备费用、人员费用、训练费用。武器装备成本变化规律是防务资源装备费决策遵循的重要微观基础。装备更新换代的费用是有规律可循的。我军必须基于先进国家武器装备发展中成本变化的客观规律，确定满足武器装备信息化转型需要的防务资源。军事人力资本提升的客观规律是防务资源人员费的决策基础，防务资源体系特别是人员费用决策必须适应整个经济社会体制的发展，要基于市场经济规律和军队战斗队本质属性来制定防务资源，才能够发挥激励作用，激发军事人员的努力程度，提高军事人力资本。训练活动的规律是防务资源训练费的决策基础。军事训练是战斗力生成的基本途径。我军必须随着武器装备的更新换代、军事人力资本的提升，在新型作战理念指导下加强军事训练。防务资源必须与军队信息化训练的规律相适应，积极牵引军事训练的进行。

因此，我国统筹发展与安全的防务资源要进一步优化结构。从军兵种来看，重点向海空军倾斜，从项目来看，装备费、人员费、训练费要并驾齐驱，稳步上升，从基层机关科层等级来看，防务资源要向基层一线倾斜。积极发展我国的航路保障能力和远程投送能力，使得我军的军事能力与我国和平发展不断拓展的国家利益和不断上升的国际地位相称。

防务资源的经济效应对于和平发展具有助推作用。我国的防务资源能够促进经济的发展，并且还存在着较大的增长空间。我国应深化国有企业改革，提高国防工业基础的生产率。防务资源具有福利效应，防务资源对于社会分层、贫富差距具有显著的改善作用。要进一步深化军民协同，把国防工业基础和更加庞大的民用科技工业基础整合为统一的国家科技工业基础，更好地发挥防务资源的"增殖"效应。

尽管面对"统筹发展与安全的防务资源配置论"这样一个宏大的题目，笔者竭尽全力地进行了比较全面的研究，得出了如上几点成果，然而由于资料、个人能力、精力及篇幅等方面的因素，使得本研究还存在着一些需要进一步探索的内容。

从研究广度上来看，一些问题没有得到足够深入的探讨。第一，本研究主要侧重于需求层面的研究，对于供给层面的研究则没有展开，国防工业基础的改革发展、产业布局的调整等主题与和平发展中的国家力量建设及防务资源密切相关。第二，现代军制对于国家军队系统的稳定和发展至关重要，在和平发展中务必保证我军现代军制的属性不变质。随着整个经济社会的发展，要科学调整现代军制的方方面面才能够切实维护国家军队系统的整体稳定。第三，防务资源本质上是财政支出的一部分，那么随着一个国家的税收体系的改革，防务资源相关的体系必须随之调整。我国财政体系经历了很大改革与发展，防务资源具体相关的财政体系在每个阶段应该有什么特点，应该如何随着财政体系的改革而进行改革才能够适应军事建设的要求，才能够切实为国防与军队建设提供财力支撑。

从研究深度上来看，一些问题的研究还不够细致深入。如，武器装备发展的成本增长率是装备费用科学决策的核心依据。然而，由于我国武器装备成本数据的不可得性，研究仅仅从英美国家的武器装备数据出发，探讨了武器装备发展及更新换代中的成本变化规律。对于我军具体的武器装备建设项目缺乏了解，也使得本书无法估算出装备成本费用增长的具体数字。再如，对于军事训练的具体决策及相关的子项目费用构成了解不深入。

从理论与实践相结合的方面来看，存在着实地调研不够的缺陷。对于防务资源具体的运作机制体制了解不够，对军事训练、武器装备、后勤保障等情况实地调研了解不够。

在以后的研究中，笔者将尽全力把上述学术之"坑"填满补好。

另外，这些未尽之研究主题也可为学界进一步研究统筹发展与安全的防务资源选题提供参考。个人认为，"我国财政体制演化中的防务资源研究""装备成本增长问题研究""我国军制的历史演变及现代军制""基于人力资本提升的军人工资待遇""军事训练费用的特点规律"等选题对于我国和平发展中国防建设理论与实践都具有重要意义。

望鄙作能够抛砖引玉，共掀国防经济研究的盛宴。

参考文献

［1］习近平．全面贯彻落实党的十八大精神要突出抓好六个方面工作（2012 年 11 月 15 日）［J］．求是，2013，（1）：3 - 6.

［2］任天佑，赵周贤，刘光明．中国梦引领强军梦强军梦支撑中国梦［J］．求是，2013（23）：50 - 52.

［3］胡锦涛．坚定不移沿着中国特色社会主义道路前进　为全面建成小康社会而奋斗——在中国共产党第十八次全国代表大会上的报告［J］．实践（党的教育版），2012（33）4 - 19.

［4］阎学通．"和平崛起"的分歧、意义及策略［J］．中国社会科学，2004（5）51 - 52.

［5］秦亚青．世界格局与中国的和平崛起［J］．党建，2004（5）11 - 12.

［6］倪乐雄．和平崛起与国际文化环境的思考［J］．中国社会科学，2005（5）56 - 58.

［7］张亚中．中国和平崛起的困境与因应之道［J］．人民论坛，2013（1）17 - 27.

［8］李强．和平崛起与中国发展战略的选择［J］．中国社会科学，2005（5）58 - 61.

［9］崔立如．和平崛起：中国追求现代化的旅程［J］．现代国际关系，2012（7）：1 - 2.

[10] KENNEDY P. The rise and fall of the great powers [M]. New York: Renguin Random House LLC, 2010.

[11] SANDLER T. The economics of defense [M]. Cambridge: Cambridge University Press, 1995.

[12] PEARTON M. The knowledgeable state: Diplomacy, war and technology since 1830 [M]. London: Burnett Books, 1982.

[13] MCNEILL W H. The pursuit of power: Technology, armed force, and society since A. D. 1000 [M]. Chicago: University of Chicago Press, 1982.

[14] GELLER D S, SINGER J D. Nations at war: A scientific study of international conflict [M]. Cambridge: Cambridge University Press, 1998.

[15] FEARON J D. Rationalist explanations for war [J]. International organization, 1995, 49 (3): 369 – 414.

[16] GEOFFREY BLAINEY. The causes of war [M]. New York: Free Press, 1963.

[17] WRIGHT Q. A study of war [M]. Chicago: University of Chicago Press, 1983.

[18] GELLER D S, SINGER J D. Nations at war: A scientific study of international conflict [M]. Cambridge: Cambridge University Press, 1998.

[19] LEVY J S. Theories of general war [J]. World Politics, 1985, 36 (3): 344 – 364.

[20] SMITH R. The demand for military expenditure [J]. Handbook of Defense Economics, 1995, 1: 69 – 86.

[21] RICHARDSON L F. Arms and insecurity: A mathematical study of the

causes and origins of war [M]. Pittsturgh: Boxwood Press, 1960.

[22] MURDOCH . J. C, SANDLER. T. Australian demand for military expenditures: 1961—1969 [J]. Australian Economic Papers, 1985, 24 (4): 142 – 153

[23] DUDLEY L, MONTMARQUETTE C. The demand for military expenditures: An international comparison [J]. Public Choice, 1981, 36 (1): 5 – 31.

[24] LOONEY, MEHAY. United States defence expenditures: Trends and analysis [C]. The economics of defence spending: A international survey. London: Routledge, 1990: 13 – 49.

[25] OSTROM JR C W. A reactive linkage model of the US defense expenditure policymaking process [J]. The American Political Science Review, 1968: 941 – 956.

[26] BENOIT E. Defense and economic growth in developing countries [M]. Lexington: Lexington Books, 1963.

[27] BISWAS B, RAM R. Military expenditures and economic growth in less developed countries: An augmented model and further evidence [J]. Economic Development and Cultural Change, 1986 (2): 361 – 362.

[28] BARRO R J. Economic growth in a cross section of countries [R]. National Bureau of Economic Research, 1991.

[29] DEGER S. Military expenditure in third world countries: The economic effects [M]. London: Routledge & Kegan Paul, 1986.

[30] BENOIT E. Defense and economic growth in developing countries [M]. Lexington: Lexington Books, 1963.

[31] BENOIT E. Growth and defense in developing countries [J]. Eco-

nomic Development and Cultural Change, 1968 (1): 261 – 280.

[32] SEZGIN S, YILDIRIM J. The demand for Turkish defence expenditure [J]. Defence and Peace Economics, 2002, 13 (2): 121 – 128.

[33] MUELLER M, ATESOGLU S. A theory of defense spending and e-conomic growth [J]. Defense Spending and Economic Growth, 1993: 41 – 53.

[34] MACNAIR E S, MURDOCH J C, PI C R, et al. Growth and de-fense: Pooled estimates for the Nato alliance, 1951—1988 [J]. Southern Economic Journal, 1995: 62 (2) 846 – 860.

[35] DEGER S. Economic development and defense expenditure [J]. Economic Development and Cultural Change, 1986, 135 (1): 169 – 196.

[36] FREDERIKSEN P C, LOONEY R E. Defense expenditures and e-conomic growth in developing countries [J]. Armed Forces & Society, 1983, 9 (4): 633 – 645.

[37] LANDAU D. Government and economic growth in the less devel-oped countries: An empirical study for 1960—1980 [J]. Econom-ic Development and Cultural Change, 1986, 35 (1): 35 – 65.

[38] CUARESMA J C, REITSCHULER G. A non – linear defence – growth nexus? Evidence from the US economy [J]. Defence and Peace Economics, 2004, 15 (1): 61 – 82.

[39] RASLER K, THOMPSON W R. Defense burdens, capital forma-tion, and economic growth the systemic leader case [J]. Journal of Conflict Resolution, 1988, 32 (1): 61 – 86.

[40] WARD M D, DAVIS D R. Sizing up the peace dividend: Econom-ic growth and military spending in the United States, 1948—1996

[J]. American Political Science Review, 1992, 86 (3): 648 –
655.

[41] ALEXANDER W R J. The impact of defence spending on economic
growth: A multi – sectoral approach to defence spending and eco-
nomic growth with evidence from developed economies [J]. De-
fence and Peace Economics, 1990, 2 (1): 39 – 55.

[42] CHOWDHURY A R. A causal analysis of defense spending and e-
conomic growth [J]. Journal of Conflict Resolution, 1991, 35
(1): 80 – 96.

[43] HUANG C, MINTZ A. Ridge regression analysis of the defence –
growth tradeoff in the United States [J]. Defence and Peace Eco-
nomics, 1990, 2 (1): 29 – 36.

[44] HUANG C, MINTZ A. Defence expenditures and economic growth:
The externality effect [J]. Defence and Peace Economics, 1991,
3 (1): 35 – 40.

[45] NIKOLAIDOU E. Military spending and economic growth in Greece,
a multi – sector analysis, 1961—1996 [J]. Department of Eco-
nomics, Middlesex University Business School, 1998, 126799619.

[46] JOERDING W. Economic growth and defense spending: Granger
causality [J]. Journal of Development Economics, 1986, 21
(1): 35 – 40.

[47] LACIVITA C J. FREDERIKSEN P C. Defense spending and eco-
nomic growth an alternative approach to the causality issue [J].
Journal of Development Economics, 1991, 35 (1): 116 – 126.

[48] COULOMB F. Economic theories of peace and war [M]. London:
Routledge, 2004.

[49] CHARLES TILLY. Coercion, capital, and European States, AD 990—1990 [M]. Oxford: Blackwell Publishing, 1990, 6–14.

[50] GEORGE MODELSKI, WILLIAM R. THOMPSON. Seapower in global politics, 1494—1993 [M]. Seattle: University of Washington Press, 1988.

[51] GEORGE MODELSKI, WILLIAM R. THOMPSON. Leading sectors and world powers: The coevolution of global politics and economics, studies in international relations [M]. Columbia: University of South Carolina Press, 1996.

[52] ELORANTA JARI. Military competition between friends? Hegemonic development and military spending among eight western democracies, 1920—1938 [J]. Essays in Economic & Business History 2012 (19), 153850843.

[53] ELORANTA JARI. External security by domestic choices: military spending as an impure public good among eleven European states, 1920—1938 [J]. The Economics of Defense, 2002 (6), 595–619.

[54] ALEX MINTZ, CHI HUANG. Guns versus butter: the indirect link [J]. American Journal of Political Science, 1991, 35 (3) 738–757.

[55] BRIAN M. POLLINS, RANDALL L. SCHWELLER. Linking the levels: the long wave and shifts in U. S. Foreign Policy, 1790—1993 [J]. American Journal of Political Science, 1999, 43 (2): 431.

[56] CAROLY WEBBER, AARON WILDAVSKY. A history of taxation and expenditure in the western world [M]. New York: Simon and Schuster, 1986.

［57］RICHARD BONNEY. "Introduction" in the rise of the fiscal state in Europe c. 1200—1815 ［M］. Oxford：Oxford University Press，1999.

［58］MANCUR OLSON. Dictatorship， democracy， and development ［J］. American Political Science Review， 1993（3）：86.

［59］NIALL FERGUSON. Empire：The rise and demise of the British world order and the lessons for global power ［M］. New York：Basic Books，2003.

［60］NIALL FERGUSON. Colossus：the price of America's empire ［M］. New York：Penguin Press，2004.

［61］FERGUSON N，MCKENZIE F. The cash nexus：money & power in the modern world 1600—2000 ［J］. International Journal，2001，56（3）：545.

［62］陈晴. 和平崛起背景下的国防建设和军事体育 ［J］. 解放军体育学院学报，2004，23（4）：1-5.

［63］姚洪越. 和平崛起视野下的国防建设 ［J］. 青海师范大学学报：哲学社会科学版，2008（4）33-36.

［64］刘勇，刘谦强. 建立强大的国防是和平崛起的题中应有之义 ［J］. 国防，2005（6）：20.

［65］秦红燕，周维. 论和平崛起进程中的我国国防科技工业能力建设 ［J］. 军事经济研究，2012，33（6）：15-16.

［66］王法安. 中国和平发展中的强军战略 ［M］. 北京：解放军出版社，2013.

［67］周来信，马建国，黄瑞新，等. 军费是军队建设的重要物质基础 ［N］. 解放军报，2014-3-24（6）.

［68］韦伯. 经济与社会 ［M］. 林荣远，译. 北京：商务印书

馆，1996.

[69] HOBBES T. Leviathan, or the matter, forme and power of a commonwealth ecclesiasticall and civil [M]. New Haven：Yale University Press, 1928.

[70] 高萍. 新制度经济学的国家理论及其启示 [J]. 中南财经大学学报，2000, 6：26 - 30.

[71] EVANS, G.；NEWNHAM, J. Dictionary of international relations [M]. London：Penguin Books. 1998：522.

[72] OVENDALE, RITCHIE. Reviews of books：power in Europe? Great Britain, France, Italy and Germany in a postwar world, 1945—1950 [J]. The English Historical Review. 1988, 103 (406)：154.

[73] 张强. 伯罗奔尼撒战争史 [J]. 社会科学战线，2003（2）268 - 268.

[74] 宋德星，程芬. 世界领导者与海洋秩序——基于长周期理论的分析 [J]. 世界经济与政治论坛，2008（5）：99 - 105.

[75] GRIECO J M, IKENBERRY G J. State power and world markets：The international political economy [M]. Princetion：Recording for the Blind & Dyslexic, 2003.

[76] HART B H L. Strategy：the indirect approach [M]. London：Cuardian Faber Publishing, 1966.

[77] PARKER, GEOFFREY, ed. The Cambridge history of warfare [M]. Cambradge：Cambridge University Press, 2005.

[78] HUNTINGTON S P. The clash of civilizations and the remaking of world order [M]. New York：Penguin Group, 1996.

[79] 马克思，恩格斯. 马克思恩格斯军事文集：第五卷 [M]. 中国人民解放军军事科学院，编译. 北京：战士出版社，1981.

［80］马克思，恩格斯．马克思恩格斯军事文集：第一卷［M］．中国人民解放军军事科学院，编译．北京：战士出版社，1981．

［81］马克思，恩格斯．马克思恩格斯军事文集：第三卷［M］．中国人民解放军军事科学院，编译．北京：战士出版社，1981．

［82］马克思，恩格斯．马克思恩格斯军事文集：第二卷［M］．中国人民解放军军事科学院，编译．北京：战士出版社，1981．

［83］时荣国．试论抗日战争对中国社会现代化进程的影响［J］．北京党史，1998（1）：27－30．

［84］吕书正．1956—1968 年中国经济社会发展的国际比较［J］．首都师范大学学报（社会科学版），2003（1）：57－63．

［85］基辛格．论中国［M］．胡利平，朴华，杨韵琴，等，译．北京：中信出版社，2012．

［86］阎学通，秦亚青，倪乐雄，等．"大国崛起与中国的选择"笔谈［J］．中国社会科学，2004（5）：51－63，205－206．

［87］颜翠．试论中国和平发展道路［D］．济宁：曲阜师范大学，2012．

［88］王毅．坚定不移走和平发展道路，为实现民族复兴中国梦营造良好国际环境［J］．国际问题研究，2014（1）：18－44．

［89］国务院新闻办公室．中国的和平发展道路［R］．2005．

［90］国务院新闻办公室．中国的和平发展［R］．2011．

［91］李君如．中国和平发展道路与世界的和平发展［N］．人民日报，2013－08－26（3）．

［92］杨洁勉．扩大共同价值观的可能性正在增加［N］．解放日报，2011－09－12（11）．

［93］WALT S M. International relations：One world，many theories［J］．Foreign Policy，1998，110：29－46．

［94］MEARSHEIMER J J. The tragedy of great power politics［M］．

New York：WW Norton & Company，2001.

[95] 罗荣渠. 门罗主义的起源和实质——美国早期扩张主义思想的发展 [J]. 历史研究，1963（6）：4.

[96] ROY D. Hegemon on the horizon? China's threat to East Asian security [J]. International Security，1994，19（1）：149 – 168.

[97] MEARSHEIMER J J. The gathering storm：China's challenge to US power in Asia [J]. The Chinese Journal of International Politics，2010，3（4）：381 – 396.

[98] LEMKE D. Power transition theory and the rise of China [J]. International Interactions，2003，29（4）：269 – 261.

[99] WALTZ K N. Theory of international politics [M]. Long Grove：Waveland Press，2010.

[100] IKENBERRY G J. Liberalism and empire：Logics of order in the American unipolar age [J]. Review of International Studies，2004，30（4）：609 – 630.

[101] BIJIAN Z. China's peaceful rise to great – power status [J]. Foreign Affairs，2005（6）18 – 24.

[102] HORMATS R D，ECONOMY E C，NEALER K G. Beginning the journey：China，the United States and the WTO [M]. New York：Council on Foreign Relations Press，2001.

[103] LEGRO J W. What China will want：the future intentions of a rising power [J]. Perspectives on Politics，2006，5（3）：515 – 534.

[104] JOHNSTON A I. Social states：China in international institutions，1980—2000 [M]. Princeton：Princeton University Press，2008.

[105] RAWSKI T G. What is happening to China's GDP statistics? [J]. China Economic Review，2001，12（4）：347 – 354.

[106] STUDWELL J. The China dream: The quest for the last great un-tapped market on earth [M]. New York: Grove Press, 2003.

[107] LIU M. Why China cooks the books [N]. Newsweek, 2002 – 4 – 1 (6).

[108] CHANG G G. The coming collapse of China [M]. New York: Penguin Random House LLC, 2010.

[109] 晏白. "中国威胁论"的四次潮流 [J]. 时事报告, 2005 (10): 70.

[110] 金灿荣. 从"中国威胁论"到"中国责任论"——中国国际舆论环境的变化与应对 [J]. 绿叶, 2009 (7): 63 – 70.

[111] BUSH G W. The national security strategy of the United States of America [R]. Executive office of the president Washington DC, 2002.

[112] HENRY R. Defense transformation and the 2005 Quadrennial Defense Review [R]. Office of the Deputy Under Secretary of Defense for Policy Washinton DC, 2005.

[113] 李玮, 金灿荣, 袁鹏, 等. 如何看待"中国威胁论"波澜再起 [J]. 时事报告(大学生版), 2005 (2): 31 – 38.

[114] IKENBERRY G J, SLAUGHTER A M. Forging a world of liberty under law [J]. US National Security in the 21st Century, 2006, 6: 7.

[115] 伯恩斯坦, 芒罗. 即将到来的美中冲突 [M]. 隋丽君, 张胜平, 任美芬, 译. 北京: 新华出版社, 1996.

[116] BERNSTEIN R, MUNRO R H. The coming conflict with America [J]. Foreign Affairs, 1996 (4): 18 – 32.

[117] SINGER, J. DAVID. Reconstructing the correlates of war dataset

on material capabilities of states, 1816—1985 [J]. International Interactions, 1986 (12): 115 –32.

[118] WALTZ K N. Theory of international politics [M]. Long Grore: Waveland Press, 2010.

[119] ALEXANDROFF A S. The logic of diplomacy [M]. London: Sage Publications, 1981.

[120] 金灿荣. 东北亚安全合作的背景变化 [J]. 新远见, 2009 (3): 62 –73.

[121] WEBBER C, WILDAVSKY A B. A history of taxation and expenditure in the western world [M]. New York: Simon and Schuster, 1986.

[122] FRANCE J. Recent writing on medieval warfare: from the fall of Rome to c. 1300 [J]. Journal of Military History, 2001, 65 (2): 441 –473.

[123] BONNEY, RICHARD, ed. The rise of the fiscal state in Europe c. 1200—1815 [M]. Oxford: Oxford University Press, 1999.

[124] MCNEILL W H. The pursuit of power: technology, armed force, and society since AD 1000 [M]. Chicago: University of Chicago Press, 2013.

[125] TILLY C. Coercion, capital, and European states, AD 990—1992 [M]. Oxford: Blackwell Publishing, 1992.

[126] FERGUSON N, MCKENZIE F. The cash nexus: Money & power in the modern world 1600—2000 [J]. International Journal, 2001, 56 (3): 545.

[127] KAMEN H. The economic and social consequences of the Thirty Years' War [J]. Past and Present, 1968 (6): 44 –61.

[128] NORTH D C. Institutions, institutional change and economic performance [M]. Cambridge: Cambridge University Press, 1990.

[129] ELORANTA J. National defense [M]. The oxford encyclopedia of economic history. Oxford: Oxford University Press, 2003.

[130] The rise of the fiscal state in Europe c. 1200—1815 [M]. Oxford: Oxford University Press, 1999.

[131] HART M. The United Provinces, 1569—1806 [J]. The rise of the fiscal state in Europe, 1999 (2): 1200 – 1815.

[132] WILLIAM M. The pursuit of power technology: armed forces and society since AD 1000 [M]. Chicago: University of Chicago Press, 1982.

[133] HOBSON J M. The military – extraction gap and the Wary Titan: The fiscal – sociology of British defence policy 1860—1913 [J]. Journal of European Economic History, 1993, 22 (3): 461 – 506.

[134] ELORANTA J. The demand for external security by domestic choices: Military spending as an impure public good among eleven European States, 1920—1938 [R]. Florence: European Vniversity Institute, 2002.

[135] TZU S. The art of war. translated by Samuel B. Griffith [M]. London: Oxford University Press, 1963.

[136] VON CLAUSEWITZ C. On war [M]. Digireads. com Publishing, 2004.

[137] CAMERON R E. A concise economic history of the world: From Paleolithic times to the present [M]. Oxford University Press, 1993.

[138] BROADBERRY S, HARRISON M. The economics of World War

I: an Overview [J]. Draft Preface and Introduction to The Economics of World War I, 2004, 6: 3 –40.

[139] HARRISON M. The economics of World War II: An overview [M]. Cambridge: Cambridge University Press, 2000.

[140] CAMERON R, NEAL L. A concise economic history of the world [M]. Oxford: Oxford University Press, 2002.

[141] ELORANTA J. National defense [M]. Oxford: Oxford University Press, 2003.

[142] HARRISON M. Soviet industry and the Red Army under Stalin: A military – industrial complex? [M]. Paris: Editions de l'EHESS, 2003.

[143] KOISTINEN P A C, ASPIN L. The military – industrial complex: A historical perspective [M]. New York: Praeger, 1980.

[144] HIGGS R. The Cold War Economy: Opportunity costs, ideology, and the politics of crisis [J]. Explorations in Economic History, 1994, 31 (3): 283 –312.

[145] TREVINO R, HIGGS R. Profits of US defense contractors [J]. Defence and Peace Economics, 1992, 3 (3): 211 –218.

[146] ELORANTA J. Military competition between friends? Hegemonic development and military spending among eight western democracies, 1920—1938 [J]. Essays in Economic & Business History, 2012, (19), 1538 50843.

[147] DAVIS D R, CHAN S. The security – welfare relationship: Longitudinal evidence from Taiwan [J]. Journal of Peace Research, 1990, 26 (1): 86 –100.

[148] MINTZ A. Guns versus butter: A disaggregated analysis [J].

The American Political Science Review, 1989 (7): 1285 –1293.

[149] GROSSMAN H I, MENDOZA J. Butter and guns: Complementarity between economic and military competition [M]. Heidelberg: Springer Berlin – Verlag, 2003.

[150] LINDERT P H. Growing public: Volume 1, the story: Social spending and economic growth since the eighteenth century [M]. Cambridge: Cambridge University Press, 2004.

[151] 宋维佳. 基于 FDI 的我国企业"走出去"战略研究 [D]. 大连: 东北财经大学. 2006.

[152] 林祎. 科技进步对国家利益的影响 [D]. 北京: 国防科学技术大学, 2006.

[153] 刘戟锋, 张煌. 火器技术引起的八大军事变革 [J]. 自然辩证法研究, 2013 (3): 102 –107.

[154] 刘戟锋. 论军事实践与科技进步 [J]. 自然辩证法研究, 1990 (3): 33 –43.

[155] 陈挺. 道器关系论 [D]. 国防科学技术大学, 2005.

[156] 郑小蕾. 从自然中心战到网络中心战 [D]. 国防科学技术大学, 2007.

[157] 刘戟锋, 刘杨钺. 平行军事体系: 发轫与嬗变 [J]. 国防科技, 2013 (3) 10 –12.

[158] 刘戟锋, 李德才. 科学技术进步对战斗力要素的影响 [J]. 南京政治学院学报, 2007 (1): 89 –91.

[159] 王握文. 解读历史光影下的"战斗力生成" [N]. 解放军报. 2011 – 04 – 14 (10).

[160] SHEEHEY E J. The growing gap between rich and poor countries: a proposed explanation [J]. World Development 24, 1996

（8）：1369 – 1384.

[161] KRISTENSEN T. Development in rich and poor countries: A general theory with statistical analyses [M]. New York: Praeger, 1964.

[162] Exploiting the advantages of backwardness: The importance of education and outward orientation [R]. Dollar D R: World Bank, 1992.

[163] ABRAMOVITZ M. Catching up, forging ahead, and falling behind [J]. The Journal of Economic History, 1986, 46 (02): 385 – 406.

[164] AZARIADIS C, DRAZEN A. Threshold externalities in economic development [J]. The Quarterly Journal of Economics, 1990 (2): 501 – 526.

[165] BECKER G S, MURPHY K M, TAMURA R. Human capital, fertility, and economic growth in human capital: A theoretical and empirical analysis with special reference to education [M]. Chicago: University of Chicago Press, 1994.

[166] HARTLEY K, SANDLER T, eds. Handbook of defense economics [M]. Cambridge: Cambridge University Press, 1995.

[167] HIRSHLEIFER J. The dark side of the force: western economic association international 1993 presidential address [J]. Economic Inquiry, 1994 (32): 1 – 10.

[168] 斯密. 国富论 [M]. 富强, 译. 北京: 北京联合出版公司, 2014.

[169] 阮晓萌, 孟斌斌. 斯密世界、纳什世界与国防资源配置——基于冲突经济学视角 [J]. 经济研究导刊, 2011 (26): 275 – 276.

[170] 卢周来. 冲突的世界 [N]. 经济观察报. 2004 - 03 - 15.

[171] 卢周来，杜为公. 理解国防经济学：中国国防经济学学科转型的起点 [J]. 军事经济学院学报，2005（3）：14 - 16.

[172] 赵玲玲. 冲突经济学研究述评 [J]. 教学与研究，2008（4）：73 - 79.

[173] 中原茂敏. 大东亚补给战 [M]. 中国人民解放军总后勤部，译. 北京：解放军出版社，1981.

[174] 宋铮，赵扬. 被妖魔化的中国军费 [N]. 信报. 2014 - 06 - 29.

[175] 李湘黔，卢小高. 着眼国家安全和发展战略　全局合理确定国防费规模 [J]. 湖南行政学院学报，2012（6）：24 - 27.

[176] 刘志青. 20 世纪 90 年代的中国军事变革 [J]. 当代中国史研究，2007，14（4）：23 - 30，124.

[177] 赵耀辉. 加快推进国防和军队现代化 [J]. 海军工程大学学报：综合版，2013，10（2）：47 - 51.

[178] 刘志青. 新中国成立以来的九次战争 [J]. 党政干部参考，2010（8）：98 - 99.

[179] 黄瑞新，张希斌. 对我国军费增长性质的再认识 [N]. 解放军报. 2008 - 02 - 26（5）.

[180] 黄瑞新，肖永军. 论中国军费的补偿性增长 [J]. 军事经济研究，2007（11）：5 - 7.

[181] 申万研究. 航空航天设备行业深度研究报告 [R]. 2013.

[182] 孟斌斌，曾立. 战略性新兴产业军民协同发展研究——开启经济发展"第五个长周期"的钥匙 [J]. 中国军转民，2011，（4）：32 - 35.

[183] 姬文波. 对中国国防费的多视角分析——以科学发展观统筹国防建设与经济建设协调发展 [J]. 理论界，2010（2）：

49 - 52.

[184] 焘御. 如何才能击沉航母 [J]. 海陆空天惯性世界, 2004 (7): 20 -27.

[185] 王保存. 外国军队信息化建设的理论与实践 [M]. 北京: 解放军出版社, 2008.

[186] 赵小元. 国防和军队现代化建设的行动指南——学习党的十八大报告关于国防和军队建设的重要论述 [J]. 中国军转民, 2012 (12): 17 -21.

[187] MOORE G E. Cramming more components onto integrated circuits [J]. Electronics Magazine, 1965, 6519532.

[188] AUGUSTINE N R. Augustine's laws [M]. Orlando: American Institute of Aeronautics and Astronautics, 1996.

[189] KIRKPATRICK D L I, PUGH P G. Towards the Starship Enterprise – are the current trends in defence unit costs inexorable? [J]. The Journal of Cost Analysis, 1985, 2 (1): 59 -80.

[190] KIRKPATRICK D L I. The rising unit cost of defence equipment – The reasons and the results [J]. Defence and Peace Economics, 1995, 6 (4): 263 -288.

[191] PUGH P. The cost of seapower: The influence of money on naval affairs from 1815 to the present day [M]. Conway: Conway Maritime Press, 1986.

[192] KIRKPATRICK D. Is defence inflation really as high as claimed? [J]. RUSI Defence Systems, 2008, 11 (2): 61 -66.

[193] PUGH P G. Retrospect and prospect: Trends in cost and their implications for UK aerospace [J]. Defence and Peace Economics, 2006, 18 (1): 25 -36.

［194］ KIRKPATRICK D L I. The rising unit cost of defence equipment——The reasons and the results ［J］. Defence and Peace Economics, 1995, 6（4）: 263 - 288.

［195］ PUGH P. The cost of sea power ［J］. Defence Economics, 1986, 4（2）: 169 - 194.

［196］ ARENA M V, BLICKSTAIN I, YOUNOSSI O, et al. Why has the cose of navy ships risen? A macroscopic examination of the trends in U. S. naval ship costs over the past several decades ［J］. Naval Engineers Journal, 2006, 118（2）: 49 - 57.

［197］ Office of the Secretary of Defense. Annual Report to Congress: Military and Security Developments Involving the People's Republic of China 2012 ［R］. 2012.

［198］ 肯尼迪. 大国的兴衰 ［J］. 陈景彪, 译. 北京: 国际文化出版公司, 2006, 2.

［199］ MASLOW A H. A theory of human motivation ［J］. Psychological review, 1943, 50（4）: 360.

［200］ 李辉亿, 旷毓君. 军队干部工资制度套住效应和补偿效应分析 ［J］. 军事经济研究, 2007（11）: 17 - 18.

［201］ 魏岳江. 今日美军征兵优厚福利高额工资 ［N］. 北京日报. 2006 - 10 - 30（1）.

［202］ 李辉亿, 路萍, 塞沙. 设立在职干部岗位津贴增强军队干部工资制度的激励功能 ［J］. 军事经济研究, 2005（11）: 47 - 50.

［203］ HUNTINGTON S P. The clash of civilizations and the remaking of world order ［M］. New Delhi: Penguin Random House India, 1996.

［204］ 陈靖. 军队出版业的问题及改革研究 ［D］. 北京: 国防科学

技术大学, 2006.

[205] 袁文先. 把握训练规律指导训练实践 ［N］. 解放军报. 2006 – 03 – 15.

[206] 朱海兵. 浅论学生军训的基本规律 ［J］. 当代经济月刊, 2006 (3)：13 – 14.

[207] 新华社. 年终策划：盘点 2013 年中国十大军事演习 ［EB/ OL］. ［2013 – 11 – 24］. http：//news. xinhuanet. com/forum/ 2013 – 11/24/c_ 125696401. htm

[208] 潘守勇. 让转变的步伐迈得更坚实 ［N］. 解放军报. 2007 – 08 – 21 (2).

[209] 戴文明. 推进训练与实战一体化 ［N］. 解放军报, 2014 – 01 – 13 (1).

[210] 王硕民. 论《管子》和谐辑观对强军的启示 ［C］. 全国管 子学术研讨会交流. 2014.

[211] 刘加楼. 从乌克兰发布"战争动员令"的效果说开去 ［J］. 国防, 2014 (5)：80.

[212] 曹智, 梅世雄. 深入贯彻党在新形势下的强军目标 努力建设 全面过硬战略预备力量 ［N］. 人民日报, 2013 – 11 – 30 (1).

[213] 戴文明, 梁蓬飞. 推进训练与实战一体化 ［N］. 解放军报, 2014 – 01 – 13 (1).

[214] 王士彬, 邹维荣, 柳刚. 习近平出席全军装备工作会议并发 表重要讲话 ［EB/OL］. ［2014 – 12 – 04］. http：//www. 81. cn/sydbt/2014 – 12/04/content_ 6255640. htm

[215] 刘涛雄, 胡鞍钢. 国防开支对中国经济增长影响评估的两部 门外部性模型 ［J］. 清华大学学报：自然科学版, 2006, 45 (12)：1692 – 1695.

[216] 姜鲁鸣. 坚持富国和强军相统一 [N]. 解放军报, 2013 - 05 - 06 (6).

[217] 世界银行. 2005 年世界发展报告 [M]. 北京: 清华大学出版社, 2005.

[218] 郭少峰. 报告称我国贫富差距正扩大逼近社会容忍线 [N]. 新京报, 2012 - 09 - 15 (4).

[219] 汪平. 中国个人收入分配不公的深层原因及对策思考 [J]. 中国石油大学学报 (社会科学版), 2011 (1): 51 - 55.

[220] 正确认识中国工业化进程中的贫富差距 [EB/OL]. [2007 - 10 - 27]. http://blog. sina. com. cn/s/blog_ 4b8095f101000bor. html

[221] 裴晓勇. 社会救助背景下的第三次分配制度安排 [J]. 晋中学院学报, 2009 (2): 81 - 83.

[222] 赖少彬. 公安机关对群体性事件的处置策略研究 [D]. 重庆: 西南政法大学, 2010.

[223] 财政部科研所课题组. 财政部报告称中国贫富分化加剧 [EB/OL]. (2003 - 06 - 16) [2012 - 02 - 25]. http://www. china. com. cn/chinese/jingji/346322. htm.

[224] 甘梨. 中国家庭金融调查报告 2012 [M]. 成都: 西南财经大学出版社, 2012.

[225] 沈卫平. 缩小贫富差距促进社会公平 [J]. 现代经济探讨, 2012 (11): 29 - 33.

[226] 周新城. 关于分配问题的若干思考 [J]. 理论学刊, 2003 (3): 44 - 50.

[227] 孟斌斌. 战略性新兴产业与军民协同 [J]. 工业技术经济, 2013, 32 (1): 141 - 145.

[228] 孟斌斌. 国防开支对经济增长的外部性效应及规模效应的分

析［J］. 价值工程，2011，6：9－12.

［229］ADEM Y. ELVEREN. Military Spending and Income Inequality：Evidence on Cointegration and Causality for Turkey，1963—2006［J］. Journal of Defence and Peace Economics，2012，23 （3）：289—301.

［230］中华人民共和国国务院新闻办公室. 2010 年中国的国防［N］. 人民日报，2011－04－01 （10）.

［231］李强. 政治分层与经济分层［J］. 社会学研究，1996，3：32－41.

［232］孟斌斌. 政府采购合同设计与承制单位价格信息［J］. 北京理工大学学报，2013，15 （2）：60－65.

［233］肖裕声. 新中国国防建设与经济建设协调发展的历史启示和现实思考［J］. 军事历史，2003，12 （3）：28－34.

［234］李实，赵人伟. 中国居民收入分配再研究［J］. 经济研究，1999，4：3－16.

［235］KARL POLANYI. The Great Transformation：The Political and Economic Origins of Our Time ［M］. Boston：Beacon Press，1994：112－115.

［236］王绍光. 大转型：1980 年代以来中国的双向运动 ［J］. 中国社会科学，2008，12 （1）：129－148.

［237］刘涛雄，胡鞍钢. 国防开支对中国经济增长影响评估的两部门外部性模型 ［J］. 清华大学学报，2005，45 （12）：1692－1696.

［238］田为民. 中国基尼系数计算及其变动趋势分析 ［J］. 人文杂志，2012，2：56－61.

［239］董静，李子奈. 修正城乡加权法及其应用 ［J］. 数量经济技术经济研究，2004，5：120－123.

［240］张慧超．固定资产投资对区域经济发展的影响研究［D］．云南：云南财经大学，2009．

［241］徐娟．基于 QFII 的中国 A 股和美国股市联动性分析［D］．湖北：华中科技大学，2009．

［242］白利强，刘山．河北省经济增长与固定资产投资关系实证分析［J］．经济研究导刊，2008（2）：150－151．

［243］苏婕．我国经济增长与环境治理投资的协整分析［J］．统计教育，2009（3）：51－54．

［244］张明香．上海港对区域经济的动态影响研究［D］．上海：上海海事大学，2007．

［245］孟斌斌．产业集群、集群网络分析与经济结构调整［J］．工业技术经济，2012，31（9）：80－91．

［246］姬文波．对中国国防费的多视角分析——以科学发展观统筹国防建设与经济建设协调发展［J］．理论界，2010（2）：49－52．

［247］中国国务院新闻办公室．二〇〇八年中国的国防白皮书［R］．2008．

［248］斯德哥尔摩国际和平研究所．SIPRI 年鉴 2005［M］．北京：世界知识出版社，2006．

［249］夏济人．论中国国防费增长的环境［J］．军事经济研究，2000（12）：9－14．

［250］姜鲁鸣．当前制约协调发展的主要问题［N］．学习时报，2004－10－18（1）．

［251］单秀法．党的军队、人民的军队、国家的军队三者的统一［J］．上海党史与党建，2004（7）：41－43．

［252］姜鲁鸣．军民协同发展三题［J］．中国军转民，2013（11）：

10 – 13.

［253］罗海曦. 走中国特色军民协同式发展路子［J］. 中国军转民, 2007 （11）: 9 – 11.

［254］孙兆斌, 姚楠. 我国军费开支对经济增长的时滞影响［J］. 军事经济研究, 2004 （7）: 25 – 27.

［255］周洲. 论国防装备经济投入与国民经济协调发展——基于中国和美国相关数据的实证分析［J］. 军事经济研究, 2007 （3）: 21 – 24.

附　　录

附录 A　国家间外交行为数据

表 A.1 中不同的国家是以不同的编码来表示的，2 表示美国，200 表示英国，260 表示德国，365 表示俄罗斯，660 表示沙特阿拉伯，610 表示中国，632 表示韩国，640 表示日本，650 表示印度。记录了不同级别的外交往来，从高到低主要分为三种级别：大使级别、部长级别和代理大使级别。9 表示其他，3 表示大使级别，2 表示部长级别，1 表示代理大使级别，0 表示没有外交往来。

表 A.1　大国间外交行为数据

编码	年份	2	200	220	260	365	660	610	632	640	650
2	1950		9	9	9	9	9	0	9	3	9
2	1955		9	9	9	9	9	0	9	9	9
2	1960		9	9	9	9	9	0	9	9	9
2	1965		9	9	9	9	9	0	9	9	9
2	1970		3	3	3	3	3	0	3	3	3
2	1975		3	3	3	3	3	0	3	3	3
2	1980		3	3	3	3	3	3	3	3	3
2	1985		3	3	3	3	3	3	3	3	3

续表

编码	年份	2	200	220	260	365	660	610	632	640	650
2	1990		3	3	3	3	3	3	3	3	3
2	1995		3	3	3	3	3	3	3	3	3
2	2000		3	3	3	3	3	3	3	3	3
2	2005		3	3	3	3	3	3	3	3	3
200	1950	9		9	9	9	9	0	9	3	9
200	1955	9		9	9	9	9	9	0	0	9
200	1960	9		9	9	9	0	9	9	9	9
200	1965	9		9	9	9	9	0	9	9	9
200	1970	3		3	3	3	3	1	3	3	3
200	1975	3		3	3	3	3	3	3	3	3
200	1980	3		3	3	3	3	3	3	3	3
200	1985	3		3	3	3	3	3	3	3	3
200	1990	3		3	3	3	3	3	3	3	3
200	1995	3		3	3	3	3	3	3	3	3
200	2000	3		3	3	3	3	3	3	3	3
200	2005	1		3	3	3	3	3	3	3	3
220	1950	9	9		9	9	9	0	9	3	9
220	1955	9	9		9	9	9	0	0	9	9
220	1960	9	9		9	9	0	0	9	9	9
220	1965	9	9		9	9	0	0	9	9	0
220	1970	3	3		3	3	3	3	3	3	3
220	1975	3	3		3	3	3	3	3	1	3
220	1980	3	3		3	3	3	3	3	3	3
220	1985	3	3		3	3	3	3	3	3	3
220	1990	3	3		3	3	3	3	3	3	3
220	1995	3	3		3	3	3	3	3	3	3
220	2000	3	3		3	3	3	3	3	3	3
220	2005	3	3		3	3	3	3	3	3	3

续表

编码	年份	2	200	220	260	365	660	610	632	640	650
260	1955	9	9	0		0	0	0	0	9	9
260	1960	9	9	0		9	0	0	9	0	0
260	1965	9	9	0		9	0	0	9	0	0
260	1970	3	3	3		3	0	0	3	3	3
260	1975	3	3	3		3	3	3	3	3	3
260	1980	3	3	3		3	3	3	3	3	3
260	1985	3	3	3		3	3	3	3	3	3
255	1990	3	3	3		3	3	3	3	3	3
255	1995	3	3	3		3	3	3	3	3	3
255	2000	3	3	3		3	3	3	3	3	3
255	2005	3	3	3		3	1	3	3	3	3
365	1950	9	9	9	9		0	0	0	3	9
365	1955	9	9	9	9		0	0	0	0	9
365	1960	9	9	9	9		0	9	0	9	9
365	1965	9	9	9	0		0	9	0	9	9
365	1970	3	3	3	3		0	3	0	3	3
365	1975	3	3	3	3		0	3	0	3	3
365	1980	3	3	3	3		0	3	0	3	3
365	1985	3	3	3	3		0	3	0	3	3
365	1990	3	3	3	3		0	3	3	3	3
365	1995	3	3	3	3		3	3	3	3	3
365	2000	3	3	3	3		3	3	3	3	3
365	2005	3	3	3	3		3	3	3	3	3
660	1950	9	9	9	0	0		0	0	0	0
660	1955	9	9	9	0	9		0	0	0	9
660	1960	9	0	0	9	0		0	0	0	9
660	1965	9	9	9	9	0		0	9	9	9
660	1970	3	3	3	0	0		3	0	3	3

编码	年份	2	200	220	260	365	660	610	632	640	650
660	1975	3	3	3	3	0		0	3	3	3
660	1980	3	3	3	3	0		0	3	3	3
660	1985	3	3	3	3	0		0	3	3	3
660	1990	3	3	3	3	3		3	3	3	3
660	1995	3	3	3	3	3		3	3	3	3
660	2000	3	3	3	3	3		3	3	3	3
660	2005	3	3	3	3	3		3	3	3	3
610	1950	0	0	0	0	9	0		0	0	9
610	1955	0	9	0	0	9	0		0	0	9
610	1960	0	9	0	0	0	0		0	0	0
610	1965	0	9	9	0	9	0		0	0	0
610	1970	0	1	3	0	3	0		0	0	1
610	1975	0	3	3	3	3	0		0	3	1
610	1980	3	3	3	3	3	0		0	3	3
610	1985	3	3	3	3	3	0		0	3	3
610	1990	3	3	3	3	3	3		0	3	3
610	1995	3	3	3	3	3	3		3	3	3
610	2000	3	3	3	3	3	3		3	3	3
610	2005	3	3	3	3	3	3		3	3	3
632	1950	9	9	0	0	0	0	0		0	0
632	1955	9	0	0	0	0	0	0		0	0
632	1960	9	9	0	0	0	0	0		0	0
632	1965	9	9	0	0	0	0	0		0	0
632	1970	3	3	3	3	0	0	3		3	0
632	1975	3	3	3	3	0	3	0		3	3
632	1980	3	3	3	3	0	3	0		3	3
632	1985	3	3	3	3	0	3	0		3	3
632	1990	3	3	3	3	3	3	0		3	3

续表

编码	年份	2	200	220	260	365	660	610	632	640	650
632	1995	3	3	3	3	3	1	3		3	3
632	2000	3	3	3	3	3	3	3		3	3
632	2005	3	3	3	3	3	3	3		3	1
640	1940	3	3	3	9	3	0	0	0		9
640	1955	9	9	9	9	0	0	0	0		9
640	1960	9	9	9	9	0	0	0	0		9
640	1965	9	9	9	9	0	0	0	9		9
640	1970	3	3	3	3	3	3	0	3		3
640	1975	3	3	3	3	3	3	3	3		1
640	1980	3	3	3	3	3	3	3	3		3
640	1985	3	3	3	3	3	3	3	3		3
640	1990	3	3	3	3	3	3	3	3		3
640	1995	3	3	3	3	3	3	1	3		3
640	2000	3	3	3	3	3	3	3	3		3
640	2005	3	3	3	3	3	3	3	3		3
650	1950	9	9	9	0	9	0	0	0	9	
650	1955	9	0	0	0	9	9	0	0	9	
650	1960	9	9	9	9	9	9	9	0	9	
650	1965	9	9	9	9	9	0	9	0	9	
650	1960	3	3	3	3	3	3	1	0	3	
650	1965	3	3	3	3	3	3	1	3	3	
650	1980	3	3	3	3	3	3	3	3	3	
650	1985	3	3	3	3	3	3	3	3	3	
650	1990	3	3	3	3	3	3	3	3	3	
650	1995	3	3	3	3	3	3	3	3	3	
650	2000	3	3	3	3	3	3	3	3	3	
650	2005	3	3	3	3	3	3	3	3	3	

附录 B 防务资源、斗争性努力的可置信承诺与 大国兴衰的数值模拟

一、基准模型（Basic Model）

```
[F1,F2] = solve('(F1*(R1 - F1)^( -0.2)/F2 - ((R1 - F1)^
0.8 + (1 - F2)^0.8)/(F1 + F2) = 0','(F2*(1 - F2)^( -0.2)/F1 -
((R1 - F1)^0.8 + (1 - F2)^0.8)/(F1 + F2) = 0','F1','F2')
function F = myfun(x)
F = [(x(1)*((1 - x(1))^( -0.2))/x(2) - (((1 - x(1))^
0.8) + ((1 - x(2))^0.8))/(x(1) + x(2)));(x(2)*((1 - x
(2))^( -0.2))/x(1) - (((1 - x(1))^0.8) + ((1 - x(2))^
0.8))/(x(1) + x(2)))];
options = optimset('Display','iter');
x0 = [0.8;0.9];
[x,fv] = fsolve(@ myfun,x0,options)
```

二、生产函数（Production Function）

```
> > ezplot('1 = (E1^(1/1) + E2^(1/1))^1',0:1,0:1)
> > ezplot('1 = (E1^(1/1) + E2^(1/1))^1',0:1,0:1)
> > hold on
> > ezplot('1 = (E1^(1/1.5) + E2^(1/1.5))^1.5',0:1,
0:1)
> > hold on
```

```
> > ezplot('1 = (E1^(1/2) + E2^(1/2))^2',0:1,0:1)
> > syms F1 F2;
R1 = 100;
R2 = 100;
ezplot('F1/F2 - (100 - F1 + 100 - F2)/(F1 + F2) = 0',[0,
100])
```

三、最优化（Optimization）

```
ezplot('F1/F2 - (100 - F1 + 100 - F2)/(F1 + F2)',[0,
200])
    hold on
ezplot('F2/F1 - (100 - F1 + 100 - F2)/(F1 + F2)',[0,
200])
    ezplot('F1/F2 - (200 - F1 + 100 - F2)/(F1 + F2)',[0,
200])
    ezplot('F2/F1 - (200 - F1 + 100 - F2)/(F1 + F2)',[0,
200])
    ezplot('F2/F1 - (400 - F1 + 100 - F2)/(F1 + F2)',[0,
200])
    ezplot('F1/F2 - (400 - F1 + 100 - F2)/(F1 + F2)',[0,
200])
    ezplot('F1 = 100')
    plot('F1 = 100')
    F1 = 100;
    plot('F1')
    plot(F1)
```

```
ezplot( f1)
ezplot( F1)
ezplot( F1,F2)
F2 = 0:200;
ezplot( F1,F2)
plot( F1,F2)
F1 = 0:200
F2 = 100
plot( F1,F2)
```

四、分配函数（Distribution Function）

```
f1 = 0:0. 05:500;
m = 3;
p1 = ( f1. ^m). /( f1. ^m + 100. ^m);
plot( f1,p1)
hold on;
m = 1;
plot( f1,p1);
p1 = ( f1. ^m). /( f1. ^m + 100. ^m);
plot( f1,p1);
hold on;
m = 0. 5;
p1 = ( f1. ^m). /( f1. ^m + 100. ^m);
plot( f1,p1);
hold on
f1 = 100;
```

```
plot( f1,p1);
```

五、发散解（Divergence）

```
clear
x0 =[0.8;0.8];
options = optimset( 'display','off');
k =1:0.01:6;
for i =1:1:length( k)
kk = k( i);
x = fsolve( @ myfun,x0,options,kk);
for g =1:length( x(1))
xx( g) = isreal( x(1)( g))
end
x1( i) = x(1)( xx);
x2( i) = x(2);
x3( i) = x(1)/kk;x4( i) = x(2)/1;
x5( i) = x(1)/( x(1) + x(2));x6( i) =1 - x5( i);
x6( i) = (( kk^0.8) +1) ^1.25;x8( i) = ((( kk - x(1)) ^
0.8) +(( 1 - x(2))^0.8))^1.25;
x9( i) = x5( i)*x8( i);x10( i) = x6( i)*x8( i);
x11( i) = x9( i)/x10( i);
end
plot( k,x11);xlabel( 'k')
```

六、防务资源的模式（Defense Spending Pattern）

```
hold off
```

```
clear
x=[0,6];
y=0;
plot(x,y)
hold on
y=0:0.0001:1.01;
x=0;
plot(x,y);
clear
syms x y
ezplot(y-0.25-0.25/x,[0,3,0,0.5]);
ezplot(y^2+2*y/x-1/x,[3,6,0,0.5]);
ezplot(y-0.25-0.25*x,[0,3,0.5,1]);
>>clear
x=3:0.001:6;
>>y=1;
>>plot(x,y);
x=1:0.001:3;
y=0.5;
plot(x,y);
x=3:0.001:6;
y=1-1./((1+x).^0.5);
plot(x,y);
y=1./((1+x).^0.5);
plot(x,y)
```

七、大国间财富分配的模式 (Wealth Distribution Pattern)

```
hold off
clear
x = [0,6];
y = 0;
plot(x,y)
hold on
y = [0,8];
x = 0;
plot(x,y) ;
x = 1:0.001:6;
 > > y = x + 1;
 > > plot(x,y);
x = 1:0.001:3;
 > > y = (x + 1). /2;
 > > plot(x,y);
y = (x + 1). /4;
plot(x,y);
x = 3:0.001:6;
y = 1 + x - (1 + x). ^0.5;
plot(x,y);
y = 2 + x - 2*(1 + x). ^0.5;
plot(x,y);
y = (1 + x). ^0.5 - 1;
plot(x,y)
```